Prehistorian: A Biography
of V. Gordon Childe

解 读 柴 尔 德

史前史学家柴尔德传

〔英〕萨利·格林 著

张瀚墨 译

商务印书馆
The Commercial Press

Prehistorian

A Biography of V. Gordon Childe

© 1981 Sally Green

First published in 1981 by

MOONRAKER PRESS

代总序

冷战之殇：柴尔德考古学的反战思考

开场白

疫中读书，有两个人引起我的关注：柴尔德和王国维。这两个人，一个是英国的激进左翼，一个是中国的逊清遗老，立场相反，但都和百年考古有关，都在事业的巅峰选择自杀，很可惜。

今天，我先讲柴尔德。柴尔德是个考古学家。考古学家很多，不新鲜，但他是个马克思主义考古学家，而且身处反共势力强大的英国，我有点好奇。

我国考古学不是号称"马克思主义考古学"吗，夏鼐、苏秉琦都这样说，但什么是"马克思主义考古学"？

马克思主义的书很多，教条主义"党八股"的书很多，"西马""洋左"的书很多。他的"马克思主义"算哪一种？

柴尔德的一生是个谜。他自称 Childish Professor（幼稚的教授，孩子气的教授）。[1] 照片上的他，一副憨态。他终生未婚，独往独来。死前，他销毁了他的日记和书信。他不希望别人打搅他，也不想打搅别人。

他活了 65 岁，从 25 岁起就被英国军情五处监控，一直到死都被

1　Child 加-e，类似西周金文的"小子"，指贵族子弟。据格林考证，柴尔德的父母皆出自英国贵族。

监控,长达 40 年。起初,监控者以为,他肯定是共产党员,因为他不但跟英国共产党有来往,参与各种左翼社团的活动,而且跟帕姆·达特(英共创始人和高层领导)是牛津求学时无话不谈的密友。但军情五处反复窃听的结果却是,他只是英共的同情者和同路人,并不怎么听党的话,参加左翼活动时,经常一言不发。他跟英共始终保持着距离。

他从不跟他的同行(多半是保守主义者)谈政治,但有时会故意炫耀他的左翼身份,如打红领带、穿红衬衫,手持《工人日报》,并用"斯大林同志"吓唬他们。他的话,哪些该当真,哪些是玩笑,经常让人分不清。比如退休前,同行问他以后有什么打算,他说他打算回澳大利亚,找个美丽的山头跳下去,他们都以为他在开玩笑,然而这却是真话。他的这种生活态度,用我们熟悉的话讲,叫"佯狂避世"。

相反,他并不跟他的亲朋好友讲他最后的打算,怕他们伤心。

柴尔德的讲话方式很有意思。

他说,他不喜欢别人给他脖子上拴个马克思主义的标签,"我不喜欢标签,特别是如果它们会引起误导""对我来说,马克思主义只是一种行之有效的研究方式和用来解释历史和考古材料的工具。我接受它是因为它管用"(1938 年柴尔德致达特信,马克思纪念馆的达特藏品)。

他说,他不爱用马克思的词句讲话。他认为,这类在英国谁都听不懂的"黑话"只会把读者吓跑,而且是给自己找麻烦。他早期的书没有这类话,晚期的书里才开始出现,但很少,多半是暗引,如《人类创造自身》,书名本身就出自马克思。[2]

　　2　例外是他的《历史》(左翼出版物《古今》丛书的一种)。此书问世于 1947 年,当时已入冷战时期,他反而马恩列斯都引,结尾还加上一句,"今日一位大政治家已经成功地预见到世界历史的进程",他说的"大政治家"是斯大林。美国出版商见英国版极为畅销,想出美国版,但在政府官员警告下,纷纷打退堂鼓,只有一个年轻的出版家甘冒风险。1953 年美国版终于问世,但结尾删,书名改,丛书作者换。

他很低调，也很幽默。低调和幽默是为了保护自己。他还记得他在牛津、悉尼吃的亏，倒的霉。在英国这样的环境里，他宁愿用"糖衣包裹"（sugar-coating）的方式讲话，即用西方读者容易接受、容易理解的方式讲话。比如用克罗齐的术语讲辩证法，用涂尔干的术语讲社会发展（1950 年 1 月 15 日柴尔德致怀特信）。[3]

没有类似经历，很难理解这一点。我很理解他的说话方式。

一　柴尔德的考古学

柴尔德是 20 世纪最与众不同的考古学家，任何一部考古学史，都不能没有他的名字。

柴尔德时代的英国考古学

1980 年，夏鼐回忆，他留学英国的时代（即 1930 年代），是个"巨星璀璨、大学者辈出的时代"。当时，"埃及考古学有比特里（W. M. F. Petrie，1853—1942），美索不达米亚考古学有伍莱（C. L. Woolley，1880—1960），希腊考古学有伊文思（A. Evans，1851—1941），理论考古学以及比较考古学有柴尔德（G. Childe，1892—1957），田野考古学有惠勒（M. Wheeler，1890—1976）"。[4]

早先，考古是一种与探险有关的活儿，不是书斋中的学问。殖民时代，考古主要是海外探险，挖人家的遗址，给自家的博物馆采办藏

3　"糖衣炮弹"这个词，大家都很熟，因为毛泽东用过它（《在中国共产党第七届中央委员会第二次全体会议上的报告》）。我估计，这是从日语转译的外来语，它是"糖衣药丸"（sugar-coated pill）的演变。英语 pill 是药丸，俚语可指炮弹、子弹。日语，药丸叫丸，炮弹、子弹也叫丸。如电影《平原游击队》，日本兵厉声喝问："什么的干活？"李向阳随声应答："卫生丸新交的干活。"意思是，我是给你们送子弹来的。他俩说的是"协和语"（日本在中国推行的日汉混合语），"卫生丸"就是指子弹。

4　夏鼐：《〈中国考古学研究〉日文版序言》，载《夏鼐文集》第四册，北京：社会科学文献出版社，2017 年，第 426—432 页。

品。所以在当时的考古队,枪是标配,有时还得盖个碉堡什么的(如
Château de Morgan)。

夏鼐学考古的时代,所谓考古学家多是半路出家,以挖见长,靠发
现出名,很多人都是从干中学。当时,考古是冷门,大学教考古、学考
古的人很少。如夏鼐说的"五大师",比特里(或译皮特里)没上过学,
其他四位,多半是古典学出身。柴尔德更特殊,他是先写书出书,后当
考古学教授,当了考古学教授,才干田野(每年带学生挖苏格兰遗
址)。他是以概括、总结、阐释和考古文化的跨文化比较见长。

1851 年,剑桥大学为考古学设讲席教授,即迪斯尼讲席教授,前
后共有 12 人。明斯(Ellis Minns,1874—1953)是第六位,研究俄国、东
欧考古,比柴尔德大 18 岁。[5] 加罗德(Dorothy Garrod,1892—1968)
是第七位,研究西亚旧石器考古,跟柴尔德同岁。[6] 这两位,中国读者
不熟。接下来,克拉克(John Grahame Douglas Clark,1907—1995)研究
欧洲中石器考古,夏鼐主编的《中国大百科全书》考古卷"外国著名考
古学家"的名录中有他;丹尼尔(Glyn Edmund Daniel,1914—1986)研
究欧洲新石器考古,中国读者知道他是因为夏鼐让黄其煦翻译出版
了他的《考古学一百五十年》(*A Hundred and Fifty Years of
Archaeology*);伦福儒(Andrew Colin Renfrew,1937—)研究科技考古
(碳-14 测年、生物考古、语言考古、神经考古),他的书《考古学:理论、
方法与实践》(*Archaeology: Theories, Methods, and Practice*),中国考古
学家人手一册。他们都是晚辈。柴尔德当教授时,克拉克还在读书。

柴尔德是牛津古典学出身,老师是伊文思和迈尔斯。伊文思是米
诺斯文明的发现者。迈尔斯长于地理,曾追随伊文思。伍莱(或译吴

5　梁思永给夏鼐的留学建议,第一是投柴尔德,第二是投明斯。
6　加罗德是女考古学家,《剑桥插图考古学史》曾特意提到她。

雷)也是牛津出身。柴尔德先在爱丁堡大学当阿伯克龙比讲席教授，后任伦敦大学考古所所长，跟惠勒是同事。

夏鼐留学英国时，剑桥长于史前考古，牛津长于古典考古，伦敦大学长于埃及考古(夏鼐的导师是比特里的学生)。柴尔德是异类，跟所有考古学家都不一样。

夏鼐与柴尔德

夏鼐留学英国，出国前，李济、梁思永都劝他跟柴尔德学。

他到英国，最初跟叶慈(Walter Perceval Yetts, 1878—1957)学，后打算转学爱丁堡大学，投柴尔德门下。当时，柴尔德门下有个清华留学生，叫周培智。夏鼐写信给他，向他了解爱丁堡那边的情况。周给他泼冷水，说爱丁堡条件太差，柴尔德不爱带学生，还歧视亚洲人。当时，爱丁堡的条件可能确实不太好，据说教室漏雨，柴尔德曾打着雨伞上课；柴尔德不爱带学生，也很可能是因为爱丁堡大学的学生往往家境不太好，所以柴尔德劝学生不要学考古，学考古找不到工作；至于歧视亚洲人，那是周个人的感受，恐怕与政见不合有关。[7]

夏鼐听了周培智的话，犹豫再三，请示傅斯年。傅说，中国学史前史的人已经太多，有梁思永就够了，劝他学点中国没有的绝学。这样，他才改学埃及考古，没有挪地方。

夏鼐留学期间，与柴尔德只有一面之缘，听过他演讲，没说过话。但留学前，他早就读过柴尔德的书，从大学时代一直到去世，他一直读柴尔德的书。他写博士论文，曾写信向柴尔德请教，《埃及古珠考》的致谢名单里就有柴尔德。柴尔德的著作，他几乎全都读过。马恩的书

　　7　1937年，李济访英期间曾到爱丁堡大学演讲，柴尔德为他做主持。当时，柴尔德告诉李济，周培智早已不学考古，改读经济。周氏坦承，他一贯持反共立场。1949年，他逃离大陆，去了台湾。他在台湾说，他在英国拿了考古学和经济学双博士，但据清华记录，他是考古学硕士。

他也很熟，年轻时就读，后来也读，只不过他不爱把洋学问挂在嘴上。1949 年后，中国不兴这一套。

当年，夏鼐在辉县发掘，引起了柴尔德的注意。他给中国同行写信，托李约瑟寄郭沫若，转交王振铎。他跟王振铎打听辉县出土的车子，希望把新中国的考古成就介绍给西方，在道义上支援中国的抗美援朝。当时，他和李约瑟都支持抗美援朝。柴尔德退休后，他说他本想重游苏联，并来中国看看，但怕生病。小时候，他得过脊髓灰质炎，着点儿凉就病，不敢来。柴尔德死后，夏鼐写纪念文章，后悔没请他来。

罗泰开玩笑说，他如果来，看到中国考古，也许就不会自杀了。

柴尔德与中国考古

夏鼐和苏秉琦是 1949 年后中国考古的代表人物。有人说，苏秉琦爱琢磨理论，夏先生不太上心，恐怕不对。夏先生是中国考古学家中最熟悉西方考古学理论的人。特别是柴尔德的理论，他最熟悉。比如讲"考古文化"，他引用的是柴尔德和蒙盖特。蒙盖特是苏联考古学家。当年，引用苏联很时髦。夏鼐恶补俄语，读过他的书。蒙盖特批评柴尔德，说他虽属"友好人士"，但人从资本主义国家来，仍带有资产阶级的毛病。其实蒙盖特的"考古文化"就是脱胎于柴尔德的"考古文化"概念。当然，如果说夏先生不爱谈理论，那可能是对的。因为他确实不爱把理论挂在嘴上。

中国考古学，无论夏、苏，从学术范式讲，从工作方法讲，都最接近柴尔德。如我们使用的"考古文化"概念、"文明曙光"说、"两大革命"或"三大革命"说（除新石器革命和城市革命，还有知识革命），甚至是"多元一体"说。

比如柴尔德说过：

史前史和历史学毫无疑问要通过探讨不同群体对地理的、技术的或意识形态等特别刺激物的感应,来说明文化是如何逐步分异的。不过,更为显著的是各个社会间的交往和交流也在不断增长。也就是说,虽然文化分化的"支流"继续繁衍,但是文化间的汇聚也在逐渐加剧,并且最终会融为一体。一支持续强大的主流文化,注重于统治全体支系文化,以便不断开拓出新鲜的文化之"泉",因此,多文化最终会融合成"一体"文化。

(《历史上发生过什么》第一章)

这不就是讲"多元一体"吗?

柴尔德的考古学是以欧洲为中心,他把近东考古和欧洲考古视为主流,其他地区视为支流,因此被考古学家归入"传播论"。但他对中国考古、美洲考古仍很关注。如他提到周口店(《历史上发生过什么》第二章),指出蜻蜓眼式琉璃珠是西方传入中国的(《历史上发生过什么》第十一章)。可惜他没来过中国。

柴尔德的书

如何评价柴尔德? 两种读者,两种看法。

柴尔德的书很多,文章很多。据统计,其作品有 762 种,书占 27 种,反复再版,极为畅销,并被译为 25 种文字,中译本有 7 种,在译本中算最多(其次是波斯语译本)。

西方推理小说中,阿加莎·克里斯蒂的书最畅销。她丈夫跟柴尔德在同一研究所,她是柴尔德的牌友。学术书,柴尔德的书也相当畅销。有人写小说,把他写进去。有人拍电影,也提到他,比如《夺宝奇兵4》。

其代表作,主要是七本书。

早期五种:《欧洲文明的曙光》(1925)、《雅利安人》(1926)、《远古东方:欧洲史前史的东方序曲》(1928)、《史前多瑙河》(1929)、《青铜时代》(1930)。

晚期两种:《人类创造自身》(1936)、《历史上发生过什么》(1942)。

柴尔德的同行看重他,主要是他的早期五书,特别是《曙光》,特别是他对欧洲考古文化的综述。他们认为,前五种书是写给学者看的,技术含量高,属于学术书,后两种书是通俗著作,写给大众看的。其实对他来说,这是一回事,前者只是为后者做铺垫,以学术为基础的普及才是最高境界。他对二战前后的年轻人影响最大的是后两种。这两本书是讲他的"三大革命",其实是用考古材料讲"大历史",即欧洲文明从哪里来到哪里去,为什么会成为独一无二覆盖全球的现代文明。这种历史,其实是资本主义的"史前史"。他是这样的"史前史学家"。难怪他会看重马克思。

柴尔德死后,他的考古学同行虽然表达了他们的敬意和惋惜,但对他这个人作为"政治动物"的一面却并不了解,也不理解。他们从正统立场(即英国当时的"政治正确性")读他的书,当然无法理解。三十多年过去,他们把他当老古董,认为他早已过时,他的书只有历史价值。但1980年代,人们重新认识柴尔德,情况开始起变化。他们越来越想从他这个人出发理解他的书,理解他的思想。于是有五本柴尔德传问世。

柴尔德的五本传记

第一本书是萨利·格林的《史前史学家柴尔德传》(1981)。

此书属综合性传记,[8] 既讲人,也讲书,夏鼐读过。该书的前身是

8　Sally Green, *Prehistorian : A Biography of V. Gordon Childe*, Wiltshire : Moonraker Press, 1981.

作者在谢菲尔德大学的博士论文《柴尔德传》（1976），比下面四本书都早。特里格的书参考过这篇论文。格林认为，柴尔德并非一般人理解的考古学家，而是研究史前学的学者。或者更确切地说，他是研究史前史如何发展为文明史。柴尔德说过，"我相信考古学的未来应与历史学而非自然科学为伍"（"绝命三书"第二封信的第七条）。显然，他是个"历史学取向"而非"自然科学取向"的学者，跟现在理解的"白大褂考古"（科技考古）很不一样。

第二本书是芭芭拉·麦克奈恩的《柴尔德的方法和理论：史前史的经济、社会和文化阐释》（1980）。[9]

此书属学术性传记，侧重柴尔德的方法和理论，只讲书，不讲人。该书的前身是作者在爱丁堡大学的博士论文。柴尔德在《回顾》中说，他对史前史的贡献不在考古材料、年代和文化定义，而在"阐释概念和解释方法"。作者侧重的是这一点。

第三本书是布鲁斯·特里格的《柴尔德：考古学的革命》（1980）。[10]

此书亦属学术性传记，讲书也讲人，但详于书而略于人，夏鼐读过。此书有何传坤、陈淳译本。柴尔德说，假如不是代价太大，他会选择革命。作者说，1921 年后，柴尔德从事的是另一种革命——考古学的革命。他的理论核心是所谓"三大革命"：新石器革命（农业革命）、城市革命、知识革命，的确如此。

第四本书是威廉·皮斯的《柴尔德的神秘生涯：人类精神的独特

9　　Barbara McNairn, *The Method and Theory of V. Gordon Childe: Economic, Social and Cultural Interpretations of Prehistory*, Edinburgh: Edinburgh University Press, 1980.

10　　Bruce G. Trigger, *Gordon Childe: Revolutions in Archaeology*, London: Thames and Hudson, 1980.

显现》（1992）。[11]

　　此书属政治性传记。作者是个坐轮椅的残疾人，与柴尔德小时候得的是同一种病，不久前（2019）才去世。[12] 原作是作者在美国哥伦比亚大学的博士论文，未正式出版。柴尔德在《曙光》序中曾说"欧洲文明是人类精神的独特显现"，作者认为，柴尔德这个人特立独行，不同凡响，也是"人类精神的独特显现"。

　　第五本书是特里·欧文的《致命的诱惑：柴尔德的政治人生与思想》（2020）。[13]

　　此书亦属政治性传记。作者是研究澳大利亚工运史的专家，特别重视柴尔德的《劳工如何执政》（1923）。他回忆，1957 年 4 月 25 日，悉尼大学授予柴尔德荣誉博士学位，他和该校的激进学生曾亲临现场（他是五传作者中唯一见过柴尔德的人）。当时，谁都想不到，这位世界级的考古学家，他的第一本书竟然是写澳大利亚工运的。不到半年，柴尔德坠崖的消息传来，令他震惊。他开始对柴尔德的一生进行追踪。他曾与盖瑟科尔合作，编写柴尔德著作最全的目录，并与皮斯交好。盖瑟科尔生前一直鼓励作者为他的老师写一本政治传记，故此书献给盖瑟科尔。柴尔德曾说，他想逃离"致命的政治诱惑"。作者说，政治对柴尔德是"致命的诱惑"，学术对柴尔德也是"致命的诱惑"。

　　这五本书为我们重新认识柴尔德打开了一扇窗口。

---

[11] William J. Peace, *The Enigmatic Career of Vere Gordon Childe: A Peculiar and Individual Manifestation of the Human Spirit*, Ph. D. Dissertation, Columbia University, 1992.

[12] 柴尔德提倡 60 岁就退休，认为与其老病而死，不如早点结束生命，既为年轻人腾地方，自己也少受折磨。皮斯则反对安乐死，认为安乐死是某些人为消灭残疾人寻找的借口。

[13] Terry Irving, *The Fatal Lure of Politics: The Life and Thought of Vere Gordon Childe*, Melbourne: Monash University Publishing, 2020.

重新认识柴尔德

1980 年代有个"让我们更好地认识柴尔德运动",代表作是上述五传的前三传。当时只有这三本传记。鲁思·特林厄姆写过书评。[14]她的评价是第三种最好。当时,特里格是考古学大教授,而其他两位还是年轻的博士生,后来默默无闻,不知所终。结果是特里格成了研究柴尔德的权威。

盖瑟科尔是柴尔德在伦敦大学的学生。柴尔德的学生多半是保守主义者,他不是。他终生追随老师,与老师同道同好。他对这三部传记都不满意,认为他们都没讲清柴尔德与马克思主义的关系。

我读上述传记,不太同意特林厄姆的评价。我认为,还是格林的书最全面,最平实;特里格的书,则有较多政治偏见。特里格自己也承认,他对马克思主义和苏联考古学了解得很不够。他说,他跟格林有约,只谈考古,不谈其他,这类问题最好留给盖瑟科尔。

特里格对柴尔德的评价前后有变化。在《柴尔德:考古学的革命》一书中,他对柴尔德的评价比较类似柴尔德死后他的那些考古学同行,即柴尔德的政治立场有问题,并不符合西方的"政治正确性"。他说,柴尔德靠二手材料和别人的思想说话,只是"一般的理论家",在学术上也评价不高。后来,他补了点课(如苏联考古),看法有变化,又说"柴尔德与我们同在"。他写《考古学思想史》,说柴尔德既过时,又超前,讲文化-历史考古学,他是集大成者,讲功能-过程考古学,他也是先驱,他试图折中二者,接纳柴尔德回归主流(经"无害化处理")。伦福儒甚至说柴尔德是"过程考古学之父"。

---

14 Ruth Tringham, "V. Gordon Childe 25 Years after: His Relevance for the Archaeology of the Eighties," *Journal of Field Archaeology*, vol. 10, no. 1, 1983, pp. 85-100.

世纪之交,有人比较"二德",柴尔德和宾福德(Lewis Binford)。柴尔德是 20 世纪上半叶世界考古的代表性人物,宾福德是 20 世纪下半叶世界考古的代表性人物,两个人代表了两个时代。美国考古学取代英国考古学,就像战后的政治格局,轮到美国当老大(汉学也如此)。柴尔德一定想不到,美洲考古会成为考古学的主流学术。

20 世纪 80 年代以来,中国考古学界有新旧之争。"新"是俞伟超先生和张光直先生介绍引进的美国考古学,"旧"是夏鼐先生和苏秉琦先生为代表的中国考古学。夏先生看不上宾福德,张光直对他也颇有微词。

1980 年以前,大家多认为,柴尔德曾经伟大,现已过时。他们说他是传播论者,年代和文化序列多误,不重视人类学和美洲考古。1980 年代以来,情况有变化。大家对这个谜一样的人物开始有了点新认识。

二　柴尔德的反战思考

柴尔德是历史人物,历史人物要历史地研究,从他当时的环境理解他当时的想法。他这一生,凡历三战,一战、二战、冷战。研究柴尔德,不能绕开这个大背景。

柴尔德的一生(1892—1957)

青少年时代(1892—1911):1892 年 4 月 14 日出生于悉尼。当时,澳大利亚的工人运动很激进,很暴烈。

悉尼大学时期(1911—1914):通过阅读,通过对工人运动的了解,他成了一名马克思主义者和社会主义者。

牛津大学时期(1914—1917):恰逢一战,他和他的牛津同学投身反征兵运动。

第一次回家（1917—1921）：投身澳大利亚的反战运动和工人运动。

彷徨伦敦（1921—1927）：被政治抛弃，转向学术，通过跑遗址、跑博物馆、阅读和写作，成为世界最著名的考古学家。

爱丁堡大学时期（1927—1946）：碰上经济大萧条、希特勒上台和二战，投身反法西斯运动，用考古学反法西斯。

伦敦大学时期（1946—1956）：战后，进入美英反苏反共的冷战时代，投身保卫世界和平运动。

第二次回家（1956—1957）：1956 年 4 月 23 日荣休。当年，有苏共二十大和匈牙利事件。1957 年 4 月 14 日，从英国回到悉尼，10 月 19 日从悉尼蓝山跳崖自杀。

你们看一看，他这一辈子究竟做错了什么？

20 世纪的主题：战争与革命

考古学不是象牙塔中的学问。柴尔德不是象牙塔中的学者。他生活在多灾多难的 20 世纪，有强烈的政治关怀。

1887 年，恩格斯曾预言后来的一战。他说，"这会是一场具有空前规模和空前剧烈的世界战争……以致王冠成打地滚在街上而无人拾取"（《波克罕〈纪念 1806 年至 1807 年德意志极端爱国主义者〉一书引言》）。阿伦特也承认，"战争与革命决定了二十世纪的面貌"（《论革命》）。

一战，英、法、美和俄、意、日为一方，德、奥、土为一方，[15] 双方为重新瓜分世界而爆发帝国主义战争。[16] 德、俄拼消耗，受害最深。德国

15　这九个国家，除去奥、土，加上加拿大，仍是当今的"列强"。其前世即 1900 年的"八国联军"，今生则是 G8，俄国开除后变成 G7。

16　欧洲历史的特点就是长期打，长期分，地理大发现后的世界也是反复被列强瓜分。

战败,割地赔款,备尝屈辱,为二战埋下伏笔。俄国爆发革命,被英国为首的协约国围剿,也为二战和冷战埋下伏笔。

二战,英、法、美为一方,德、意、日为一方,苏联是另类,中国也是另类。英、法绥靖,本想引战祸于东,反而引火烧身,导致苏联与德、日签订条约,导致德国先打英、法后打苏。只是在面临共同敌人的情况下,才有英、美与苏、中结盟,共同打败德、意、日。这场大战,苏、中伤亡最多,其次德、日,英、法因此衰落,美国是最大获益者。

冷战,还是解决历史遗留问题。一战引起俄国革命,二战引起中国革命,二战后的冷战是用来对付这两场革命。

20 世纪的三次大战,全让他赶上了。

一战中的柴尔德:参加反征兵运动

一战,英、法、美与俄连横(协约国),德、奥、土合纵(同盟国),合纵不敌连横。结果是四大帝国(德意志帝国、奥匈帝国、奥斯曼帝国、俄罗斯帝国)解体,解体引发四大革命:1917 年,俄国的二月革命和十月革命;1918 年,德国的十一月革命;1919 年,匈牙利的苏维埃革命和土耳其的凯末尔革命。这就是恩格斯说的"王冠落地"。

1918 年,俄国退出战争,引起协约国武装干涉、俄国内战和苏波战争。1919 年,英国工人有个"放手俄罗斯"(Hands off Russia)运动,用全国大罢工制止列强围剿苏联和英国支持的波兰东扩。柴尔德参加牛津大学的反征兵运动,他的左翼朋友纷纷入狱,有些人后来成为英国共产党的创始人和领导,如他的牛津密友帕姆·达特。

一战前,社会主义运动的中心是工人运动。柴尔德和他在牛津的左翼朋友苦苦思索、激烈争论,问题全围绕工人运动。一战中,战争压倒一切,所有人不得不面对战争,重新选边站队。共产党是反战运动的产物。1917 年的十月革命就是因反战而爆发。如联共(布)、德共成立于 1918 年,美共成立于 1919 年,英共、法共成立于 1920 年,意共、中共成立于 1921 年,日共成立于 1922 年。

反战——反帝国主义战争——是唯一的正义。

转折点:从工人运动到学术流浪汉

1916 年,英国征兵,柴尔德得过脊髓灰质炎,落下残疾,可以免服兵役。1917 年,他回了澳大利亚。他不知道,他已上了英国军情五处和澳大利亚军情处的黑名单,不但他任教的母校把他辞退,任何学校都不敢用他。不得已,他投身工人运动,成了新南威尔士工党州长的智囊。

1921 年,他被派驻伦敦。结果州长去世,工党下台,他丢掉饭碗,没有工作,没有钱,成了学术流浪汉。1922—1924 年,打杂工、翻译书。1924—1927 年,在皇家人类学会图书馆当管理员。这段时间,他读了很多书,跑了很多遗址,看了很多博物馆。

他的第一本著作《劳工如何执政》(1923),是他对澳大利亚工运的总结,也是他对过去的告别。他说,如果不是代价太大,他会投身革命,但他最终还是选择了学术,从此与政治保持距离。他被政治抛弃,反而成就了他的学问,但他从未忘情政治。

他的理论以"三大革命"最出名。特里格说,柴尔德后来从事的是另一种革命,即"考古学的革命"。

柴尔德的"早期五书"使他暴得大名。

1.《欧洲文明的曙光》(1925)。整合欧洲三大考古,此书是代表作。

2.《雅利安人》(1926)。柴尔德在牛津的学位论文是《印欧人在史前希腊的影响》。此书可能是据该文改写,写作应早于《曙光》。因为反法西斯,他从未再版此书。

3.《远古东方》(1928)。借二手材料,总结近东考古。

4.《史前多瑙河》(1929)。欧洲有两条大河:莱茵河和多瑙河,他都跑过。他更看重多瑙河。他把多瑙河看作近东传东南欧、东南欧传西北欧的大通道。

5.《青铜时代》(1930)。他用青铜技术西传(从近东传欧洲)解释欧洲文明的后来居上。他说,近东迷信、专制,工匠不自由,逃往欧洲,青铜技术才突飞猛进。

这五本书,主要写成于他的"流浪时期"。前两本出版于他去爱丁堡之前,后三本出版于他去爱丁堡之初,其中《曙光》最有名。他靠自己的著作和学养当上了爱丁堡大学的阿伯克龙比教授,每年带学生挖苏格兰遗址。

整合三大考古

欧洲考古分三大:1.近东考古(埃及、两河流域、土耳其和伊朗的考古),与圣经学有关;2.史前考古(北欧或西北欧考古),与北欧神话学有关;3.古典考古,南欧考古或东南欧考古,与古典学有关。

柴尔德是古典学出身,伊文思年纪太大,真正教他的是迈尔斯。1925—1927年,迈尔斯帮他找钱、找工作,对他有再造之恩。他受迈尔斯影响最大。[17] 迈尔斯写过本书,《历史的曙光》(*The Dawn of History*,1911)。

柴尔德通欧洲各国几乎所有语言。一战后,他遍游欧洲,特别是莱茵河地区。后来,还到过伊拉克、印度、美国、苏联。美国,去过三次:1935、1936、1939年。苏联,也去过三次:1935、1945、1953年(欧文说,还有第四次,在1956年)。当时,搞西欧的不懂东欧,搞西方的不

17　不是带夏鼐去埃及发掘的迈尔斯。这个迈尔斯是 J. L. Myres,那个迈尔斯是 Oliver H. Myers,姓氏拼写不同。

懂东方，他试图把三大考古整合在一起，这在当时是第一次。

柴尔德整合三大考古，被称为"集大成者"（Synthesizer）。特里格指出，柴尔德的《曙光》与迈尔斯的《曙光》从书题到内容都有关联。迈尔斯是从地理、族群讲"曙光"，柴尔德是从考古讲"曙光"。但奇怪的是，柴尔德的《曙光》没有提到迈尔斯的《曙光》。

迈尔斯的《曙光》有 1913 年上海广学会出版的吴江、任保罗译本，中文本叫《史源》。

柴尔德与李约瑟、贝尔纳

1931 年，有一批自称"科学工作者"的左翼科学家，[18]每月聚餐一次，讨论他们共同关心的问题。他们给这个聚餐会起了个怪名，叫 Tots and Quots，[19]参加者都是顶尖学者，其中有李约瑟、贝尔纳、柴尔德。

1949 年，英中友好协会（Britain-China Friendship Association）在伦敦成立，李约瑟任主席，柴尔德任副主席。

1950 年代，柴尔德是《现代季刊》（*The Modern Quarterly*）杂志的编委会成员，李约瑟也是。

柴尔德整合三大考古，所有探索围绕一个中心问题，即欧洲文明为什么是唯一发展为现代资本主义的文明？包括所有科学发明、社会制度和政治设计。

"李约瑟难题"属于这类探索，柴尔德的"三大革命"也属于这类探索。当然，他们讨论的角度并不一样。李约瑟是从科技史的角度讨

18　"科学工作者"就是"科学工人"。1950 年代，柴尔德是英国科学工作者协会（Association of Scientific Workers）执行委员会的委员，并一度担任副主席。"科学工作者协会"相当于"科学工人"的工会组织。这是非常左翼的说法。我国也用这类词。

19　此名源自拉丁成语 *quot homines, tot sententiae*（有多少人就有多少意见），属文字游戏。

论这一问题,柴尔德是从考古学的角度讨论这一问题(侧重技术史和
经济史)。

贝尔纳著有《历史上的科学》(*Science in History*)、《没有战争的世
界》(*World Without War*),也讨论科学史,但他更关心的是现代科学向
何处去。他用科学史警告人类,特别是大国政治家,人类已经到了一
个必须迅速做出抉择的时刻,放弃核武器,科学将造福人类;若执迷不
悟,继续用核武器威胁人类,人类将面临毁灭。

柴尔德也有类似担忧。

欧洲文明的独特性

柴尔德要整合"三大考古",不能不对"三大考古"的关系试做总
体解释。当时流行"雅利安人"说,认为早期操印欧语的人是"雅利安
人"。学者都很关心欧洲人从哪里来、到哪里去。他认为,"雅利安
人"起源于南俄草原,而不是日耳曼地区,"欧洲文明的曙光"出现于
"远古的东方",从近东传东南欧,东南欧传西北欧;在"青铜时代",
"莱茵河"是文化传播的大通道。所以,他为考古文化排序:近东最
早,东南欧其次,最后由西北欧收官。显然,他从黑格尔、马克思、迈尔
斯那里接受了他们以欧洲为中心的文明排序。所谓"欧洲文明的独
特性",就是指欧洲后来居上,超越和替代了它的所有前辈。

黑格尔讲历史演进,有个三段式,"亚细亚"是正题,"古典"是反
题,"日耳曼"是合题。大西洋文明(西北欧文明)取代地中海文明(近
东文明和古典文明)是大趋势。"日耳曼"不光指中古,而且指近现
代,代表的是"历史的终结"。他说,"亚细亚"是"早熟的婴儿","古
典"是"正常的婴儿",所有这一切全都是为"日耳曼"做铺垫。用《红
楼梦》的话讲,当年先进的是"拄拐的孙孙",后来居上的是"摇篮里的
爷爷"。马克思的社会经济形态说沿用了这一思路,其早期著作,连

三段的名称都是沿袭黑格尔。迈尔斯的《曙光》也是同一思路。上述"三大考古"正好对应这个三段式。柴尔德也延续了这一思路。

当然，这里应当说明一下。严格讲来，亚细亚、古典世界、日耳曼是三个地理单元和三种区域文化。欧洲人都知道，近东文明比欧洲文明更古老，南欧的希腊、罗马也走在西北欧之前。这是19世纪公认的历史知识，不是马克思的发明。只不过，他给了一种解释。在他看来，它们代表早晚不同的经济形态或生产方式。特别是马克思有劳工立场，他更看重劳动形态的演化，如奴隶、农奴、工人的异同。或说马克思的亚细亚生产方式是指原始社会（如林志纯之说），恐怕不妥，因为自古典时代以来，欧洲人说的亚细亚，都是指近东，特别是小亚细亚。马克思关注俄国和印度的村社制度，关注摩尔根的人类学研究，希望找到比近东更原始的东西，那是后来。在他们心目中，近东文明一大二凶，很迷信，很专制，与古典文明形成强烈对比。我称之为"古典对立"。

总之，黑格尔也好，马克思也好，迈尔斯也好，柴尔德也好，他们都是以欧洲为中心，从欧洲人的视角看世界。[20] 黑格尔的老三段代表的是19世纪以来欧洲人从欧洲历史和考古发现总结的历史分期。这类欧洲历史学的"常识"带有欧洲人最难摆脱的观察角度。

丹尼尔说，考古学最有希望的研究领域有二：一个是经济，最形而下；一个是艺术，最形而上（《考古学一百五十年》）。柴尔德更看重考古学的经济学阐释，这是他坚信马克思主义有用的原因，但他并非忽视精神领域，比如他的"知识革命"就属于精神领域。当然，他更看重

20　视角很重要。欧洲人是从欧洲中心看周围。比如汉学家，他们习惯从中国周边、中国的四大边疆研究中国，中国人则相反。一个是从西往东看，一个是从东往西看。这让我想起赵树理的《李有才板话》，"模范不模范，从西往东看，西头吃烙饼，东头喝稀饭"。您还别说，白面烙饼确实很有西方特色，小米稀饭确实很有中国特色。

的是与生产工具有关的科学技术。这一兴趣与李约瑟的兴趣有交叉。他对宗教的看法很负面,艺术不是关注点。

二战中的柴尔德:用考古学反法西斯

一战,英、法是靠德、俄拼消耗取胜,苏联是靠与德媾和、退出战争以自保。二战,双方仍沿袭一战的思路。张伯伦绥靖,想引战祸于东,令德、苏互耗,是为了自保。英国知识界多赞同这一策略。苏联抢先与德、日媾和,引战祸于西,也是为了自保。

英国共产党支持本国对德战争,遭共产国际批评,书记下台。共产国际指示英共"退出帝国主义战争"。柴尔德痛恨希特勒,对张伯伦绥靖不满,对苏芬战争不满,对苏德和约不满,曾悲观绝望。但随战争形势发展,英与苏反而走到一块儿。他开始支持英苏同盟,特别赞赏苏联大反攻,主张由苏、美参加的国际联盟(League of Nations)维护和平,主张战后取消殖民地。

柴尔德的反战思考集中在他的两部著作:《人类创造自身》(1936)和《历史上发生过什么》(1942)。柴尔德生性悲观,但很有正义感,悲观之中,不失血气之勇。

柴尔德时代,考古学有五大争论,一是西方主义与东方主义,二是进化论与传播论,三是外因论与内因论,四是单线论与多线论,五是决定论与可能论。

科西纳主张西方主义(认同西北欧),史密斯主张东方主义(认同埃及)。柴尔德主张"东方开头,西方收尾",迁徙和传播是从东南到西北,后来居上。

德国考古学家用种族讲考古学文化,认为雅利安人起源于德国,用日耳曼入侵解释欧洲文化。相反,苏联考古学家主张雅利安人起源于南俄草原或外高加索,用本土起源解释斯拉夫文化。[21] 柴尔德是温和传播论者,他也认为,雅利安人起源于南俄草原,并同情和理解苏联学者的本土说。

柴尔德也做族群考古,但坚决反对纳粹的种族主义。为了反对德国考古学的日耳曼优越论,他不再讨论"雅利安人",开始用"人民""人群"的概念代替"种族"。

族群考古与"文化圈"理论

德国有大科学院,考古讲席多,国家经费多,发掘水平高。二战前的德国考古令英国学者羡慕。战争初期,很多英国学者对德国抱有好感,希望与德国媾和,如克拉克就很羡慕德国考古。克劳福德的航空考古也受惠于德国航空部(纳粹空军的前身)。从德国逃出的考古学家对英国考古有贡献,如格哈德·波苏(Gerhard Bosch)和鲍姆伽特(Baumgardt)。柴尔德和克劳福德曾自掏腰包,养活波苏一家。当时,还没有碳-14测年,人们对考古现象的认识是以"考古文化"为单位。"考古文化"又常跟族群地理分布挂钩,构成各种"文化圈"。

柴尔德的学术生涯从研究雅利安人的起源开始。他在牛津的学位论文就是讨论这一问题,后来以此为基础写成《雅利安人》。这类研究本来属于语言学研究,但德国考古把它与体质概念的"种族"挂钩,发展为纳粹考古,使这一研究误入歧途。纳粹考古学家多出自科西纳门下,他们认为,雅利安人起源于德国,血统最高贵,日耳曼人南下,征服罗马,才有后来的欧洲。柴尔德承认,他最初也受科西纳的"考古文化"概念影响。但在欧洲面临法西斯威胁时,他挺身而出,坚决反对纳粹考古的种族优越论,认为正是在这种时候,史前史学家应

21　爱莱娜·库兹米娜(Elena Kuzmina)《印度—伊朗人的起源》(邵会秋译,上海古籍出版社,2020年)是用考古材料讨论这一问题的新书,可参看。

该出来讲话,考古对当下有用。1936 年,他在史前史学会呼吁禁止纳粹理论的发言。

整合三种时间框架

汤姆森"三期说"是古物学分期:按石器、青铜、铁器分,其中不包括陶器和各种"软材料"。

摩尔根"三期说"是人类学分期:按蒙昧、野蛮、文明分。这种分期是基于民族调查和民族志。他把人类分为高低不同的三个等级,带有殖民时代的烙印。

柴尔德"三大革命"是考古学分期:按农业革命、城市革命和知识革命分。他试图把三种分期整合在一起。他说的"马克思主义有用"恰恰看重的是社会演进和社会分析。学者多把柴尔德归为文化-历史考古学的代表,认为他以后才有前者向社会考古学的转向。此说不对,其实,柴尔德才是早期社会考古学的代表。

自从人类走出"伊甸园",迈向"文明","公"与"私"就是一对欢喜冤家。中国传统语汇中,"家"代表"私"(私有制),"国"代表"公"(公权力)。国家既是维护私有制的工具,也是调节公私矛盾的工具。《家庭、私有制和国家的起源》是现代文明的原罪研究,就是讨论这类最基本的问题。

1940 年,达特邀柴尔德用考古为《起源》英文新版作注,因意见不合而中辍。柴尔德不愿意把马克思主义词句挂在嘴边。他最初看不上《起源》,后来仔细读过,认为恩格斯确实了解德国的历史和考古,比他大段引用的摩尔根讲得好。他认为,《起源》全书中第九章最重要。他试图把物质文化演进、人类学观察与他对工具进化和生产方式进化的阐释整合在一起,用我们的话讲,是讲社会发展史(1950 年代,我国曾大讲"社会发展史")。

他的《人类创造自身》《历史上发生过什么》就是属于这类研究。他想用二书为反法西斯提振士气,为人类"打气""加油",也为自己"打气""加油"。

"黑暗时代":柴尔德的深度悲观

今考古学有所谓"黑暗时代"和"系统崩溃"研究。欧洲文化有南北之分,德国人以日耳曼人、雅利安人、Nordic Race 自居。Nordic Race,如粤人之呼"北佬"。日耳曼人南下灭罗马帝国,如我国的五胡十六国。此事历来有两种评价:或说从此进入"黑暗时代",或说赖此蛮风,重振欧洲。

柴尔德本来赞同恩格斯的看法,即野蛮人征服罗马改造了欧洲,但在德国吞并欧洲的危险面前,他宁愿回避此说。他说,"希特勒主义对考古学支持所激起的敌意和恐惧,令我难以认可欧洲野蛮时代所有的积极方面";论及《历史上发生过什么》,他表示"我写它是为了说服自己,黑暗时代不是吞噬所有文化传统的无底洞(当时我深信,欧洲文明的结局,对资本主义者和斯大林主义者一样,注定是黑暗时代)"(《回顾》)。特里格说,他是用"文明来自东方"抵抗法西斯主义。

冷战中的柴尔德:投身"保卫世界和平运动"

二战后,李代桃僵,美国代替英国当老大,但英国仍然是美国的老师。英国的军情五处和六处,20 世纪初就有,最老谋深算;中央情报局,二战后才有。冷战也是英国撺掇美国发动的。

冷战始于哪一年,向有二说。一说 1946 年,以丘吉尔"铁幕演说"为标志;[22] 一说 1947 年,以杜鲁门主义为标志。[23] 其实,1945 年

---

22 二战后,他把西方对苏联的封锁说成是苏联的自我封闭,是谓"铁幕"。

23 罗斯福卒于 1945 年 4 月 12 日,没能活到二战结束、冷战开始。他死后,杜鲁门与华莱士争政,而后杜鲁门上台,开启反苏反共的杜鲁门时代。

的"古琴科事件"才是英、美协调立场重新定位敌我的标志性事件。[24]二战于1945年9月2日结束，事件发生在9月5日，冷战和二战之间几乎没有间歇。共同的敌人一旦没了，临时的朋友马上就掰。1945年6月柴尔德去了趟苏联，从此去不了美国。

冷战是由英、美发动，而非苏联。北约成立在前（1949），是主动进攻的一方；华约成立在后（1955），是被动防御的一方。双方互抓间谍，也是西方在前。

赫鲁晓夫时代，苏联一直希望与美国缓和关系，共治世界，但美国不答应，必欲置之死地而后快。"美苏和解"对苏联来说只是一场噩梦，他们把美国想得太好。

丘吉尔是"冷战之父"。一战后，他以血腥镇压英国大罢工、武装干涉苏联、支持波兰东扩而出名。苏联的存在，从一战到冷战，一直让他耿耿于怀。

1949年，美国宣布在欧洲永久驻军，成立北约，引发"保卫世界和平"运动。1949年4月，第一届保卫世界和平大会在巴黎、布拉格同时举行。1950年3月，保卫世界和平大会常设委员会召开斯德哥尔摩会议，发表《斯德哥尔摩宣言》，呼吁禁止核武器，开展全世界的签名活动；11月，第二届保卫世界和平大会原定在谢菲尔德举行，后因英国政府百般阻挠，改到华沙举行。[25] 1952年12月，第三届保卫世界和平大会在维也纳举行。柴尔德、李约瑟、贝尔纳是积极参与者。毕加索为会议画了和平鸽。当时，他是法国共产党党员（1944年入党）。

24　参看沙青青：《敌人的构建：古琴科事件背后的暗流》，《读书》2021年第8期。

25　英国政府最初没有足够住处为借口，拒绝在英国开会。会议筹委会征集到700名英国工人志愿者愿意请代表分住他们家里，英国政府还是不答应。他们对已经到达英国的代表切断电话、扣发请柬，对未能到达英国的代表拒发签证，会议只好转到华沙。参看杨剑：《金仲华与世界和平运动——上海国际问题研究院成立60周年纪念专文》，《国际展望》2020年第6期。

小时候,我参加过签名,毕加索的和平鸽给我留下了深刻印象。中国发行了三套纪念邮票:纪5(1950)、纪10(1951)、纪24(1953),就是采用毕加索的画。

三 柴尔德之死

柴尔德之死曾经是个谜。1980年,人们才知道真相:他不是失足坠崖,而是自杀身亡。

魂断蓝山

柴尔德是个非常孤独和悲观的人。他害怕战争,非常害怕。

一战,因身体不合格,免服兵役,他曾打算到美国躲避战祸,但不获批准,上其他国家也不行,只好回澳大利亚。他不知道自己已经上了军情五处的黑名单,材料已经寄到澳大利亚。

二战,战争爆发前,他正在美国访学,走前在美国存了钱,希望大难临头时能到美国躲一躲,但他刚一回到英国,二战就爆发,差点儿困在路上。1940年,德军攻占法国,他很绝望。他说,因为反法西斯,他肯定已经上了希特勒的死亡名单。如果英国失守,与其死于法西斯之手,不如投水自尽。他跟克劳福德讨论过自杀,被克劳福德劝止。

冷战,柴尔德仍然是监控对象。1948年,美国学者再次邀他访美,但他去不了。1945年,他参加过苏联科学院220周年纪念,上了美国国务院的黑名单。美国学者再三努力,但他说,我想去也不敢去,去了恐怕遭绑架。当时确实有这类事。

1956年,苏共二十大,赫鲁晓夫做秘密报告,引发波匈事件,欧洲各国共产党员纷纷退党,左翼知识分子纷纷"向右看齐",《新政治家》(New Statesman)拉他参加前共产党员的反苏反共签名,他不签。他后来解释说,他不愿令其毕生的敌人称心如意。当他的老朋友帕姆·

达特饱受攻击时，别人避之唯恐不及，他却仍然应允在纪念《劳工月刊》创办 35 周年的 7 月号上发表文章，回忆他与达特在牛津的交往和友谊。这一年，他决定提前退休，所里给他办了荣休纪念会，很隆重，惠勒为他主持，发表了热情洋溢的讲话。他把租住的公寓退掉，藏书和版税捐给研究所，养老金留给年迈的姐姐，两手空空，什么也不留，决定重返故土。

1957 年，他回到澳大利亚，发现自己的故乡已经美国化，反共气氛浓厚，左翼同样抬不起头，气氛早已不是他离开时的样子。

这次，他真的自杀了，在人生的顶峰，义无反顾，从 200 米高的悬崖纵身一跃。

一战，他没死。二战，他没死。他是死于冷战。

欧文称之为"冷战之殇"（A Death of the Cold War）。

"绝命三书"

古人云，"狐死首丘，代马依风"（《后汉书·班超传》）。人之将死，往往会想起他儿时生活过的地方，希望能回到他儿时生活过的地方再看一眼。

柴尔德小时候住在悉尼蓝山的温特沃斯瀑布附近。他是个脊髓灰质炎患者，早先连路都走不了。18 岁以前，他和疼爱他的妈妈一直住在那里。

1957 年 10 月 19 日，他回到他儿时熟悉的地方，跟出租车司机说，我要上山考察岩石构造，中午你来接我，咱们到镇上吃午饭。这是他自导自演的一场戏。

他上了山，来到一处风景绝美、看瀑布的景点。瀑布叫"戈维特飞跃"(Govett's Leap)。㉖ 瀑布右侧的上方有个观景台,跟瀑布平行,比瀑布高,叫巴罗观景台(Barrow Lookout)。他把眼镜、帽子、风衣、罗盘放在脚下,从栏杆外纵身一跃,葬身于这片他挚爱的土地。我没去过悉尼蓝山,只是透过照片遥望这个地点,感觉很神秘。

死前,他寄出三封信,我叫"绝命三书"。

《回顾》(1958 年发表):讲他一生的学术得失,自我批评,坦承自己犯下的错误和不足,寄给克拉克。克拉克是个右翼保守主义者,与他立场相左,但他反而把此信寄给克拉克。离开伦敦前,他把他的藏书捐给他的研究所,请克拉克做这批藏书的遗嘱继承人。

《展望》(1958 年发表):讲他对考古学未来发展的展望,寄给伦敦大学考古所,给他的同事看。此信旧题"告别辞",其实真正的"告别辞"是下一封信,当时还没发表。特里格建议,此信应改题"展望"。

《告别》(1980 年发表):讲他为什么要自杀,寄给伦敦大学考古所的新任所长,叫他十年后(即 1968 年)再打开。他不想打搅别人,也不想被别人打搅,悄然离世。

1980 年是重新认识柴尔德的时间节点。

最后的话

在"绝命三书"的最后一封信里,他留下最后的话:

......

英国人反对自杀的偏见完全不合理。其实,从容赴死是人类之所以异于其他动物之处,甚至比为他举行葬礼更好。但我不想因藐视偏见而伤害我的朋友。在悬崖顶上,一个偶然事故突然发

---

26 Leap,指飞流直下的瀑布,Govett 是瀑布发现者的名字,他全名叫威廉·罗梅因·戈维特(William Romaine Govett)。

生,太顺理成章。故地重游时,我发现,澳大利亚社会远不如英国,我不信我还能比我在英国做得更好,我已失去信念,没有理想。但再次登临蓝山,重游儿时常去的地方,依旧令人神往。我已解答了当年令我好奇的所有问题。我见过澳大利亚的春天,我闻过波罗尼亚的花香,我凝视过蛇、蜥蜴,我倾听过"蝉"鸣。现在,在这儿,我已经没什么想干,也没什么该干,也没什么可干。我恨蓝山的夏日风光,更恨英国的寒冬雾雪。趁心情还愉快、身体也健康,就此了结余生,那是再好不过的。

柴尔德从未加入过共产党

一战前,社会主义运动围绕工人运动展开。柴尔德曾认为澳大利亚和美国是劳工执政最有希望的地方,但从 1921 年起,他对工党政治完全绝望。

他对苏联看法多变,充满矛盾。他经常用"极权主义""东方专制主义"称呼这个新生的国家,但又说此事恐怕难免,苏联是"宏大而充满希望的试验"。

他也同情惨遭德国自由军团杀害的李卜克内西(Karl Liebknecht)和卢森堡(Rosa Luxemburg)。德国自由军团是一战退伍老兵的组织,最恨反战分子,其部分成员后来成为纳粹党要员。

然而,终其一生,他从未加入共产党。他认为,在英国强大的反共统治下,英共"没戏"。

柴尔德是个马克思主义者,但从未加入共产党,即使二战后,知识分子纷纷加入共产党时,他也没有加入。相反,1956 年,左翼退潮、共产党员大批退党时,他并没有放弃自己的立场,抛弃出卖昔日的朋友。

这与奥威尔形成强烈对比。奥威尔的"黑笔记本",其中就有柴尔德的名字。

柴尔德从未获得任何来自英国皇室的荣誉

柴尔德从 25 岁起就是英国军情五处黑名单上的人。即使回国,也受澳大利亚情报部门监控。如他第一次回国时被母校赶走,就是情报部门打了招呼;第二次回国,他已是名满天下的学术泰斗,母校授予他荣誉博士,表面很风光,但直到跳崖,他都处于监控之中。二战后,他受邀访美,也被美国国务院拒绝入境。

英国著名考古学家多有皇室颁授的勋章和爵衔(Sir 或 Dame),如夏鼐提到的"五大师",除柴尔德之外,都有这类头衔。

柴尔德与李约瑟是一类人,左翼,亲共。1952 年,李约瑟参加过细菌战国际调查团,去朝鲜,回国后遭受围攻,未能封爵,但 1992 年他至少得过皇家勋章 CH(Companion of Honour)。柴尔德则从未获得任何来自英国皇室的荣誉。

走出"史前社会"

柴尔德讲过两句话,可以代表他对未来世界的看法。

> 或许,马克思主义的分析只适用于一个尚不存在的世界国家的世界经济。它是个不可避免的结果,但尚未到来——假如你们的原子弹未能事先把整个人类大家庭彻底消灭。美国制度的垮台或许会推迟,就像英国靠帝国主义延命,英国人和其他欧洲人(苏联除外)正转化为外在的无产者,就像英帝国晚期的印度人和苦力,但我毫不怀疑,美国的资本主义结构会使来自欧洲人的贡品大受欢迎。(1948 年 9 月 18 日致莱斯利·怀特信)

注意:他是把"假如你们的原子弹未能事先把整个人类大家庭彻

底消灭"当作"未来世界"的前提。另一段话:

> 马克思本人要想摆脱此类偏见,与其把空洞无物的"共产主义"说教留给后人,还不如明智地断言,它的实现并不是历史的终结,而是人类社会史前史阶段的终结……历史学家的责任并不是想出某种近似绝对价值的东西,给它贴上"进步"的标签,而是从历史中发现那些最接近"进步"的价值。(《过去、现在与将来》书评,1956 年)

注意:他是把当代资本主义归入"人类社会史前史",而把"未来世界"当作这个"史前社会"的终结。

人类的命运全靠人类自己

柴尔德的反战思考有两重含义。第一,《人类创造自身》(这个题目借自马克思),讲历史是人类自我选择的结果,没有现成答案;第二,《历史上发生过什么》,讲历史进步的大趋势,讲光明如何战胜黑暗,如"三大革命",希腊化的辉煌,罗马帝国的衰亡。

他讲人类进步,提出过一个问题:衡量标准是什么? 这个问题很难回答,他是把人口增长曲线视为标准。这个标准,似乎很低,其实很高。人类总是挣扎徘徊于哈姆雷特的经典独白("生存还是毁灭")。在他看来,活着就有希望。柴尔德的书,李约瑟的书,贝尔纳的书,关注的是同一问题。

然而文明也是自杀史。人类可以创造自身,也可以毁灭自身。历史上,多少文明都毁灭了,多少人不明不白就死掉了,虽然还有人活下来。光明注定会战胜黑暗吗? 未必,这只是他的信念。二战中,德军占领法国,柴尔德深感绝望,认为德军登陆后他必死无疑,英国的制度也好，苏联的制度也好，都将同归于尽。

苏军大反攻后，他一度充满希望，但在冷战第一轮，他再度陷入绝望。在《告别》中，他说，65 岁的他已经不再有创造力，他不愿贫病而死，宁愿选择自杀。

三首献给柴尔德的诗

有三个人给柴尔德写过献诗。

一位是皮戈特。皮戈特是英国著名考古学家。柴尔德离开爱丁堡后，是他接替柴尔德的教席。1934—1935 年，他写了一首三节连韵诗。当时，柴尔德仍在爱丁堡大学。他说，此诗是献给他心中的"王子"（Childe 有"王子"义）。他特别欣赏柴尔德的《曙光》，全诗每一节最后一句都是说，答案就在《曙光》的某个脚注中。此诗可以代表考古学家的看法。

一位是林赛。林赛出生于澳大利亚，是他的老乡。柴尔德这一辈子，可以称为"至交"的老乡只有两人，一位是伊瓦特，一位是林赛。伊瓦特是他在悉尼大学时的同学，后来成为澳大利亚工党主席，当过澳大利亚总理和联合国大会主席。林赛是英国著名左翼作家，参加过英国共产党。他俩相知甚深。他一死，林赛马上就想到他是自杀。1963 年，他写了一首诗，怀念他们在布里斯班的初次相遇。当年，他俩同游铃鼓山，住在山上，海阔天空，纵论天下。回首往事，令他穿越时空，仿佛目睹柴尔德的蓝山一跃。

一位是大卫·马丁（David Martin）。马丁参加过西班牙内战，1950 年因躲避法西斯迫害，移居澳大利亚。他与柴尔德素昧平生，但有共同的反战经历，对他的晚期著作更有共鸣。他的诗收在一本1972 年出版的诗集中。他说，他从《人类创造自身》《历史上发生过什么》看到了"人类的希望"。

四 柴尔德死后

今年(2022)是柴尔德诞辰 130 周年,咱们应该纪念一下。斯人已逝,留给我们的问题却很多很多。下面讲几点感想。

公理何曾战胜

一战后,卢浮宫的胜利女神像曾是"公理战胜"的象征。所谓"公理"即今所谓"普世价值""国际规则""国际秩序"。大家千万不要忘了,这些"公理"都是打出来的,战胜国说了算。

一战,中国留下个纪念物:"公理战胜坊"。1917 年 8 月 14 日,北洋政府对德宣战,中国因为出劳工(14 万),居然当了回"战胜国"。中国人不明白,"公理战胜"是英、法、美战胜,哪有中国什么事。所以当巴黎和会承认日本强占胶州湾时,中国人才会大受刺激。[27]

"公理战胜坊"本来是"克林德坊"。1902 年,德国公使克林德在东单当街杀人,被中国人杀,德国反而要中国道歉,原地为克林德立牌坊。1919 年,"克林德坊"改"公理战胜坊",搬到中央公园(即后来的中山公园),中国人以为,这回总算扬眉吐气,没想到还是耻辱柱。巴黎和会反而成了中国革命的导火索。

二战,中国又是战胜国。这回,中国可不是出劳工,而是真刀真枪同日本打,付出巨大牺牲,但雅尔塔会议,三巨头瓜分世界,还是按他

---

27 西方喜欢"打群架",打仗一定要拉上大小兄弟。两次大战,英、法都动员他们的殖民地参战,中国的参战属这一层次,哪有资格参加分赃。北洋政府对德宣战,本来是为了向日本借钱打孙中山,结果被列强要了。日本从德国手里夺取胶州湾,被巴黎和会承认,中国人备感屈辱,激发"五四运动"。其实从"公理"的角度讲,这一结果太顺理成章了——强盗只承认强盗逻辑。

们各自的战略需要,替我们随意做主。[28]

　　冷战,郭沫若代表中国参加世界人民保卫和平运动。1952年,"公理战胜坊"又改"保卫和平坊",郭沫若题额。当时有正义感的人很多(如居里夫妇),他们苦口婆心讲了那么多可以称之为"公理"的话,但真正的世界和平离我们仍很遥远,当代的战争狂人根本不听这类"和平经",以致人们已经把它忘了。

　　一座牌坊见证了中国历史。公理何曾战胜?

人们总是把短暂的休战叫作"和平"

　　富勒(John Frederick Charles Fuller,1878—1966)《西洋世界军事史》(*The Decisive Battles of the Western World and Their Influence upon History*)提到三种"和平"。

　　1. 不列颠的和平(Pax Britannica):一战后的"和平"(1918—1939)。1929年,世界经济大萧条。1931年,日本侵占中国东北。1933年,希特勒上台。1935年,意大利入侵埃塞俄比亚。1936年,西班牙内战。这21年,只有前10年,勉强可称"和平"。[29]

　　2. 美国的和平(Pax Americana):二战后的"和平"(1945—)。二战结束后,英国撺掇美国发动冷战。冷战和二战几乎是"无缝对接"。所谓"和平"只是"恐怖的和平"("核平")。

　　3. 鞑靼的和平(Pax Tartarica):他害怕的"和平"是当时以苏联为首的社会主义国家提倡的和平。他把苏联叫"鞑靼",意思是"野蛮

　　28　十月革命后,列宁曾宣布废除沙俄与各国签订的一切不平等条约,包括中国,但地缘政治是硬道理,形格势禁,做不到。如中国东北和内外蒙古,曾是沙俄、日本的争夺对象,苏联退出,则日本介入;日本退出,则美国介入。其他国家和地区,无不如此。

　　29　西方视野下的一战史、二战史还是以欧洲为主战场,起讫时间由欧美定,远东非所计也。其实,中国的抗战,无论从1931年9月18日算起,还是从1937年7月7日算起,都在英美定义的二战开始之前。可笑的是,国民政府对日宣战是1941年12月9日,反而跟在美国对日宣战(12月8日)之后。

人",因此绝不给它"和平"。

人们总是把短暂的休战叫作"和平",但每一次"和平"都埋伏着下一次战争。

"冷战"的走向

19世纪,普鲁士军事家克劳塞维茨有句名言,"战争是政治的继续"(《战争论》)。他强调,政治是目的,战争是手段。战争是政治手段升级的最后一步。这是"总体战"(Total War)的滥觞。

20世纪的三次大战都是超越国界的大国对抗、集团对抗,特点是手段综合,政治、经济、外交、军事一体,全面动员。一战,德国是挑战者和失败者。二战前,纳粹德国总结失败教训,发明"总体战",德文叫 Totale Krieg。

冷战,这种特点更突出。冷战以核武为后盾。核武是武器升级的最后选项,但不是唯一选项。核威慑下有很多选项。

2009年美国提出"混合战"(Mixed War)。"混合战"仍然属于"总体战",只不过它更强调军事手段和非军事手段的混搭使用,除去经济制裁、政治颠覆、军事干预这"三板斧",还有科技战、情报战、信息战、舆论战、心理战等等,先出哪张牌,后出哪张牌,没有一定,真真假假,虚虚实实,什么糙招都上,更能体现"兵不厌诈"。"和平"与"战争"越来越分不清。

奥威尔说,战争即和平,谎言即真理。每天看电视,现在的世界还是这副德行。

奥威尔笔下的"三国演义"

历史上的帝国分三大类型:海洋帝国、草原帝国和农业帝国。现代地缘政治仍然背负着它们的遗产。

大航海时代,大西洋文明代替地中海文明,英、法、美代替荷、葡、西,占有最多的海外殖民地,[30]俄国是陆上殖民,德、意、日在海上、陆上都没份,所以要打,一次不够,还有第二次。冷战,殖民改驻军。

奥威尔在《1984》中为冷战中的世界格局提供了一幅想象的地图。书中没画地图,只有文字描述。他提到三个超级大国。它们都有核武器,都是极权国家。

大洋国(Oceania):美国吞并英国和英国殖民地的结果,范围包括英伦三岛、南部非洲、大洋洲和南北美洲,从东、西、南三个方向包围后两个大国。奥威尔称之为"英国社会主义"。

欧亚国(Eurasia):苏联吞并欧洲的结果,范围包括整个欧亚大陆的北部。奥威尔称之为"新布尔什维克主义"。

东亚国(Eastasia):指中国、朝鲜、日本和中南半岛这一块,没说谁吞并谁,范围也时有伸缩,西部边界模糊不清,大体处于欧亚国的下方。

三国间是争议地区:范围大约在丹吉尔(摩洛哥北端)、布拉柴维尔(刚果首都)、达尔文(澳大利亚北端)、香港(中国南端)四点之间。

奥威尔有恐俄症,认为欧洲将被苏联吞并,大洋国也被赤化。他把事情说反了。

"后冷战"仍是"冷战"的继续

通常人们把二战后的历史分为前后两段,1989年以前叫"冷战时期",1991年以后叫"后冷战时期"。后者一直延伸到现在。

1989—1991年的大事是苏联解体。苏联解体是个连锁事件,[31]关

30　我记得,小时候的世界地图上,亚非拉各国还括英、法、美、荷、葡、西一类字。

31　相关事件包括:东欧七国易帜、波罗的海三国独立、俄白乌独立、外高加索三国独立、中亚五国独立和南斯拉夫解体。案:戈尔巴乔夫宁愿放弃东欧七国和波罗的海三国,换取苏联不解体,但未能如愿。乌克兰率先独立后,美国曾顾虑忠苏联会不会在乌东和克里米亚做什么反应。其实,苏联正急于投怀送抱。叶利钦在老布什面前跟戈尔巴乔夫抢戏,比戈尔巴乔夫更急于投怀送抱,为保俄白乌联盟(这是索尔仁尼琴的主张),他宁愿苏联解体,所以不管其他加盟共和国有什么感受,宣布俄白乌独立,成立独联体。

键是三件事:一,1989 年 12 月 3 日戈尔巴乔夫和老布什在马耳他会晤,宣告冷战结束;二,1991 年 7 月 1 日华约宣布解散;三,1991 年 12 月 8 日,叶利钦、舒什克维奇和克拉夫丘克在白俄罗斯签订《别洛韦日协议》,苏联解体,独联体成立。

尽管戈尔巴乔夫和叶利钦认为,美苏已经握手言和,但美国并不认可这种观点。

1992 年 1 月 28 日,老布什志得意满,向全世界宣布:"在上帝的保佑下,我们取得了冷战的胜利。"注意,他是这样说,"冷战不是'结束'了,而是我们赢了"。

美国从未放弃冷战,"后冷战"仍是"冷战"的继续。

战争从未远去

美国步枪协会把"枪"与"自由"绑在一起,讲什么"枪不杀人人杀人","枪保护好人不被坏人杀",最能解释"美国自由观"。

关于"普世价值",我说过一句话,"美元最普世""美军最普世"。

美国军工复合体,靠售武赚钱,不断为武器升级换代,把过期的库存倾销世界,以动乱和战争为商机,到处制造"威胁",到处寻找"威胁",把世界拖入战乱无止,把武器贸易变成全世界最普世的"价值"。美国控枪无解与世界军控无解是同一个源头。

现在是 21 世纪。流行说法是,冷战已经结束,新世纪的主题是"和平与发展":"和平"代替"战争","发展"代替"革命"。李泽厚有"告别革命"论,但苏联解体后,我们迎来的却是一场接一场的战争:1991 年,海湾战争;1999 年,科索沃战争;2001—2021 年,阿富汗战争;2003—2011 年,伊拉克战争;2011 年,利比亚战争;2011 年至今,叙利亚内战;2022 年至今,俄乌冲突。中、俄虽告别革命,英、美却从未告别战争。美国几乎没有不打仗的总统。仅此一事,已足说明一切。

没有"和平"，哪来的"发展"？世界会好起来吗？答案就在眼前。去"美元化"，去"美全球驻军"，世界才有希望。

李　零

2022 年 9 月 20 日在北京大学演讲，

其后不断改写，2023 年 10 月 19 日杀青

目　录

致　谢 ……………………………………………………… 1

前　言 ……………………………………………………… 5

柴尔德家谱 ………………………………………………… 19

导　言 ……………………………………………………… 21

01　早　年 ………………………………………………… 25

02　牛津:第一次世界大战 ……………………………… 41

03　澳大利亚:政治与偏见 ……………………………… 55

04　转折点 ………………………………………………… 71

05　阿伯克龙比考古教授 ………………………………… 97

06　爱丁堡时期的著作 …………………………………… 142

07　考古研究所 …………………………………………… 164

08 最后十年的著作 ……………………………………… 190

09 回　家 ………………………………………………… 212

尾　声 …………………………………………………… 227

附录1　绝命三书 ……………………………………… 234

　　回　顾 ……………………………………………… 234

　　展　望 ……………………………………………… 246

　　告　别 ……………………………………………… 258

附录2　柴尔德著作目录 …………………………… 262

索　引 …………………………………………………… 279

译后记：柴尔德之谜……………………………………… 297

致　谢

　　给柴尔德这样一个对自己的私生活讳莫如深的人作传，其困难之多、之特别可想而知：一，他在世的亲人所剩几无，生前的密友（如果确实有人能称得上是他的密友的话）几乎已经无一健在；二，他终身未婚，而且似乎是刻意地在离世前毁掉了自己几乎所有的私人文件，这必然导致信件或日记之类传记材料的缺乏，而这些材料，对我们了解一个人的个性至关重要。

　　因此，作为对柴尔德的一生及其著述的研究，本书在很大程度上要归功于他的同事、学生和朋友个人对他的回忆和了解，他们中有不少人不惮劳烦，亲口向我讲述柴尔德的人生点滴，当然更多人是以书信的方式，在那些对我来说无比宝贵的长信中笔谈柴尔德的往事。在此，我谨向那些帮助过我、慷慨地允许我使用他们的书面回忆材料的人们致以衷心的谢意，他们对本书的兴趣以及在本书写作过程中所给予的热情帮助，对我来说一直都是莫大的鼓励。在此，我谨举出为本书做出特别贡献的几位以示谢忱：罗宾·佩奇·阿诺特（Robin Page Arnot），保罗·阿什比（Paul Ashbee）、西尔维娅·本顿（Sylvia Benton）、大卫·布莱洛赫（David Blelloch）、罗伯特·布莱伍德（R. J. Braidwood）、佩吉·伯基特（Peggy Burkitt）、汉弗莱·凯斯（Humphrey Case）、玛丽·柴尔德（Mary Childe）、乔利勋爵（Lord Chorley）、格林·丹尼尔（Glyn Daniel）、达尔文夫人（Lady Darwin）、H. J. H. 德拉蒙德

（H. J. H. Drummond）、彼得·盖瑟科尔（Peter Gathercole）、玛格丽特·吉多（Margret Guido）、C. F. C. 霍克斯（C. F. C. Hawkes）、辛克莱·胡德（Sinclair Hood）、杰克·林赛（Jack Lindsay）、安妮·劳埃德（Anne Lloyd）、D. J. 马尔瓦尼（D. J. Mulvaney）、斯图尔特·皮戈特（Stuart Piggott）、雅克塔·普里斯特利（Jacquetta Priestley）、南希·桑达斯（Nancy Sandars）、T. 苏利米尔斯基（T. Sulimirski）、西莉亚·托普（Celia Topp）、露丝·沃雷尔（Ruth Worsell）等；我想在这里特别感谢几位曾在澳大利亚为本书的写作搜集过材料的朋友：达芙妮·多宾（Daphne Dobbyn）、G. L. 费舍尔（G. L. Fischer）、露丝·黑格（Ruth Haig）、乔治·明斯特（George Munster）、拉塞尔·沃德（Russel Ward）和珍·沃尔（Jean Wall）。同时，我也想对在研究过程中给予我无私帮助和宝贵建议的人们表示深深的谢意，他们当中，除了有些已经在前面提到过，我想特别感谢玛格丽特·戴斯（Margaret Deith）、阿拉斯泰尔·格林（Alastair Green）和布鲁斯·特里格（Bruce Trigger）。

viii　　　感谢伦敦大学考古研究所和 J. G. D. 克拉克（J. G. D. Clark）教授允许我使用考古所所保存的柴尔德的信件和作品，并允许我将柴尔德的《告别辞》（"Valediction"）作为附录附于本书末尾，感谢 G. E. 丹尼尔（G. E. Daniel）教授同意我使用柴尔德发表在《古物》（Antiquity）杂志上的作品，感谢皮戈特教授允许我使用他的诗作《致一位伟大的史前史学家的三节连韵诗》，感谢 BBC 电台"考古学家"节目第 58 集的撰稿人（或其后人）允许我使用节目脚本中的材料，感谢爱丁堡大学的秘书允许我使用阿伯克龙比勋爵（Lord Abercromby）遗赠契约里的内容，感谢谢菲尔德（Sheffield）大学研究基金为我提供调研旅行的费用。

最后，我还想感谢祖克曼勋爵（Lord Zuckerman）和《泰晤士报》（Times）出版有限公司允许我使用祖克曼勋爵《从猿人到枭雄》（From

Apes to Warlords)（伦敦：哈米什·汉密尔顿出版社，1978）一书中的内容，感谢杰克·林赛和博德利·黑德（Bodley Head）出版社允许我使用杰克·林赛《人生罕言》(*Life Rarely Tells*)（伦敦：鲍利海出版社，1958）一书中的内容，感谢大卫海姆协会（David Higham Associates）允许我使用 J. G. 克劳瑟（J. G. Crowther）《科学五十年》(*Fifty Years with Science*)（伦敦：巴里和詹金斯出版社，1970）一书中的相关内容。

前　言

ix

　　首先,我想说,作为这篇前言的作者,我应该是唯一一位自打柴尔德早年生活在澳大利亚时起就认识他、一直到后来他在英国成为著名考古学家时依旧熟知他,而且至今仍然健在的熟人。不过,萨利·格林的柴尔德传记仍然包含了不少过去不为我所知的新内容;我甚至想,如果早点知道格林在传记中告诉我们的那些关于柴尔德孩童和少年时期的故事,我当时或许更能懂得他、理解他。格林不但清楚地讲述了柴尔德的人生成长经历,而且同时成功地总结了他在考古学和历史学方面的成就,简洁而全面地呈现了他的学术研究、学术建树以及学术影响的相关背景与当时的形势。二十世纪二十年代,考古学作为一个影响深远、基础牢固的学科终于开始走向成熟,或者至少可以说,那是一个在为考古学的发展打下坚实基础的时期。柴尔德的主要贡献,在于他持续地综合和系联考古材料的能力。而这样的工作,正是考古学发展史上这一关键时期首先需要有人去做的,只有这样才可以适应规模日益扩大、体系更加精确的考古田野发掘的要求。考古发现的解释和考古数据的彼此关联,也引起了理论方面及时而大胆的扩张,超越了此前相对简陋的体系只能对文物和社会组织的证据进行分类的做法。

　　在考古田野发掘方面,似乎除了在斯卡拉布雷(Skara Brae)的考古工作,柴尔德没有做出多大贡献,但他却是理论方面的伟大开创者。

他在快速而全面地整合复杂多样的考古证据方面的能力,让他的成果远超一般只能为田野工作提供有限连续性和启发性关联的做法;而且也正是他赋予了考古工作以新的力量和紧迫感,因为考古工作不但被认为能为我们提供一幅反映远古史前人类社会的图景,而且能帮助我们看清楚史前社会逐渐进化到清晰可见的历史时期的方式。虽然柴尔德并不是唯一一位为我们拓宽了考古学视野,从而让我们更加全面地了解人类史前生活与社会发展的学者,但他在巩固、阐明、拓展考古学发展的重要阶段发挥了主导作用。他不知疲倦地研究使用新的证据来建构宏大包容的解释体系,并努力通过体系间的相互关联,来展示人类社会发展的不同阶段、不同瞬间的各种遗址和遗存。

然而,如果我们仅仅强调柴尔德对考古材料的综合能力,我们就错过了认识他的学术贡献的真正意义和学术影响力的机会。要想全面地认识他的学术贡献,我们还需要考虑到他的思想中可以被称作马克思主义的部分。他从马克思那里学到,区分人类的不同品质的证据,应该在他们的生产活动中寻找,在他们战胜自然、同化自然、改造自然,从而在这一过程中改造自身的能力中寻找。值得指出的是,柴尔德绝非仅仅是从马克思那里趸卖了一些概念,而是一位富有创造力的马克思主义者:他所做的,是在新的领域、新的关系中定义人作为生产者如何创造了自身和历史。因此,他的那些意义深远的著作,比如《人类创造自身》(*Man Makes Himself*) 和《历史上发生过什么》(*What Happened in History*)等,尽管很大程度上依据的是考古学的研究,却始终是从完全意义上的人类历史的角度来使用那些研究成果的。柴尔德的这些著作以及其他作品,都是在较短时间里完成的,前后不过三十几年,但这三十几年是一个考古学和人类学都在快速发展的时期。当新材料证明了原先的关联假设和体系的缺陷,或者出现了新的能够更有效地解释事实之间关系的方法时，柴尔德从不固守陈规旧见，事实上，他从未停止过对自己提出的那些交互关系的检验，一直都在努力通过检验将那些假设建立在更牢固的年代学的基础之上。

　　不幸的是，柴尔德于放射性碳元素测年法有效地用于考古学的前夕就去世了。放射性碳元素测年在揭示考古文化的年代和方法方面带来了诸多令人震惊的发现，最后终于能为柴尔德渴望建立已久的年代学系统提供客观的依据。如果能多活十年或者更长一点的时间，他一定会迫不及待地在研究中使用新的年代学标准。当然，即便如此，我们也应该对他已经成功地建立起来的考古现象关系心存感激，尤其要感谢他为研究具体考古现象而提供的处理考古材料的一般性观点和方法。对于他一生的工作，他本人曾经准确地总结说，他对史前史研究的主要贡献，"当然不在于通过精彩的发掘工作或者在尘封的博物馆藏品箱里耐心地搜寻、拯救新数据，不在于建立一个基础牢固的年代系统，也不在于多么新颖地定义考古学文化，而是在于提出解释性概念和阐释的方法"。萨利·格林的柴尔德传记，清楚地告诉我们他的这一自我评价是多么准确，告诉我们他的研究成果是多么富有价值和影响力。

　　接下来，我想谈谈自己和柴尔德友谊的一些细节。在柴尔德的传记中，萨利·格林已经相当完整地描述过1919年我和柴尔德在布里斯班（Brisbane）时的交往，这里我只想讲一点关于他如何受工人教育协会（WEA）吸引的往事。这是一个柴尔德终其一生都非常感兴趣的组织。那时候，在布里斯班，工人教育协会颇具工人阶级气质，也正是通过工人教育协会，柴尔德认识了我和威瑟比（Witherby），而我又把他介绍给世界产业工人联合会（IWW，即Wobblies）的几个成员；其中有吉姆·昆顿（Jim Quinton），一个性格鲜明的人物，善于充满激情地表达观点,讲起话来生动活泼,口若悬河(我曾经邀请他屈尊到我工作的大学做过午间讲座)。关于世界产业工人联合会,柴尔德在他后来的《劳工如何执政》(*How Labour Governs*)一书中有很多讨论,因此不需要在这里多说;但我想说的是,柴尔德最初是通过昆顿才对世界产业工人组织的成员以及他们关于大一统工会(One Big Union)的工会运动和一般罢工的主张感兴趣的,当时这些主张很有影响力。

　　1926 年我离开澳洲到达英格兰时,并不知道柴尔德在那里过得怎么样;大约在 1928 年的时候,我听说他被爱丁堡大学聘为教授。我曾想过联系他,但当时我自己也因忙于伦敦的范弗罗利科出版社(Fanfrolico Press)的事务,实在腾不出时间付诸实践;到了三十年代,就像我在《范弗罗利科及其之后》(*Fanfrolico and After*)一书里所说的那样,我主要生活在英格兰西南部,生活拮据,境况艰难。1941 年,我应征到皇家信息通讯部队(Signals)服役;1943 年,通过一个有意思的机会,我成了战时办公室唯一的私人机构 ABCA 军人剧院的剧本作家。直到 1945 年(当时我仍在军队服役),我终于有机会写信给柴尔德,就我当时正在写的一篇人类学的文章向他请教,他当时的回信我还保留着,回信的时间是 1945 年 5 月 27 日。信中说:

xii　　　　亲爱的林赛:是的,我盼望读到你对信奉拉格伦[1]主义者(Raglanists)的猛烈批判——反正无论怎样,你的文章估计也会送到我这里来编审[《现代季刊》]。我想说的是,我极不相信心理分析的观点——除非把它当作一种治疗手段来看,而且,相对于荣格的主张,我更怀疑弗洛伊德的。在我看来,《图腾与禁忌》

　　1　拉格伦(Lady Raglan),英国学者,与弗雷泽(Frazer)同属神话‑仪式学派的代表人物。——译者注

(*Totem & Taboo*) 既非科学的也非历史的解释, 而是一个噩梦——这或许是其作者有意为之的结果。相比而言, 脑电扫描或许更有希望帮助我们弄清楚那些过程是怎么回事。至于约翰·莱亚德(John Layard), 我刚听说他本人正频繁地出入查比斯特修道院(Trappist Monastery), 而将病人留给朵丽丝(Doris)去处理。至于与马泽(Maze)有关的东西, 如果不是因为读到一篇与之相关的该死的评论, 我才不会去看。

一定要远离这些不着调的东西。有一天我们会通过电极来解开这些谜团——莫斯科的萨凯索夫研究院(Sarkisov Institute)的研究方法是富有成果的, 掩盖我们对模糊意象的无知才是反动的。

这个周三到周五, 我会到伦敦; 下周我可能要飞去莫斯科。在伦敦期间我会住在雅典娜俱乐部(Athenaeum Club)。上个月我和伯特·伊瓦特(Bert Evatt)一起待了几个晚上。

你的朋友戈登·柴尔德

我想不起来是关于马莱库兰·马泽(Malekulan Maze)的哪些话激起了柴尔德的批评, 我也不可能说过《图腾与禁忌》的好话, 因为我从来就认为那只是一部痴人说梦的著作, 尽管像罗海姆(Roheim)这样的人类学家还在努力使用其中的观点。那年的 7 月 19 日, 柴尔德从爱丁堡大学俱乐部寄给我一张明信片, 上面写道:

如果当时能早点儿起来, 我肯定会很喜欢你关于上层建筑的高论, 但我是直接从克里姆林宫到机场, 然后又从机场到火车站一路赶到这儿的。我大约会在这里待到 8 月 24 日。苏联还不错。

戈登·柴尔德

　　这里提到的"高论"，是关于我起草的一份有争议的文件，共产党文化委员会（Cultural Committee of the Communist Party）就此安排召开会议进行讨论。不过那次会议的日期推迟了，柴尔德最终还是参加了会议。那年的 10 月 25 日，他又寄给我一张明信片，上面写道：

　　　　我想我们会在 2 日的战场上见——在当天让人琢磨不透的 7:30 见。届时我们可不可以先找个地方一起填饱肚子：不过我对这个地方不熟，没地儿可推荐。

　　柴尔德对那场讨论的主题很感兴趣，尤其是因为我在自己论文的前言中引用了他《劳工如何执政》里的话为自己的论点奠定基调："这一考虑可能被搁置很久了——过时的意识形态会妨碍经济的发展，会比马克思主义者所承认的还要更长久地阻碍经济的变化。"我在论文中不惜篇幅想要说明，精神和意识是生产活动的必要因素，因此，"生产既非经济机制的产物，也不是盲目的社会关系的产物；文化既非生产活动的反映，也不是机械地由生产活动决定……总之，生产和文化处于矛盾与统一的辩证关系之中，如果这一论断成立，那么一方就会持续不断地向另外一方转化"。

　　稍早之前，在 10 月 1 日，柴尔德给我写过一封长信，就我的论文涉及的几个方面进行了讨论。不过，没有论文在手边作参考，读者恐怕不会清楚他在信中到底说的是什么，所以下面我只抄录这封长信的部分内容。他说：

　　　　我亲爱的林赛：昨天从伦敦回到这儿，发现你的大作已经寄到了，是你太太 23 日帮忙寄出的，那天我正巧从爱丁堡出发去伦

敦了。夏天不外出的时候，我经常待在这儿［俱乐部］，并从这儿
写信寄信，不过，我不跟看门人讲我去哪儿，因为讲清楚我去各地
旅行的细节很费事儿。我有时候写信。只有校方总是知道我的
去处，而对**陌生人**，就像我今天所做的那样，会在顶端说明这一
点。上周二我的确给你打电话了——我打的是 WEL. 2023，接电
话的人说从来没有听说过你。我没有问是不是诺丁汉广场
（Nottingham Pl.）15 号，不过我猜你恐怕已经从那儿搬出来了。

谈谈你的论文。是一篇很有用的文章。从 M 和 E 那里搜集
相关段落本身就很有价值。我同意你的观点，"反映"不是个令
人满意的术语，德语的 umgesetzt 和 übergesetzt 不等于英语的
reflected（被反映），对 determined（bestimmt）（被决定）一词也不
应该从机械的形而上学的意义上去理解。

接下来他在信中检讨的问题或多或少都和人类生活的内在活动
相关，比如人类审美或心理的经验和发展。他没有对论文的主体思想
提出疑问。我们之前交谈的时候他曾表示基本上同意我的观点，并充
分认识到思想在一个生产方式具有决定作用的社会体系中的重要
性。他在信的末尾说道：

无论怎样，你会对以下方法做出怎样的反应呢？
观念（idea）＝意义（meaning），而意义是由社会附加于该社
会认可的符号（symbol）之上的；
符号＝行动（或其结果），即对一个社会来说，任何自动产生
的、不代表其自身而代表其他事物的行动或其结果。
注意：观念（＝意义）从来不等于符号，也不等于符号所象征

的东西(things)，但意义和符号都是社会的产物。符号，如同观念，都是思维(thinking)的工具，因此能"决定"思想(thought)。

不知道上面所说的是否有帮助，或许不符合格式塔(Gestalt)或行为主义(Behaviourism)心理学的观点。这里顺便提一下，赫胥黎(Huxley)昨天晚上发表的观点，我觉得是正确的，在苏联，精神分析学和内省心理学派(introspective psychologies)都不受重视，那里更偏爱行为主义的方法。

以上评论比较零散，但我还是立刻寄出，希望你在开会之前能够收到。我希望能参会，不过，到时候如果我的时间表没有被打乱，我应该会在奥克尼郡(Orkney)。请替我向你的太太致谢，感谢她写信来。

你永远的朋友　戈登·柴尔德

这封信的结束语告诉我们，他想把我提出的关于审美和心理的问题，当成认识论的问题来看待，即当成知识产生过程和知识沟通形式来看。他的这一处理，通过他对行为主义观点的稍微谨慎的褒扬态度也可以看得出来，不过我却认为行为主义的观点是机械的。

我想，在柴尔德的这些立场的背后，我们能看到他对宗教的厌恶，以及对情绪卷入的恐惧。如果单纯从认识论的角度来处理这些问题，我在文中的构想所引出的(不管正确与否的)复杂情绪和心理问题，就可以被搁置不理了。所以，我想说的是，除了对我是否在文中有效地表达了自己观点的问题之外，柴尔德对我提出的其他问题均感不安。他想要的马克思主义，是只能从征服自然以及从获得行动、交流、组织的理性基础的效力的角度，来看关于生产基础和文化习俗上层建筑的问题。这些问题也正是他在考古工作中所关心的问题。在考古工作中，他可以忽略审美、心理和哲学方面的问题，但它们正是我论文的有些部分所致力讨论的问题。也就是说,柴尔德看待这些问题的立场,其实最有利于他在当时的考古发展水平下对考古证据进行整理和解释。

或许我还可以补充,在那次讨论中,他虽然聚精会神地听讲,却没有说什么。约翰·刘易斯(John Lewis)是主要的攻击者。他坚持认为,最初只是行动(deed)在起作用,而我在文中提出的问题,除了造成混淆,毫无意义;他否认马克思主义者犯了我所指出的过于简化或者机械主义的错误。我确信,那天晚上所发生的,比之前更加坚定了柴尔德避免卷入关于马克思主义争论的决心(不过现场有一个人,即汤普森[E. P. Thompson]支持我的观点;他当时还是一名年轻的学生)。

我想在这里再引用柴尔德1946年5月30日从爱丁堡寄出的一封来信,是关于我之前寄给他的一篇讨论人类学现状的文章。他在信中说:

> 亲爱的杰克:下面是我读你的文章时记下的一些意见:第2页,肯定不是"分离"(splitting off)。人类学恰和地理学的表达一样——古生物学和岩石学等不使用"分离"。第18页,用苏美尔(Sumer)——不是苏美利亚(Sumeria)——或者美索不达米亚(Mesopotamia)(但**不是**巴比伦[Babylonia])。

> 我确实认为这就是我全部的意见——或许除了以下这点:除非能将那些阶段真正地按历史发展顺序一个个排列好,我们按等级将社会划分成不同阶段的做法,只能说是主观和先验的。只有考古学能做到这一点:参考恩格斯《家庭、私有制和国家的起源》(Der Ursprung…)关于考古证据的论述。我在投给《西北人类学杂志》(NW Journal of Anthropo.)的一篇文章中刚扩展了这一点。莱斯利·怀特(Leslie A. White)最近就摩尔根

（Morgan）和传播论与进化论之争在《美洲人类学》（Amer. Anthrop.）和《西北人类学杂志》上发表了好几篇好文章，不过他的观点与我的不完全相同。

你的论文让我深刻地意识到，在这个问题上我们亟须进一步的学术讨论。你会把此文投给《现代季刊》（MQ）吗？我希望去伦敦时能经常看到你；我相信我已经成功地在草坪大街西北3公寓订到了一间公寓（口头预订了，还没有得到书面确认）。

你的朋友　戈登·柴尔德

我的文章讨论的是弗雷泽及其他人汇编方法的局限性问题，接着讨论了多做田野工作的必要性，分析了此类工作的价值和方法。但这篇论文从未拿到《现代季刊》编委会上讨论，也从未送到柴尔德手中，因为约翰·刘易斯以版面不够为借口，当时就把这篇稿子一口回绝了。[2]

xvi 下面这张便条告诉我们在草坪大街18号的公寓里举行的庆祝他乔迁新居的派对的日期："10月3日下午6点，星期二，一位柴尔德式（Childeish）的教授邀请您视察他的新居并品尝他存的史前烈酒。"接下来的几年，我和柴尔德见面很多，我们可以当面直接讨论事情，因此

----

[2]　我记不起来1946年8月问柴尔德约过什么文章了；他在那个月的28日写信给我说："原则上我很愿意写你要的这类文章，不过请在学期开始时再跟我说得更详细点，眼下我还腾不出时间来写。"柴尔德1947年8月1日的便条证实了萨利·格林所说的他对美国人类学态度的话。记得在那儿之前，我写信向他请教有关早期美洲马的情况，他在便条中说："我对美洲考古所知甚少。当然，确认一个遗址，尤其是洞穴，无法证明文化的连续性。我相信更新世的马已经灭绝了（骆驼灭绝了），但旧大陆也存在过更新世的马。整个八月份我都会在伦敦，到时候见。"

他在1955年11月25日的一张便条上写道："我亲爱的杰克，当然我会无比高兴地支持你们申请考古研究所的位置；无论从哪方面来说你都是最合适的人选。想象再写一本关于罗马时期的英格兰的书！你真诚的朋友 戈登。"

找不到什么有意思的往来信件。这种情况一直持续到五十年代我搬离伦敦之后，那之后我们见面少了，不过仍然能不时地相遇。

萨利·格林在传记中提到，柴尔德说话时声音会降低，听上去会像古怪的喃喃低语。有一次，共产党史学家团（Historians Group of the Communist Party）在我的建议下邀请他作一个关于早期苏美尔土地制度的演讲。他同意了，于是我们在一天傍晚一起去了位于摄政公园（Regents Park）的演讲地点。演讲开始后，大约过了二十五分钟，他说了几句别人听不清楚的话，然后点头出去了。我们都很吃惊，因为演讲好像还没有得到一个确切的结论，而且我们原本还期待会有讨论部分。大约过了十分钟，大部分听众都徘徊着离开了。然后，当只剩下四五个听众的时候，他回来了，惊讶地问发生了什么。他认为他已经告诉过大家只需要用一下洗手间，一会儿就会回来。

我和柴尔德的最后一面，是在一个公共集会的场合。我们一起过去的，边走边聊，他问我当时在研究什么。我告诉他计划写一本讨论公元四世纪英国异教团体的书，正在搜集比如与基督教团体相关的证据，并打算探讨是否发生过类似于异教复兴那样的事件（比如在莱德尼［Lydney］和梅登堡［Maiden Castle］发生的事件）。他表示出极大的兴趣，我说会把这本书献给他。但这本书最终没有写成，原因是我的兴趣从研究罗马时期的不列颠，转移到了对罗马时期的埃及及其纸莎草书的研究。当我完成了《罗马埃及的日常生活》（*Daily Life in Roman Egypt*），我作为"纪念"将此书献给了戈登·柴尔德，并附诗数行：

> 如今，我见四十年，或更久，弹指一挥，
> 自从当年我们共登铃鼓山顶，
> 沿着爬满西番莲藤蔓的小径，

一路进行着关于衰落的论争。

似漫不经心,但小心翼翼,你脚踏

马车路和路上的红车辙,

车辙蜿蜒盘绕铃鼓山侧,

大热天的知了长鸣不歇。

你摧毁了我所说的一切,

笑着,像和蔼的蜥蜴神

从古代埃及神话里走出

正如所料,解答我的疑问;

你简洁的友善,

已经让我自疑,

而你演绎的条条真理,

只会更复杂,更奇异。

沙袋鼠从灌木丛受惊蹿出;

我们享受赤裸的澳洲阳光;

然后我们把古代世界搁置,

最后,从袒露的穹庐下方

我们走出,那里遍布银色橡胶树

包裹着闪金光的珠露的烟雾:

枝桠闪亮的参天大树撑起,

太初阴凉造就的庙宇——

无须言语惊扰空气里

那清凉而庄严的沉寂。

这一切我记得:当我得知

你如何重返清泠的高处。

你立于沉默的峭壁边缘

太阳燃烧着赤裸光焰；

与生命的对话结束，

你看到五彩的事物

摇摆脚下，远，却大；

你跌下眩目的山崖，

一切都放开，落下，

            落下，生命羽化。

你看到那庙宇洞开，

你步入那闪光的门

再也无须说什么话。

　　当我听到他去世的消息，就确信他是自杀。在我看来，他已经走到了自己漫长的事业轨迹的终点，赫鲁晓夫1956年对斯大林暴行的揭发给了他沉重的打击，另外，尽管有不少朋友，他却承受着那压倒一切的孤独。我还从萨利·格林那里得知，他对当时自己心目中的澳大利亚的失望，进一步削弱了他继续活下去的愿望。

　　这证明，那种义无反顾地逃归自己爱着的土地的冲动太过强烈了。

杰克·林赛

柴尔德父系家谱

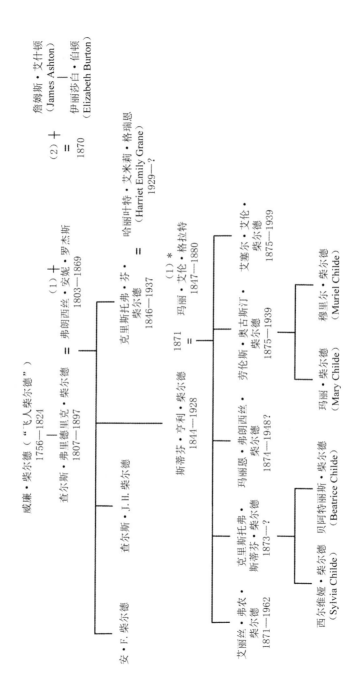

柴尔德母系（自曾外祖父始）家谱

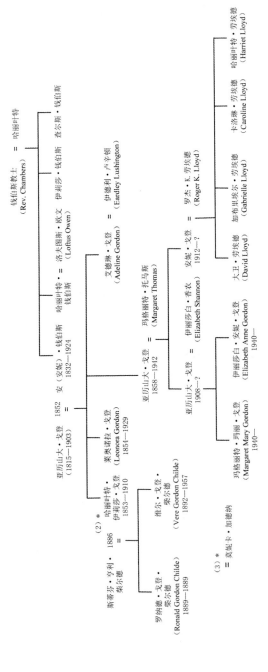

导　言

　　柴尔德得到他第一个史前考古学领域的工作时，已经35岁了。他死于1957年，在他65岁生日的半年之后，但他在短短的三十年内所取得的成就，使他成为大家公认的二十世纪最杰出、最有影响力的欧洲史前史学家。他是一个真正的怪人，一生都献给了自己选定的研究工作，可以这样说，即使他选择在三十年代退休，也会作为史前史研究的先驱者被大家铭记。他有一个大优点，即总是乐于检讨新的证据，看它们是否适用于自己的理论，如果不适用，他就会毫不犹豫地承认自己的错误。欧洲史前史的研究吸引了他毕生的精力，他以恒久的热情，不懈地寻找独特的欧洲文明的成因。在他死后出版，也是他完成的最后一本书《欧洲社会史前史》(*The Prehistory of European Society*)中，柴尔德就青铜时代以来的欧洲文明个性，给出了他自己看来还算满意的解释。在今天很多史前史学家的眼里，他的解释不再能令人接受，但我们不要忘记，柴尔德的解释工作基本上是在没有现代测年技术帮助的条件下完成的；在对照测年(cross-dating)的时代，他对确立欧洲和近东文明编年的贡献，无疑是巨大的。

　　二十世纪初期，考古学——尤其是史前考古学——刚刚走出自己的草创期。然而，到1957年柴尔德去世，它已经成长为一门举世公认的具有科学性的学科，迅速在公众当中得到普及。但戈登·柴尔德从未变成像莫蒂默·惠勒爵士(Sir Mortimer Wheeler)或路易斯·李基博士（Dr Louis Leakey）那样能够吸引公众注意力的人物。其中的部分原因，是和考古学家比起来，他更像一位史前史学家，也就是说，更像个学者，而不是个发掘者。他虽然也做过田野工作，却没有发现过壮观的古代城市遗址或者远古人类的头盖骨。即使在私生活方面，柴尔德也基本上是个"离群索居者"；尽管作为一个友善而慷慨的伙伴，他有很多朋友，但他没有密友。他终身未婚，自从早年离家，就很少跟家人联系；他对马克思主义哲学的坚定信仰以及对苏维埃共产主义有时近乎天真的崇拜，也让他跟很多同事保持距离。

如果有什么总能激起柴尔德的自豪感，那就是他的澳大利亚人身份。其实他的父母都出生在英国，但戈登·柴尔德是在澳大利亚的新南威尔士出生长大的。他在悉尼完成了中学教育，在悉尼上了大学，因为成绩优异，又去英国牛津大学继续他的古典学训练。他的父亲是个牧师，一个在家中一言九鼎式的人物。早年家庭成长环境的严苛，或许跟戈登·柴尔德后来反教权以及追求理性的思想倾向有关。他在悉尼上大学期间就阅读黑格尔、马克思和恩格斯的著作，他对政治哲学的兴趣，恐怕只有他在史前考古学领域的热情可以相比。他在牛津大学的朋友拉贾尼·帕姆·达特（Rajani Palme Dutt），也是一名出色的学者，政治上跟他有着共同的兴趣。帕姆·达特后来成为英国共产党的奠基者和理论领袖。

尽管柴尔德为自己是一个澳大利亚人而感到自豪，但他在1921到1957年之间，从没有回过自己的老家。其中的部分原因，可能跟他当初准备开始自己事业的时候，澳大利亚形形色色的官僚对待他的方式很糟糕有关。1918年，他实际上是从悉尼大学教师的岗位上被人开除的，原因是他的和平主义者立场，而这一立场，在一战时期对当权者来说当然是非常可恶的。之后的类似经历让他从教育工作转向工党政策领域，并找到了一份担任新南威尔士总理秘书的工作。这个位置让这位年轻的理想主义者开了眼界,但由于政府更迭他失去了这个位置。之后,他于1923年出版了自己的第一本书《劳工如何执政》,他在书中对澳大利亚劳工政治的腐败作了辛辣的抨击。

二十世纪二十年代中期,柴尔德决定放弃政治,转而集中精力在史前考古学领域发展。他处理欧洲史前史领域问题的方法很有独创性,而且意义重大:他访问了中欧和东欧所有能去的地方,参观那里的遗址和博物馆,研究一手资料,当然也查阅了大量用各种晦涩语言写成的材料。在接下来几年的时间里,他迅速写出了一系列关于欧洲史前史的大部头综合著作。在此之前,还没有这样有深度和广度的研究问世,因此这些著作的出版几乎一夜之间奠定了他的学术地位。1927年,他被聘为爱丁堡大学第一位阿伯克龙比考古教授(Abercromby Professor of Archaeology),从那一刻起,世界上所有非正统的信仰就都不能阻止他在事业上的卓越成功了。

柴尔德的史前史同行们对他综合考古证据的超级能力夸赞不已,同时,他为大众读者所写的诸如《人类创造自身》和《历史上发生过什么》等著作,也为他赢得了广泛声誉。他一直坚信,史前史与历史之间的二分,尽管在专家和外行那里看来都是正常的,实际上却是一个错误。他的著作表明,大家眼中的历史,通常是可以从考古材料中抽象出来的。柴尔德本人最有名的发掘,似乎也是他唯一感到愉快的,是他在奥克尼群岛(the Orkneys)一个新石器时期村庄斯卡拉布雷展开的考古工作。尽管他通常被认为对发掘本身不感兴趣,但努力从沙子里清理出这个新石器时代村庄的石头房屋和家具,没有一些考古技术还是不行的。

1946年,柴尔德成为伦敦大学考古所的所长。即使在事业的顶峰,他也还是保留了身上那些古怪的东西;他过去的学生忘不了他宽檐帽下那张丑得出奇的脸,以及他喜欢把《工人日报》(*Daily Worker*)

摆在显眼的位置。柴尔德很少说人坏话,不懂得怨憎他人,尽管他可能,而且也确曾对人、对运动、对国家甚至对整个考古学概念体系,都从政治的角度表示过或真或假的厌恶。但是,他的同行中几乎没有人意识到他还跟马克思主义有着深厚的关系,尽管他从未成为一名共产党员。他极少和史前史学家同行们提起他的个人信仰——这也难怪,联想起有些评审者对柴尔德后来的几本书的尖刻评论,这一点也就不难理解了。尽管如此,他始终保持着对俄罗斯的近乎孩子似的爱,保持着对俄罗斯考古组织的近乎孩子似的崇拜,还喜欢用西里尔文(Cyrillic)在从旅行地寄出的明信片上签名。

xxii　　　柴尔德的死,曾在很长时间里都是个谜。他 1956 年退休,退休第二年第一次回到了阔别 35 年的澳大利亚。他拜访了老友,重游了旧地,但发现澳洲的生活和政治令他极端失望。他一直喜欢散步,1957年从 1500 英尺(约合 457 米)高处失足而亡之前,他还在徒步考察蓝山(Blue Mountains)。尽管 20 多年来他的朋友都不愿意接受他是主动结束自己的生命这种说法,但现在清楚了,他 1957 年留下的一份与众不同的遗书说明,他的死的确是预先设计好的自杀行为。

全世界的史前史学家和考古学家听到他早亡的消息,都非常震惊,都认为他本可以继续自己的研究,可以继续工作好多年,但柴尔德自己离开这个世界的时候,对自己的学术成就挺满意,而且相信已经为自己的领域贡献了所有。作为个人而言,他留给史前史研究的遗产是非凡的,他对学问的虔诚是他能取得如此巨大成就的动力。如果性格能更圆滑一点的话,他或许会有正常的家庭关系提醒他老年生活也可以过得有意义,不过如果真是那样的话,也许史前考古学的发展就会逊色许多。

01 早 年

维尔·戈登·柴尔德(Vere Gordon Childe)1892 年 4 月 14 日出生于悉尼,是斯蒂芬·亨利·柴尔德(Stephen Henry Childe)和哈丽叶特·伊莉莎·柴尔德(Harriet Eliza Childe)所生的唯一一个活下来的孩子。哈丽叶特 1889 年生过一个男婴,取名罗纳德·戈登(Ronald Gordon),但只活过一个月。斯蒂芬·柴尔德是北悉尼圣托马斯教会(St Thomas's Church)的首席神父。戈登·柴尔德是在一个思想保守、宗教色彩浓厚的环境里长大的,他的父母都来自英国根基深厚的名门望族。戈登·柴尔德长大后信奉无神论和理性主义,可能和他抗拒自己的血统有关。

戈登·柴尔德的祖父查尔斯·弗里德里克·柴尔德(Charles Frederick Childe),生于 1807 年 12 月 17 日,是威廉·柴尔德(William Childe)之子,为著名的什罗普郡(Shropshire)家族,也即金莱特的柴尔德家族(Childe of Kinlet)的一员。弗里德里克·柴尔德在他九十岁高龄的生日那天死于切尔滕纳姆(Cheltenham),出席他葬礼的故交应该不多。据说他是个严厉而且固执的人,属于典型的维多利亚时代成年男人的性格。尽管他原本于 1827 年 11 月被剑桥的圣约翰学院(St John's College)录取,但他最后分别于 1832 和 1837 年从该校的以马利学院(Emmanuel College)获得了自己的学士和硕士学位。1833 年,他被授予教会执事一职,1834 年升为神父;从 1831 年 10 月到 1832 年 9 月甚至更晚,他一直是剑桥圣迈克尔教会(St Michael Church)的副牧师。他在 1830 年左右结婚,娶的是弗朗西丝·安妮·罗杰斯(Frances Anne Rogers),1835 年 8 月 10 日被任命为汉普郡彼得斯菲尔德教区牧师。当他被授予位于斯塔福德郡沃尔索尔的女王玛丽文法学校(Queen Mary's Grammar School)校长一职时,和妻子已育有一儿一女,女儿叫安(Ann),儿子叫查尔斯(Charles)。

　　1837 年 4 月,查尔斯·柴尔德牧师赴任新职,同时兼任圣保罗(St Paul)学校教堂神父。女王玛丽文法学校是一所历史悠久的男校,于 1554 年成立,学校的职责之一是为沃尔索尔当地各行各业包括商业的发展培养生力军。查尔斯·柴尔德接任校长之前,学校的整体水平已有所下降,因此主管者这次下决心全面整顿,并早在之前的启事里就加以声明,学生要定期参加考试,学校运行状况也要定期向主管者汇报。

　　接任女王玛丽文法学校校长时,查尔斯·柴尔德只有 29 岁,但他已经具有了组织和行政的必要能力。到任半年后,他提交了一份学校发展新计划,并于 1837 年 9 月 23 日获得了管理者的批准。或许是从他前任的经历那里吸取了教训,查尔斯·柴尔德在录取学生前,要求学生的父母同意他制定的学校规章,以确保学生入学后能得到家长的配合。他不仅在计划中说明女王玛丽文法学校将由两部分组成,即文法学院和法学院,而且制定了相应的大纲、规章以及学生录取人数的限制。新校长还趁这个机会,为自己争取到选择四名寄宿生为自己的私淑弟子的权力。如果没有主管者地方政策的限制,这项权力很有可能就像在哈罗(Harrow)和拉各比(Rugby)公学所发生的那样,已被用来将女王玛丽文法学校改变成一所公学了。

　　毫无疑问,查尔斯·柴尔德牧师满怀激情、雄心勃勃地全身心地投入到自己作为校长和神父的工作中。他极有个性,对他的很多学生

都产生过很大影响。他用铁腕治校治家,或者换种方式说,他手持
"黑色鲸骨一样的硬棒"[1]治校治家,坚信体罚管用。他任校长期间,
学生们禁止去附近的草地观看比赛,违者开除。他或许管理有方,但
在其学生的印象里,他尤其以个性固执闻名。有学生把他描述成"冰
山",还有人留下了这样的评论:"我永远忘不了柴尔德神父那张坚硬
而无情的红脸,一张无论如何也称不上有爱的或是令人尊敬的脸。像
其他很多神父一样,他从未对孩子们说过一句友善鼓励的话。"[2]

　　查尔斯·柴尔德先生不能容忍不守时的行为。如果吃早饭时柴
尔德太太没能及时上餐桌,她就会在自己的盘子里发现丈夫的手表。[3]
他们的女儿和学校的男孩子们一起上课,如果她上课时不幸答错了
问题,等待她的是父亲投来的刺穿一切的目光。当时女王玛丽文法学
校的第二校长是和蔼可亲的洛克先生(Mr Rock),所以,很自然地,学
生们都不太情愿升入柴尔德先生主管的高年级班。

　　所幸查尔斯·柴尔德在文法学校的任期不长。1839 年 1 月 31
日,他辞去了文法学校校长一职,成为位于伊斯灵顿区上街的教会宣
教会学院的院长。这所学院 1825 年由英国圣公会(Church of
England)成立,主要用来培训海外传教人员。柴尔德先生在这个位置
上一直干到 1858 年,那一年他成为萨福克郡霍尔布鲁克地方教区首
席牧师。当他们还住在伊斯灵顿的时候,柴尔德夫妇又生了两个儿
子,一个叫斯蒂芬·亨利(Stephen Henry),1844 年 8 月 27 日出生,一
个叫克里斯托弗·芬(Christopher Venn),比哥哥小两岁。柴尔德太
太弗朗西丝 1869 年死于霍尔布鲁克,享年 63 岁,而仅隔一年,即 1870
年 12 月 14 日,查尔斯就在乔利(Chorley)续娶了伊丽莎白·伯顿

1　　Fink, D. P. J. (1954) *Queen Mary's Grammar School 1554–1954*, 283.

2　　同上,283。

（Elizabeth Burton），一个叫詹姆斯·阿什顿（James Ashton）的制造商孀居的女儿。在伊斯灵顿的时候，查尔斯和弗朗西丝所生的三个儿子——小查尔斯、斯蒂芬和克里斯托弗——都由私人家庭教师教育，他们的一举一动都逃不过父亲严厉的眼睛。斯蒂芬后来进了剑桥大学的科珀斯克里斯蒂学院读神学，克里斯托弗紧跟着哥哥的步伐也进了剑桥大学，读法律。最年轻的弟弟尤其有才华，很早就开始了自己前途无量的法律职业生涯。他于 1876 年得到任命，最终成为格洛斯特的荣誉教士、伦敦主教的名誉牧师和英国共济会大牧师。

　　斯蒂芬·柴尔德则一从剑桥大学获得学士学位就立刻得到任命，在 1867 年成功地成为中克莱登教区牧师、拉奇福德圣詹姆斯教会牧师。1871 年 1 月 3 日，他与玛丽·艾伦·格拉特（Mary Ellen Garratt）——伊斯普维奇（Ispwich）地方一位牧师的女儿——结婚，于1873 年早些时候被任命为切尔滕纳姆圣保罗培训学院（St Paul's Training College in Cheltenham）的副校长。圣保罗培训学院属于英国圣公会学院（Church of England college），职能是培训教师，奉福音派原则为圭臬。1870 年的教育法规定为所有孩子提供基础教育，这就刺激了对教师的需求；到 1873 年，圣保罗培训学院成为一所欣欣向荣的高水平学院，当时的校长是 R. M. 查姆尼牧师（Rev. R. M. Chamney）。斯蒂芬·柴尔德年薪 300 英镑，与妻子和小女儿艾丽丝·弗农（Alice Vernon）一起住在学校。到任不久，斯蒂芬和玛丽有了第二个孩子，克里斯托弗（Christopher）。不过，斯蒂芬·柴尔德并没有在切尔滕纳姆待多久，1873 年 10 月份，他就告诉查姆尼先生，他有意在圣诞节之前卸任副校长之职。

　　我们不清楚斯蒂芬·柴尔德为什么这么快就离开了圣保罗培训学院，不过有可能因为他不是十足的福音派。当时这所培训学院非常拥护福音派信仰——学院校长甚至声称，他有意将福音派的"原则和同情"看作是学校最必要的要求,而教学实力则降至从属地位——但斯蒂芬·柴尔德却受牛津运动(Oxford or Tractarian Movement),又称天主教复兴(Catholic Revival)运动的影响。也有可能是其他原因,比如他觉得薪水太低,或者校方反对他在校外另有教职。无论什么原因,柴尔德一家很快又搬家了,这次去的是约克郡(Yorkshire),在那里斯蒂芬成为不同教区的牧师,他和玛丽又生下了劳伦斯(Laurence)、玛丽恩(Marion)和艾塞尔(Ethel)。最后,在 1878 年,斯蒂芬·柴尔德牧师离开他在约克郡的职位,和妻子儿女一起搬到新南威尔士(New South Wales)。北悉尼英格兰教会圣托马斯教会的首席神父去世后不久,1879 年 4 月,斯蒂芬·柴尔德得到了这一职位,并成为该教会服务时间最久,但毫无疑问并非最受欢迎的首席神父。教区位于河的北岸,在当时被认为是比悉尼本身都更有利于健康的生活区域;不过这里的好气候对玛丽·柴尔德的健康帮助甚微,柴尔德一家搬进首席神父住宅区区四个月,玛丽就去世了,死时才 33 岁。

妻子的早逝,留给斯蒂芬·柴尔德神父五个年轻的孩子,而且他还要忙于主持教区的事务。不过,从那时起一直到六年之后的 1886 年 11 月,他才在墨尔本的圣三一教堂(Holy Trinity Church)续娶了自己的第二任妻子。新人名叫哈丽叶特·伊莉莎(Harriet Eliza),是大律师亚历山大·戈登(Alexander Gordon)和妻子安妮(Anne)所生的长女。哈丽叶特 1853 年 7 月 7 日出生于伦敦的豪恩赛(Hornsay),出生后不久就随父母离开了英格兰。哈丽叶特在澳大利亚长大成人,她的弟妹们都出生在澳大利亚。

哈丽叶特的母亲安妮(娘家姓钱伯斯[Chambers]),出生于一名爱尔兰新教牧师之家。她父亲在印度传教多年,安妮也在那里长大。安妮热心公益,秉持信仰,很快就成为悉尼家喻户晓的人物,是女子友好协会(Girls Friendly Society)悉尼地方分支机构的创始人。戈登一家人在悉尼有一片小农场,并蓄养了几头牲口以满足他们自己的需要;哈丽叶特的弟弟亚历山大(Alexander)(后来成为著名的高等法院法官)以及两个妹妹丽奥诺拉(Leonora)和艾德琳(Adeline)就出生在那里。晚年的时候,哈丽叶特的父母搬回了英格兰,住在格洛斯特郡(Gloucestershire)的帕克切奇(Pucklechurch),他的母亲 1924 年在那里去世,享年 92 岁。

戈登一家父亲一方的祖先,可以溯及柯尔库布里郡(Kirkcudbrightshire)肯穆尔城堡的肯穆尔勋爵(Lords Kenmure of Kenmure Castle),甚至可以追到英国皇家那里(尽管好几位是私生子)。根据家族内一直流传的说法,肯穆尔勋爵是在 1715 年因造反失败被砍头的。戈登一家的男孩,除了哥哥大律师亚历山大·戈登,还有弟弟威廉(William),后者在 1874 年到 1880 年间担任切尔西的议员。父亲亚历山大和母亲安妮 1852 年结婚,次年就生下了哈丽叶特,家人和朋友都叫她哈蒂(Haddy)。

哈丽叶特的家人对她的婚姻并不满意。他们不喜欢斯蒂芬·柴尔德,哈丽叶特去世以后就不再跟他有任何来往。他们都认为他基本上可以说是乏善可陈,是个好色之徒,对待哈丽叶特很坏。哈丽叶特本人则跟她母亲一样,信仰虔诚,热心公益,比她丈夫承担了更多的教区事务。做圣托马斯教会首席牧师的续房一定不是件容易的事,她不仅得习惯婚姻生活、承担起在教区里的职责,而且要处理与丈夫和前妻所生的五个 10 到 15 岁大的孩子之间的关系。哈丽叶特结婚时 33 岁,根据婚姻协议,她是带着数千英镑的嫁妆嫁给斯蒂芬·柴尔德的。

柴尔德家富丽堂皇的新家正是用她的钱建造的。这座大屋名叫丰特内尔小屋(Chalet Fontenelle),位于悉尼西部景色壮观的蓝山(Blue Mountains)地区温特沃斯瀑布(Wentworth Falls)附近。哈丽叶特·柴尔德非常喜欢这所乡间别墅,因为它正好坐落在贾米森山谷

(Jamison valley)边缘的瀑布旁,便于鸟瞰周围的壮丽景色。她的儿子戈登·柴尔德长大以后,也很喜欢在那里住,喜欢在蓝山里散步玩耍。十九世纪六十年代后期那条横穿蓝山的铁路修好以前,除了一些在此间开旅店的老板,没有多少人住在那里。那些旅店是为来悉尼西部享受乡间和小镇美景的游客提供住宿用的。铁路大大方便了那些想到这里游玩的人,所以铁路修好以后,很多悉尼人来山里买地修建假日别墅或退休住宅。到十九世纪末二十世纪初的时候,这里已经逐渐变成了住宅区,作为度假胜地的色彩便随之减弱了。

尽管在柴尔德先生担任圣职期间,随着位于北悉尼的圣托马斯教区范围内土木渐兴,教区边缘地带教区管理者的权威也相对被削弱,但该教区仍然是个半乡间的大教区。1880 年的时候,这里包括了两个截然不同的阶级:一个包括官员和生意人,他们把家安在北悉尼的山脊上,那里可以俯视整个港口;另一个由滨海产业工人组成,他们的房屋沿港口海岸线建得密密麻麻。早在 1870 年,为圣托马斯教会修建一所新的更大的教堂的计划就已经开始制订实施了,斯蒂芬·柴尔德接任牧师以后,这项工作还在继续。不过,斯蒂芬·柴尔德似乎并不是一位受人爱戴的牧师,这无疑对他儿子性格的形成产生了一定影响。

柴尔德神父不受人爱戴的原因之一,是他采用了一种与传统不同风格的礼拜仪式。受牛津运动(Tractarians)一派的影响,他强调神秘和仪式沟通方式在教会教育和礼拜中的重要性。在柴尔德担任圣托马斯教会牧师的 33 年的时间里,教会饱受争吵和退职的折磨,有影响力的捐助人也切断了与教区的联系,导致教会收入和参加礼拜的教众人数逐年剧降。1897—1904 年间负责圣托马斯教区的一位地方治安官写下的一条记录,能帮助我们进一步了解柴尔德神父不受人爱戴的原因:"或许要遗憾地记录以下内容,即由于布道时口吃,斯蒂芬·柴尔德牧师成为有些年轻后生下流大笑的对象。因为他的高傲冷漠，他在自己的教区里也不受欢迎。"[3] 可以想象，年轻的戈登·柴尔德聆听父亲布道的时候，很难不注意到这种"下流的大笑"，也很难不受到影响。导致斯蒂芬·柴尔德口吃的上颚的问题，有可能也遗传给了他的儿子，这可能就是戈登·柴尔德晚年口齿不清的遗传学源头吧。

斯蒂芬·柴尔德神父身上的"高冷"，如果从难以与同行沟通的角度来看，后来在他的儿子戈登身上也有类似体现。不过，父亲身上的这种高冷，与他对他人缺少关爱紧密联系在一起。他拒不相信教会委员。教会委员礼拜日到教堂时，经常会惊讶地发现柴尔德牧师不在那里，而是代理牧师带领大家礼拜，究其原因，才发现原来是柴尔德神父未与大家提前沟通就外出休假了。斯蒂芬·柴尔德 1901 到 1906 年间担任北悉尼地区的乡间教区司铎，后来大家评论他说："他的朋友和批评者经常评论他，说他是一位伟大的'乡间'教区司铎——他是如此喜欢乡间，几乎就住在温特沃斯瀑布附近，他们都说，柴尔德牧师在温特沃斯地区的时间，要远多于他在圣托马斯的时间。"[4]

戈登·柴尔德就是在自己的父亲在教会不受欢迎和经常缺勤的环境下长大的。他的五个同父异母的哥哥和姐姐都比他年长很多，很可能戈登从小就基本上是个孤独的孩子。他小时候经常生病，所以有几年只能在家里接受教育。后来他去了一个名叫奇斯福德的女士（Miss Chisford）在北悉尼开办的一家私立学校，这才让戈登多少有机会接触到同龄的小朋友。尽管如此，我们却并不能说他的童年不幸

3 Wright, E. H. 未发表的笔记，见 D. A. Dobbyn，" A look at St Thomas' Parish 1870–1913"，作者于 1976 年 10 月 26 日在悉尼的演讲。

4 Frazer, A. J. A.（1977），未发表的关于悉尼神职人员的笔记。

福。柴尔德家上下团结,对父亲的敬畏——甚至崇敬——把大家联系在一起。三个姐姐也宠着戈登,因为他是老幺,所以她们都惯着他,觉得有义务要保护他。反过来他也爱自己的姐姐,终其一生都对她们很好,对身体较弱的艾塞尔尤其照顾。很明显,父母和姐姐们从小就用心地把他培养成一个"绅士",他举止优雅,而且总能欣赏他人的优雅气质。柴尔德一家喜欢音乐。克里斯托弗是一个职业的管风琴手,劳伦斯是一位很有才华的非职业小提琴手,艾塞尔后来成了一名音乐教师,教会乐团和合唱团表演《弥赛亚》的时候,她负责敲鼓。戈登像家人一样懂得欣赏音乐,但长大后,他开始发现自己难以像他们一样投入到基督教事业中。仅这一点就把他和他笃信宗教的亲人们区分开来。随着他慢慢长大成人,又可以进一步感觉到他跟家人在政治层面的隔离。像柴尔德家这样保守的家庭,会心怀惊恐地看待任何认为劳工政治有任何优点的人,而现在这个家庭的叛逆者就是他们爱着的戈登,这深深地伤害到他们的感情。全家都不支持戈登,他的父亲 8 就更是如此。毫无疑问,斯蒂芬·柴尔德毫不犹豫地表达了自己对这件事情的看法。无论是小时候还是长大以后,戈登·柴尔德都尽量避免让人烦心:很难想象戈登会跟他父亲争吵;更有可能的是,他退回自己内心,不和亲人讨论那些有争议的、但对他来说越来越重要的信念。

　　十五岁那年(1907 年)7 月,戈登离开奇斯福德女士的私立学校,进入北悉尼的悉尼英国教会文法学校(Sydney Church of England Grammar School)学习。两年后,他进入中学,1910 年被大学录取。他学习了古代史、法语、希腊语、拉丁语、几何、代数和三角学,通过了所有课程,尤其擅长拉丁语。因为他特别的长相,戈登·柴尔德在学校恐怕难免遭到同学们的挤兑。尤其在年轻的时候,他有着怪异的面相,密密的雀斑,橘黄的头发,身材瘦小,步伐笨拙。同时他又极其敏感,他的这些令他难堪的身体特征只能导致他沉默寡言,离群索居,这也成为伴随他一生的性格特征。

1910 年 7 月 26 日,哈丽叶特·柴尔德在位于温特沃斯瀑布旁边的家中去世,享年 57 岁。当时戈登 18 岁,我们不知道母亲的去世给他造成了多大的影响,但很可能他和母亲的关系比跟严厉的父亲之间的关系更近些,而哈丽叶特非常喜欢自己的独子。母亲去世之后,戈登很少去看望自己的父亲,在父亲娶了第三任太太莫妮卡·加德纳(Monica Gardiner)以后就更少了。后来的岁月里戈登·柴尔德甚至很少提及他的童年,但确实有一次承认他不喜欢自己的继母。他认为这是一个严厉而又没有格局的妇人,关于她,有一件事给他留下了特别的印象:她习惯在雷雨天把屋子里所有的镜子和不锈钢刀都蒙起来。

到 1913 年,斯蒂芬·柴尔德牧师和他的教区的紧张关系发展到非解决不可的地步了。最后柴尔德牧师同意辞职,但条件是,除了养老金,教会每年还要付给他 85 英镑的退休津贴。很明显,在教区看来,只要柴尔德教父愿意离开,这点钱不是问题,所以斯蒂芬·柴尔德便从神父的位置上退了休,移居温特沃斯瀑布附近居所,享受着津贴,一直到 1928 年离世。哈丽叶特出钱修造的丰特内尔小屋,据遗嘱,斯蒂芬·柴尔德对其享有终身所有权,结果在哈丽叶特去世后就被他卖掉了。随后他建了一所新房子,取名科罗内尔(Coronel),退休后和莫妮卡一起住在那里。科罗内尔位于温特沃斯瀑布对面,建在两座深谷之间的山脊上,地基牢固。斯蒂芬花了很多钱解决在山坡地段盖房的困难。因为莫妮卡比斯蒂芬年轻很多,有可能活过他,所以他们建这所房子是为了确保莫妮卡在斯蒂芬去世后,可以通过在这所大房子里接纳房客收取租金谋生。但这个计划最终被证明没有可行性,因为二十世纪二十到三十年代,随着家用汽车越来越普及,悉尼人对度假地点的选择不再局限在悉尼附近,来温特沃斯瀑布游玩的客流也逐渐干涸了。父亲 1928 年去世后,根据生母的遗嘱,戈登继承了科罗内尔,但当莫妮卡写信问继子如何处置这所房子时,戈登回信说她可以随意处置。结果,莫妮卡不久就卖掉了这所房子,回英格兰跟她的姐妹住在了一起。

1911 年初,戈登·柴尔德进入悉尼大学攻读古典学学位。作为新生,柴尔德所获得的关于古代文明的知识,应该主要来自古典学学者及其著作;他与史前考古学的接触,可能主要来自一些描述性的著作,比如莱亚德(Layard)的《尼尼微及其遗存》(*Nineveh and its Remains*)和舒赫哈特(Schuchhardt)对施里曼(Schliemann)发掘特洛伊(Troy)和迈锡尼(Mycenee)的记录。十九世纪九十年代到二十世纪早期,很多考古探险工作在古代的土地上展开,他们从当地发回的报告介绍了他们在那里的发现,公众都渴望能够读到。1900 年,亚瑟·伊文思爵士(Sir Arthur Evans)开始了他在克诺索斯(Knossos)的考古探险工作,那里作为克里特文明(Minoan civilization)的中心,在后来举世闻名。一战前的那些年里,在年轻的戈登看来,似乎每天都有新发现来证实古典时期作家的作品里所记的那些东西。

在悉尼大学,柴尔德是位特殊的学者。他不仅学习古典学和哲学,而且还在他入学的第一年,学习了几何、代数、三角学和地质学。1914 年 4 月 4 日,柴尔德以自己在拉丁语、希腊语和语文学方面的优异成绩毕业,同时借此荣获学校古典学奖章(University Medal for Classics),并凭一篇关于语文学的论文获得了弗朗西斯·安德森教授奖(Professor Francis Anderson's Prize)。1911 年和 1912 年,他因在古典学方面的优异成绩均获得过库珀奖学金(Cooper Scholarship)。后来他说,他一生对语文学的兴趣,跟他早期的学习是分不开的。读书期间,他在大学辩论协会(University Debating Society)也很活跃。鉴于 10

他未来的信仰,有趣的是,他在演说中赞成"社会主义是可取的"的提议,却反对"强制性军事训练是对个人自由不合理的干预"的议题。

在悉尼大学,受苏格兰黑格尔派哲学家弗朗西斯·安德森(Francis Anderson)的影响,柴尔德当然读过黑格尔、马克思和恩格斯的著作。弗朗西斯·安德森教授(后来的弗朗西斯爵士[Sir Francis])是悉尼大学第一位查利斯逻辑与精神哲学教授(Challis Professor of Logic and Mental Philosophy)。他出生于英国的格拉斯哥(Glasgow),但一生的大部分时间都生活在悉尼,是著名的哲学家和教育家,而且是个别指导研究班(tutorial classes)导师和工人教育协会(Workers' Educational Association)的热心支持者。根据前悉尼大学学生、澳大利亚大教育学家杰拉尔德·维尔·"格里"·波图斯(Gerald Vere "Gerry" Portus)的回忆,安德森是个整洁的小个子,是一位优雅而善于启发听众的演说家,总是身着一袭灰色晨礼服,头戴灰色高礼帽。传说有一次他从格拉斯哥一位倒闭的帽子制造商的仓库里,买光了所有他能戴的灰色高帽。据波图斯回忆,安德森讲的课"涵盖了甚至比富有弹性的'哲学'一词所包含的还要宽泛的内容。我在学校读书的那段时间,他的课包括逻辑、伦理、形而上学和哲学史。平心而论,这些内容可能只是他随手拈来的,他还给学生增加了教育和经济学方面的课程,而这些课程在悉尼大学其他院系还没有人教……安德森的课堂,可能是我在悉尼大学读本科期间第一个也是唯一一个鼓励提问、鼓励讨论的课堂。而在其他老师的课上,老师通常把讲台控制在自己手中,留给我们学生做的,就是尽量做笔记。但安德森不是这样,他通常先向我们慢慢地口述几句,然后就开始踱着步阐发他的观点,向我们提出问题,鼓励我们回答,争取让尽量多的同学加入到讨论中来。这种方式至少能帮助我们学会思考,并增加我们的学习兴趣。他在塔楼上的课堂,对多少代学生来说,都是其他那些乏味的记笔记的晨课之后的提神剂啊！"。5

柴尔德就是一位从这样的"提神剂"里受益的学生,因为这样的教学方法适合他的追问思维,并能刺激他去阅读黑格尔、马克思和许多其他哲学家的作品。他坚决反对神职——可能是他反对自己父亲及其家教的结果,而理性主义哲学则总能吸引他。赫伯特·维·伊瓦特(Herbert Vere Evatt)是悉尼大学一名学习马克思主义的学生,他比柴尔德只小一点,同样非常优秀,紧跟着柴尔德于 1914 年也获得了弗朗西斯·安德森教授哲学奖。伊瓦特后来学习法律,最后成为澳大利亚工党领袖。他和他的妻子玛丽·艾丽丝(Mary Alice),都是柴尔德的毕生好友。柴尔德和伊瓦特当年在悉尼大学不是传统的本科生——首先,他们的特殊才华就把他们和别的学生区分开来,其他学生都抱怨说,凡是伊瓦特参加的奖项角逐,他都能赢得;柴尔德也是这样。另外,他们两个都是出了名的衣着邋遢,伊瓦特的传记作者写道,伊瓦特和柴尔德曾经比赛看谁戴帽子的时间长:结果最后还是柴尔德赢了,他比伊瓦特多戴了二十年!

上大学的时候,柴尔德没有和父亲住在一起,而是跟小舅舅亚历山大·戈登在悉尼伊丽莎白湾区(Elizabeth Bay)搭伙一起住。亚历山大·戈登生于 1858 年,踵其父武成为一名出色的律师,后来因为在高等法院的出色服务而封爵。亚历山大年龄很大了才和威尔士的一名叫玛格丽特·托马斯(Margaret Thomas)的歌手结了婚。到 1912 年的时候,这对夫妇已经有两个孩子了,分别叫亚历山大和安妮。但当柴尔德住在伊丽莎白湾区时,他的舅妈和表弟表妹在伦敦。舅舅亚历山大有些不赞成自己外甥自由表达的激进观点,因为他觉得外甥把他这位身为公众人物的舅舅置于一个尴尬的境地。

11

5　Portus, G. V. (1953) *Happy Highways*, 63-64.

柴尔德在悉尼大学最后一年的时候,随着阿尔伯特·曼斯布里奇(Albert Mansbridge)来到悉尼建立澳大利亚工人教育协会(Australian Workers' Educational Association),面向校外的非全日制教育逐渐兴旺起来。第一次讨论是在位于悉尼德文郡大街(Devonshire Street)的朋友礼拜堂(Friends' Meeting House)进行的,柴尔德是参会者中机敏而健谈的一位,大家至今都还记得他当时典型的"激进学生"的态度,以及他表现出的对和平和公众事务的兴趣。工人教育协会(WEA)所开设的第一课叫作"巴尔干国家的历史"(The History of the Balkan States)——对于该地区的史前史,柴尔德在后来的研究中尤感兴趣。

12   那段时间里,伯莎·麦克纳马拉书店(Bertha McNamara's bookshop)是悉尼社会活动的中心,是大家最喜欢的会见地点。那里的景象,赫伯特·维尔·伊瓦特的传记作者是这样描述的:"书店在卡斯尔雷大街(Castlereagh Street),又破又小,书店女主人伯莎在那里售卖煽动性的小册子,革命文学书籍,还有便宜的雪茄烟,这样暂住在巷子里的人才能够买得起。在那里倒是不难遇见国际知名的社会主义者比如汤姆·曼(Tom Mann)、无政府主义者以及世界产业工人联合会(IWW)的人:伯莎欢迎所有这些人。她是波兰人,泼辣而热心肠。" [6] 伯莎的儿子比尔(Bill)也在悉尼大学,晚柴尔德几年,后来成为伊瓦特的好朋友。

柴尔德1913年底完成了在悉尼大学的学习,获得了库珀古典学研究生奖学金(Cooper Graduate Scholarship in Classics)——每年200英镑——这让他能进牛津大学女王学院(Queen's College)继续接受教育。在悉尼大学的时候,柴尔德曾受到希腊研究专家伍德豪斯教授

---

6   Tennant, K. (1970) *Evatt: Politics and Justice*, 24.

（Woodhouse）的指导。伍德豪斯教授很会教课,他的课激起了柴尔德
对已逝文明中的人及其行为模式的好奇心。也是伍德豪斯教授建议
柴尔德去牛津大学攻读研究学位。由于英、澳学年设置的差异,柴尔
德在开学之前有九个月的自主时间,他利用这段时间教书来赚取生
活费。他在新英格兰文法学校（New England Grammar School）取得了
一个教职,校长是莫斯先生（Mr H. S. Moss）。新英格兰文法学校在
格伦因尼斯（Glen Innes）,坐落在悉尼往北几百英里远的一个小镇上。
柴尔德上任以后很快就证明,这位接受过良好教育的年轻优秀的古
典学学者,并非教育该校这四十几位学生的理想人选。大部分学生都
是当地农家子弟,还有五六个是镇上从事商业和其他职业的镇民的
孩子。这些孩子中有不少是要在早饭前完成挤奶或喂马工作的,所
以,并不奇怪他们为什么一到校就很累,因而学不了多少东西。无论
是在校的学生还是他们的父母,都认为学会基本的读、写、算就足以满
足他们的需求,掌握了这些后仍旧继续上学,会被看成是浪费时间的
事。因此,学生们对这位新来的长相怪异的老师的努力漠然置之,而
当柴尔德不能跟学生们进行有效沟通时,也会攥着拳头捶打粉笔。

　　柴尔德同时还在做另一份工作,对一个热心传播知识的人来说,
这份工更适合他的口味,也不那么令人沮丧。这就是担任乔治·辛普
森（George Simpson）的儿子的家庭教师。乔治·辛普森是一个富裕的
地主,持有格伦因尼斯南约 15 英里的巨石阵车站（Stonehenge Station）
的所有权。年轻的哈罗德·辛普森（Harold Simpson）由受过良好教育
的父母悉心栽培长大,前途很被看好,当然比文法学校里穷人家的那   13
些孩子们更容易接受柴尔德的教诲,因此柴尔德待在辛普森家的绵
羊牧场的时间,相对来说要远比他待在学校里的时光快乐。辛普森和
他太太的陪伴应该也更适合柴尔德的性格,和许多老师一样,他总是
更喜欢跟少数几个学生——而不是一个大班——在一起。

　　1914 年 5 月，柴尔德获知，他分到了一张从澳大利亚到英格兰的免费返程船票。根据 1909 年肯尼斯·安德森勋爵（Sir Kenneth Anderson）始创的一个方案，东方航线公司（Orient Line Company）分配给澳大利亚的大学一定数量的此类免费船票，船票三年内有效，但只有在客运淡季的时候才可以使用。大学理事会通常把免费船票发给那些希望继续去国外求学，但因费用原因无法满足愿望的学生。估计哈丽叶特的遗嘱里有条款规定他的儿子只有到一定年龄才可以动用她留给他的钱；不过无论如何，柴尔德被选中，得到了一张免费船票，于 1914 年 8 月乘船到达英格兰。

02　牛津：第一次世界大战

从很多方面来说，一战期间柴尔德在牛津的日子是他的成长期。那些年里他在学业上富有成果，激发了他对考古学的兴趣——他将考古学视为了解古代社会的有效途径。这段时间里他和朋友们建立起来的友谊，也对他的人生产生了很大影响。

1914年柴尔德22岁时进入牛津大学女王学院读书，以修读古典考古学文凭并获得文学学士学位。悉尼大学的伍德豪斯教授引导他进入牛津，但柴尔德选择女王学院，可能与亚述学教授赛斯（A. H. Sayce）有关，赛斯的研究涉及比较语文学的问题。1914年另一个同柴尔德一道攻读古典考古学文凭的学生叫琼·伊文思（Joan Evans），后来被封为女爵士（Dame）。琼是十九世纪著名古物学家约翰·伊文思爵士（Sir John Evans）的女儿，考古学家亚瑟·伊文思同父异母的妹妹。不过，他们两个除了是同学，没有多少共同之处，也没有发展成朋友。

虽然柴尔德一直没有满足古典考古学文凭的要求，但他在比兹利（J. D. Beazley）、迈尔斯（J. L. Myres）和马库斯·托德（Marcus Tod）的课上获益良多。当时比兹利还只是一名来自基督堂市（Christchurch）的年仅30岁的助教，但他后来成了牛津大学古典考古学的教授。马库斯·托德与位于雅典的大英考古学校密切合作多年，1914年的时候在牛津讲授希腊碑铭学。柴尔德学习期间，古典考古学的教授是珀西·加德纳（Percy Gardner），根据一个学生的描述，加德纳教授是"一个高个子的正派人"，"讲课时身穿那种一定是十九世纪六十年代以前才有的硬翻领双排扣长礼服，以设法吸引我们注意力的那种单调的声音，永远带着无聊的神情向我们传授他渊博无比的知识"。[1] 正是在这些老师的指引下，柴尔德得以熟悉古希腊和罗马发现的古代文明的遗存。柴尔德在 1957 年去世前留下的带有自传性质的《告别辞》中说："我在牛津大学接受的是古典学传统的训练，重视的是青铜器、陶俑和瓷器（至少是有装饰的），而石制和骨质工具则不被看重。"[2]

柴尔德很幸运有迈尔斯教授和亚瑟·伊文思爵士做他攻读文学学士学位的导师。迈尔斯教授（后来被封为爵士）是威克海姆讲席教授（Wykeham Chair），专治古代史，他思维敏捷，知识渊博，且很乐于看到柴尔德身上也具有这些品质。尽管一战期间大部分的时间里迈尔斯教授没有在爱琴海（Aegean）地区开展考古工作，但他后来对自己的学生保持积极的关注。他与英国皇家人类学研究所（Royal Anthropological Institute）联系紧密，他的影响力让他的学生至少受益了十年。琼·伊文思后来回忆迈尔斯说："他习惯教的学生，是那些已经有相当成就的古典学学者，而且他本能地通过荷马的方法来从事爱琴海考古学的研究。"[3] 从对柴尔德的古典学教育的角度来看，这种方法是很理想的，而柴尔德也发现迈尔斯是一位能给人带来启迪的老师。

与迈尔斯教授相比，亚瑟·伊文思爵士则很不同。他是一个改革

---

1   Mallowan, M.（1977）*Mallowan's Memoirs*, 26.

2   R, 69.

3   Evans, J.（1964）*Prelude and Fugue*, 73.

者,提倡对学校法规的考察和简化,鼓励科研,支持设立北方考古教授
(Chair in Northern Archaeology)的职位。他对处于劣势者有着天然的
同情,他卷入波斯尼亚政治事件的行为,对英国政府来说就有些尴尬。
伊文思也坚信(后来柴尔德也是这样),政治的差异不应该限制不同
国家之间的学术交流。1916 年他在给古物学会(Society of
Antiquaries)所作的报告中说:"英联邦与德意志帝国人民之间长时间
的严重疏远是不可避免的,但是……不去做导致双方学科——比如
我们的领域——内相互交流之门关闭的事,则是我们义不容辞的责
任,因为我们的研究领域远离人类情感领域,而只关注沉默的
过去。"[4]

　　亚瑟·伊文思爵士长期以来都是德高望重的学者、考古学家,但
1900—1908 年间在克诺索斯对克里特(Crete)的发掘才真正让他赢得
了公众的赞扬。他的发掘不但揭示了一个埋藏在地下的青铜时代文
明——米诺斯时期(Minoan)的克里特文明,早于施里曼发现的迈锡
尼(Mycenean)文明,属于后者的前身——而且清楚地揭露出更早的
新石器时代的地层。这意味着我们可以首次从历史的角度看到迈锡 16
尼和克里特文明,而且通过参照测年所发现的从古埃及输入克诺索
斯的器物,伊文思能够建立起克诺索斯时期的克里特文明与相关埃
及王朝之间的共时关系。克诺索斯的发现丰富而惊人,包括漂亮的壁
画——年轻男女跃过公牛——和成排的巨大储藏罐。这些成果似乎
暗示,伊文思发现了克里特岛的王米诺斯(King Minos)的宫殿,让人
身牛头怪物米诺陶(Minotaur)和他居住的迷宫的传说复活了。巴罗
斯(R. M. Burrows)所写的关于这一发现的通俗读物——《发现克里
特》(*The Discoveries of Crete*)——的发表,一定吸引激发过(柴尔德)

4　Evans, J. (1943) *Time and Chance*, 367.

这位澳籍学生的想象力。

　　如今史前考古学是大家都熟知的科学性学科,大家可能难以想象仅仅在五六十年前情况会有多大的不同。在柴尔德成长的年代,考古学还处在发展的初期,等他到牛津大学求学时,考古学才刚被认作是对研究人类历史有独特作用的独特知识分支;它植根于十八世纪的古物学,当时从域外收集古物是有钱人的消遣。当学者们将目光从古典思想转移,并将古大不列颠和德鲁伊教团简朴的文化遗留加以浪漫化的时候,浪漫运动的高涨就让更多人了解到考古学。那些被认为是史前祖先遗留下来的历史遗迹——类似于巨石阵的巨石圈以及巨石墓——吸引了很多没钱去古希腊罗马地区旅行的人们的注意力。威廉·斯图克利(William Stukeley,1687—1755)是英国浪漫时代考古的重要学者,与很多十八、十九世纪的古物学家不同,他的田野工作讲究方法,而且为发掘工作保留了详细的记录。

　　虽然十八世纪晚期见证了人们对自然史研究兴趣的增加,但作为史前考古学真正诞生之先驱的地质学领域的重要发展,却是在十九世纪才发生的。莱尔(Lyell)在他的《地质学原则》(*Principles of Geology*,1830—1833)里提出的均变论准则,为解释地质记录提供了理论。在这一理论的启发下,考古学家彭杰利(Pengelly)和布歇·德·帕修斯(Boucher de Perthes)根据人类与某些灭绝动物的共存关系,证明了人类存在的古老。在此之前,汤姆森(C. J. Thomsen)于1819年依据三时代系统(Three-Age System)陈列丹麦自然博物馆的展品,对不同材料制成的历史文物按照石器、青铜和铁器的先后顺序进行了排列。这一方法的创新性在于,汤姆森根据钱币学研究中使用的标准,建立起工具类型的发展序列。尽管三时代系统还需要进一步修正和打磨,但这是使用独立于文字材料之外建立起来的时间先后顺序系统研究上古时代的第一次,也是极其重要的尝试。

　　维多利亚时代,考古学家和地质学家发现人类相当古老,从而导致他们直接走向传统宗教观点的对立面。莱特富特主教(Bishop Lightfoot)曾说,人类始创于公元前 4004 年 10 月 23 日早上 9 点。1859 年达尔文《物种起源》(*The Origin of Species*)曾引起强烈的反对,但演化论思想和莱尔的均变论,得到了越来越多的拥护者,人们逐渐接受了人类历史悠久的观点。

　　从进化论观点的创立到 1914 年,小一百年时间过去了,但在柴尔德父辈那一代人中,仍然有很多人坚持老的创造论观点。在那些年里,考古技术缓慢地发展,像皮特·里弗斯(Pitt Rivers)这样的学者就将秩序和方法引入到发掘中。同时,对当时原始人群研究的加强,也为史前社会的研究提供了类比参照。考古学研究逐渐扩及很多领域,积累起关于史前人类的大量材料。在柴尔德看来,史前史学家如今面临的任务,是将分散的材料搜集在一起做整体的考察。很快,他就因善于对考古数据进行整合而获誉。早在牛津学习的日子里,他就积累了相当多关于考古材料的知识。1915 年,他在《希腊研究杂志》(*Journal of Hellenic Studies*)上发表了自己的第一篇论文:《米尼安陶器的年代和起源》("On the Date and Origin of Minyan Ware")。这篇文章清楚地表明,柴尔德访问过地中海(有可能是在从澳大利亚驶往英格兰的时候),亲手在遗址和博物馆里研究过米尼安陶器。这种做法,即在研究中亲自考察少为人知的材料,是柴尔德学术生涯的重要特点,与之俱来的是使他具有牢记每一件文物的惊人记忆力。

　　柴尔德的语言能力向来很强,而且他也喜欢语言。在他 1916 年完成的文学学士论文《印欧语在史前希腊的影响》("The Indo-European in Prehistoric Greece")中,比较语文学占了很大的部分。不过很遗憾,这篇论文没有保存下来,其原因有可能是当印欧语理论为人所不齿地与纳粹的兴起联系在一起的时候,柴尔德亲自毁掉了自

18

己的论文;而当时校方也没有义务把论文保存在牛津大学。该论文研究的是印欧语人群的起源问题。柴尔德想通过考古学去探求印欧语人群的故国,希望在史前塞萨利(Thessaly)和巴尔干(Balkans)以北地区(可能通往伊朗和印度)发现考古学上的联系。最早在1786年,学界公认,几乎所有现代欧洲语言,包括梵语语群,都是从印欧语群发展而来的。人们认为,公元前两千纪的时候,一群操印欧语的人(有可能来自大草原地区或者欧洲西北部)曾散布于欧洲、近东、伊朗和印度等地。但语言学和古生物学的证据太少了,不能专门用来证明上面所提到的两种理论中的任何一种,因此考古学的证据就非常重要。今天印欧语一词仅限于在语言学意义上来使用,因为没有证据建立起该词与文化或者种族之间的相互关联。尽管柴尔德没有找到证据来揭示他希望证实的那些关联,但他通过牛津和剑桥的图书馆,熟悉了迈锡尼文明之前的陶器及其在中欧和东欧的相似物。同时,他学习了牛津人文荣誉学院的课程——古典学和语文学,并在1917年取得古典文学头等的好成绩。

在牛津的日子里,柴尔德得到的不仅仅是他的古典学学位。他在早年与朋友们建立起来的友谊,对他的政治哲学的发展产生了深刻影响。第一次搬进女王学院后方院一楼角屋的时候,年轻的柴尔德已经被马克思的理论所吸引;不仅是在经济领域,他也被马克思在历史研究领域的适用性所吸引。他在女王学院和学校社团所结识的大部分朋友,都和他一样持有极端左翼思想,因此,他们当中的有些人(包括柴尔德自己)是不受学校领导欢迎的。

19　　　来到牛津不久,柴尔德就加入了学校的费边社(Fabian Society),并与社中的一些成员成了朋友,其中包括拉贾尼·帕姆·达特、大卫·布莱洛赫(David Blelloch)、罗伯特·乔利(Robert Chorley)律师(即后来的乔利勋爵)、雷蒙德·波斯盖特(Raymond Postgate)(社会主义者记者，后因创办《美食指南》[The Good Food Guide]而享有盛名)等人。1914 年柴尔德加入大学费边社的时候，正是该社团会员最多的时候。从名单上看，那一年仅牛津大学就有 101 个会员。大学费边社基本上是由本科生组成并为本科生服务的，其成功很大程度上取决于社团成员的个性和影响。当时牛津和剑桥的社团都有不少非常投入的成员，他们中的许多人后来成为不同行业中受人尊重、富有影响力的社会主义者。费边社的力量在牛津大学尤其强大，这要归功于永久居留的老会员持久而强大的支持，比如圣约翰学院(St Johnson College)的西德尼·鲍尔(Sidney Ball)的支持就是个例子。1912 年，全国费边社成立了一个研究部门，这一研究部门逐渐从社团中分离出来，到 1918 年底的时候变成了劳工研究部(Labour Research Department)，再后来就与共产党紧密联系在一起。柴尔德当时是这个研究部在伦敦分部的常客，在那里他结识了不少社会主义者兄弟会的重要人物，包括罗宾·佩奇·阿诺特、威廉·梅勒(William Mellor)、艾伦·卡耶(Alan Kaye)、玛格丽特·波斯盖特(Margaret Postgate)(雷蒙德的姊妹)和她未来的丈夫科尔(G. D. H. Cole)等人。

1915 年，牛津大学费边社的社长 G. D. H. 科尔——行会社会主义的拥护者——决定将牛津费边社与其他费边社区别开来，于是牛津大学费边社变成了牛津大学社会主义者社团(Oxford University Socialist Society，简称 OUSS)。柴尔德继续在社团的活动中发挥积极作用，经常在会议中发言。与作为社团主体的本科生相比，柴尔德是一名成熟的学生，能够有效地把自己的观点传达给听众。他成为一个相当有名的演说者，尤其在社团成员锐减的一战期间的牛津大学，还为自己赢得了"帅哥柴尔德"(Handsome Childe)的绰号。无论是否出于亲昵，这一绰号强调了这样一个事实：因为长相怪异，柴尔德——尤其在年轻的时候——是个一见面就能抓住人眼球的人，但他丑陋的

20 相貌——奇怪的是，这一点经常被男人而不是女人注意到——与他
的友好、温柔和令人愉快的友谊相比，很快就会被人忽略掉。尽管从
很多方面来说都是一个孤独的人，因为他基本上为学术而活，害怕对
任何东西动情，但柴尔德喜欢他人的陪伴。他终生未娶，确实也没有
任何迹象说明他在生活中与女人有深厚的关系；不过同样也没有证
据说明他有同性恋倾向。基本上，他性格孤僻，既喜欢和男性也喜欢
和女性在一起，不过仅止于纯洁的友熟关系。柴尔德一生有过很多朋
友，不过好像缺少密友。任何人试图打通柴尔德树起的与他人之间那
道看不见的墙时，都会发现柴尔德既善良又友好，但总像是一个谜。
他平时——尤其年轻的时候——看起来很笨拙，不修边幅，也不讲究
社交礼仪，很多认识他的人都觉得很难在日常话题上与他进行交流。
他在牛津大学期间，大部分时间用来学习或者参加社会主义活动，而
没有成为社交场合的重要人物。他偶尔打点网球，不过打得不好；他
非常喜欢打桥牌，这是他终生保持的爱好，不过打得似乎也不像他自
己以为的那么好。后来他荣幸地参加了一次桥牌派对，似乎对自己是
作为桥牌队员而非史前史学家被接受入会感到相当地满意。

　　尽管柴尔德更喜欢和他在牛津、伦敦那些志趣相投的朋友们共
处，但他并没有忘记自己的家族纽带。在英格兰，他可能第一次找机
会访问过什罗普郡的柴尔德家族产业——在克利伯里莫蒂默
（Cleobury Mortimer），以及金莱特，那里安葬着很多柴尔德家族的著
名人物。1915 年 6 月，柴尔德确实前去看望了自己的亲戚弗朗西
斯·鲍德温·柴尔德夫人（Mrs Frances Baldwyn Childe），她住在什罗
普郡和伍斯特郡（Worcestershire）交界处的凯雷公园（Kyre Park），是
金莱特的柴尔德家族的另一处祖籍地。鲍德温一名被并入柴尔德家
族发生在十八世纪，当时，这片产业的女继承人凯瑟琳·柴尔德
（Catherine Childe）嫁给了什罗普郡的议员，阿库阿拉特（Aqualate）和

波克尔顿（Bockleton）的查尔斯·鲍德温（Charles Baldwyn）。他们的大儿子威廉在 1770 年母亲去世以后，获得了柴尔德这个名字。威廉作为一个运动员和农学家而闻名于世，他还有一个外号，叫作"飞人柴尔德"。他和妻子安娜贝拉（Annabella）育有一子，即长寿的威廉·莱肯·柴尔德爵士（Sir William Lacon Childe，1786—1880），1820 年到1826 年曾是文洛克（Wenlock）的议员。弗朗西斯·鲍德温·柴尔德，即柴尔德所说的他的姑妈，是威廉·莱肯·柴尔德爵士的儿子爱德华·乔治·鲍德温·柴尔德（Edward George Baldwyn Childe）的遗孀。不过，柴尔德的直系亲属与金莱特的柴尔德家族之间的确切关系并不是十分清楚，尽管有证据表明柴尔德的祖父查尔斯·弗雷德里克·柴尔德是"飞人柴尔德"的私生子。毫无疑问，年轻的戈登·柴尔德应该早就从他父亲那里听说过自己的贵族先祖们的故事，所以尽管在牛津的左翼朋友面前对此矢口不提，他自然还是想见一见敏锐的家族史家弗朗西斯·鲍德温·柴尔德夫人。她在凯雷公园的家，是个远近闻名的漂亮地方，其中的花园由"有能力的布朗"（Capability Brown）设计装点，围绕着一所部分可追溯到十四世纪的老屋。柴尔德曾答应过在澳大利亚的家人，会拍一些凯雷公园的照片，他在给父亲的信中描述过这里给他的印象："凯雷静悄悄的，如我想象中那么可爱。房子的南边有一潭开满黄色睡莲的湖水，白色的天鹅游弋其中；作为衬托的是一座漂亮的小花园，装点着色彩纷呈的鲜花；花园后面林木苍翠，再后面是长满树木的山坡。房子的西边是一座更陡一点的山坡，绿草覆盖的陡坡坡脚，有另一泓湖水，再远方则是一幅由绿地、山峦和深色果园组成的美景。房子北边的山坡与西边的一样陡，景观则更加广阔……穿过树林，我是沿着那条由古老粗大的栎树和

21

山毛榉树交替装饰的林荫路回家的。"[5]

柴尔德在牛津大学最亲密的朋友是拉贾尼·帕姆·达特,他有一半印度血统和一半瑞典血统,后来成为英国共产党的奠基者和重要理论家之一。帕姆·达特在贝列尔学院(Balliol),但他和柴尔德分别搬出学院,于1916到1917年一起住在里士满路(Richmond Road)的寓所,每周共付25先令,包括伙食、住宿和洗衣费。虽然房租如此低廉,但这两位牛津的大学生可以拥有自己独立的小卧室,以及共同的小起居室用于就餐、工作、招待自己的朋友。拉贾尼·帕姆·达特是一位非常出色的学者,坚定的马克思主义者,1917年因为宣传马克思主义被大学开除。与这样一位朋友住在一起,给柴尔德带来了长久的影响。他们都爱长谈至深夜,就他们最喜欢的黑格尔、马克思、青铜时代以及迈锡尼文明展开讨论。和柴尔德一样,帕姆·达特也不是一个可以轻易闲聊的对象,一起研讨彼此都感兴趣的话题,对达特和柴尔德来说都是巨大的愉悦。

当然,他们的生活也不是只有工作而没有娱乐;帕姆·达特后来回忆他们玩耍时的一个场景时写道:"有一次,要么是庆祝完柴尔德的第一次人文荣誉学院期末考试,要么就是庆祝完什么人的21岁生日,当我们凌晨回来,都想证明自己的脑子是完全清醒的,于是坐下来赶紧抽着烟斗解决一个现象学难题或者类似的事情。只是当我发现自己用力吸着的烟斗里根本没装香烟时,我才意识到没有像我一厢情愿地想象的那样能够完全控制自己,所以我不得不输给了柴尔德。"[6]

1917年,全国大学社会主义者联盟(National Secretary of the University Socialist Federation)的秘书是苏格兰人罗宾·佩奇·阿诺

5　致斯蒂芬·H. 柴尔德的信(1915)。

6　Dutt, R. P. (1957) *Daily Worker*, 22 October, 3.

特,一位研究矿贸工会的历史学家。后来他回忆说,帕姆·达特和戈登·柴尔德当时就已经熟读黑格尔和马克思的著作了;尽管根据玛格丽特·科尔女爵(Dame Margaret Cole)的回忆,相对于马克思主义经济理论,柴尔德对历史唯物主义的观念更感兴趣。1917 年 6 月,佩奇·阿诺特访问牛津大学社会主义者社团(OUSS)的时候,在柴尔德期末考试结束的醉酒派对上遇到了柴尔德和帕姆·达特。这一次,柴尔德千杯不醉的传说却没有得到印证:佩奇·阿诺特不得不把醉酒难受的柴尔德架到外边,抱着他的头等他醒来。后来他们每一次见面,柴尔德都会提到当时佩奇·阿诺特的极度好心肠。

1914 年柴尔德乘船离开澳大利亚时,一战就已经开始了。他待在牛津大学的那些年,都有第一次世界大战的背景。其后果之一,就是在整个大战期间,留在高校的少数学生中很大一部分都是铁杆的反征兵的和平主义者,他们宁愿坐牢也不愿打仗。

1914 年进入牛津大学的时候,柴尔德显然并不反战。女王学院的一条记录显示,柴尔德曾"与民众一起训练"。根据 1909 和 1910 年的澳大利亚防卫法(Australian Defense Acts),柴尔德的年龄超过了战前强征参加大学军训的标准年龄一年,而且,1914—1918 年间军事征兵也从未在澳大利亚实行过。即使不是这样,由于柴尔德糟糕的视力和体格,他也很可能被免于军队服务。

柴尔德在牛津大学的很多朋友的情况却大不相同。征兵入伍于 1916 年早些时候第一次在英国实行,征兵对象除了出于健康或其他原因可免于义务外,成心抵制者被拘留、审判,大多在狱中被关到大战结束。1918 年他因为自己的反战观点遇到麻烦的时候,柴尔德写道: 23

　　自 1915 年我不情愿地承认正统思想在我看来是不可能时开

始,牛津大学女王学院当局就已完全知晓我的看法。[7]

柴尔德的思想开始转向反战,很有可能是他的那些社会主义者朋友劝说的结果。他们当中有不少人是反征兵联谊会（No-Conscription Fellowship）的成员,在1916—1918年间要么已经入狱,要么就是在逃。从社会主义者的视角来看,是资本家和统治阶级发动了战争,他们却指望工人阶级去打仗。社会主义者未必是和平主义者,但他们相信国家战争并不重要,只有阶级斗争才有意义。他们相信,这场战争应受谴责的不完全在德国一方,而这一观点却激怒了大多数民众。下面一则见于官方一战史书的摘录,显示了公众对他们的仇恨:

> ……支持德国的假社会主义鼓动家和伪和平主义者学派,带着措辞上日益嚣张的恶毒,得以继续主张:我们国家实行的征兵服役运动是一个巨大的阴谋,即通过战时征兵将工人阶级的力量弱化到战后的彻底无能,导致他们无论感到多么不平都无法出来罢工。支持德国的鼓动家们甚至走得更远,他们荒诞无稽地声称,军事征兵离工业征工只有一步之遥,因此大战结束后,雇主就会将工人阶级的力量降低到连古代农奴都不如的地步。[8]

柴尔德完全赞同这些"支持德国的鼓动家们"的观点,当他的朋友们因为自己的信念而陷入困境的时候,柴尔德都给予他们坚决的支持。1916年最初的几个月里,柴尔德的好几个朋友——包括大

---

7 致悉尼大学校长的信（1918）。
8 Wilson, H. W. and Hammerton, J. A. (1916) *The Great Way*, vol. 7, 37–38.

卫·布莱洛赫和牛津大学社会主义者社团(OUSS)秘书戴维斯(P. T. Davies)——都因触犯《兵役法》(Military Service Act)而被当成逃兵抓了起来:他们收到征召令后没有前去报到。其他一些有意反对征兵者——像著名人物伯特兰·罗素(Bertrand Russell)和莱顿·斯特拉奇(Lytton Strachey)——也是这样被捕的。反战的社会主义者的诉讼程序,通常是提交一份完全免除拒服兵役者(CO)服兵役义务的抗辩,坚定地展示他们的原则,揭露制度的不公,场面经常会变得非常荒唐。1916年5月26日在牛津市政厅就拉贾尼·帕姆·达特的案子举行的听证会就是这样一个例子。在听证会上,帕姆·达特提交了他的完全免除服役抗辩,军方代表巴德里上校(Captain W. Baldry)于是跳着脚说:"我们不要这个人,他是印度人,印度办事处(India Office)不会让我们带走他。"

这种态度与帕姆·达特的情况根本不符,他在英国出生,父亲是在剑桥行医的印度裔大夫,母亲是瑞典人。于是帕姆·达特手中挥舞着他有意带来的《兵役法》,大声地朗读开头的字句:"'每一个男性,英国的子民……'我是男性,英国人,英国的子民,《兵役法》当然适用于我。"结果,听证会认为帕姆·达特案子的逻辑一目了然,没过多久,帕姆·达特被捕,作为其颇具英雄气概的立场的报偿,他被送进了考利兵营(Cowley Barracks)。同样强烈反对征兵的柴尔德,在帕姆·达特去兵营报到的途中一路相伴。帕姆·达特在奥尔德肖特(Aldershot)、温彻斯特(Winchester)和沃姆伍德斯科拉比斯(Wormwood Scrubs)监狱被关了几个月,于当年的8月18日被放回牛津继续自己的学习。

柴尔德的命运相对好些,但同样需要以相当的勇气来面对来自多数人的奚落和中伤,并毫不含糊地表达自己的观点。1917年他在给驻伦敦的澳大利亚高级专员(Australian High Commissioner)的信中

写道:

> 我已经完成在牛津大学的学习,打算六月份期末考试结束以后返回澳大利亚。然而,我听到谣言说,要想得到护照,就必须提交抵达澳大利亚后参军的承诺。因为我无论如何不会许诺以任何形式参与这场战争——一场我认为破坏文明与自由而不是争取当前和平的战争,所以我非常希望得到准确的消息。如果谣言被证明是真实的,我便无需计划回国,而是要另做打算。[9]

这封信会在后来给柴尔德造成令人不快的影响,不过他收到不会强制参军的保证后,就开始做回国的准备。柴尔德的好朋友雷蒙德·波斯盖特及其未婚妻黛丝(Daisy)——激进政客乔治·兰斯伯里(George Lansbury)的女儿——在六月份为柴尔德举办了一个告别派对,地点在索霍区(Soho)的一个小饭馆,是苏格兰籍社会主义者政治家拉姆齐·麦克唐纳德(Ramsay MacDonald)曾经频繁光顾的地方。当时联军正在准备对德军一线展开进一步进攻,参加派对的这群激进的年轻人举杯希望进攻失利。耳边回响着坚定的反战呼声,年轻的柴尔德登上了驶回澳大利亚的轮船。

9　致驻伦敦澳大利亚高级专员的信(1917)。

03 澳大利亚：政治与偏见

　　回到阔别三年的祖国，柴尔德一开始想在教育领域找个工作。他想在战后继续欧洲史前史的研究，想去参观战时关闭或者无法进入的博物馆。此时的他，已经被认为是一名出色的学者，当然有资格获得一个教书或指导学生的工作。然而，由于他思想激进，在接下来的时间里，他不但会遭受他人的厌恶和鄙视，还将经历一系列恶意阻挠他事业发展的事。1917 年，因为澳大利亚也加入了一战，所以 1909 和 1910 年《兵役法》中的不同条款也适用于澳洲兵役义务的履行。估计柴尔德一回国就被招入伍，但他从未服过兵役，很显然是根据哪一条免服兵役的标准被豁免服役：有可能是生理原因，因为从医学角度看他肯定不符合服役条件，当然更有可能是因为他公开反对持有武器，因为他像其他拒服兵役者一样，都受到了国防部（Department of Defence）的监视，与他人的往来信件要经受审查。

　　回国后柴尔德的第一份工作，是在位于昆士兰州（Queensland）的玛丽伯勒文法学校（Maryborough Grammar School）当老师。该校于1881 年建立，到 1917 年的时候，正好遇上办学上的一些困难，纪律涣散的事情时有发生，往往之后又是通过严厉措施恢复秩序。学校也缺少有能力的好教员，在这种情况下柴尔德几乎没有机会证明他自己的能力。战争仍在进行的情况下，他以公开反征兵的身份入校任教，可能也难免将自己置于充满敌意的环境之中。该校校长是一位不折不扣的保守的爱国主义者,即使不是厌恶,也很可能从一开始就对这个激进的年轻人心存疑虑。很显然,柴尔德的能力也不被学生们认可,该校的一名男生后来回忆说:"无论柴尔德讲什么,都会被淹没在课堂的喧闹声中,最过分的时候,有一天学生们在课堂上拿着玩具枪向他齐射。"

柴尔德在学年结束的时候就离开了玛丽伯勒文法学校。1917 年11 月,他在悉尼大学圣安德鲁学院(St Andrew's College)找到了一份高级常驻导师(Senior Resident Tutor)的工作,并于 1918 年早些时候新学期开始时上任了。这份工作需要与年龄更大一点的学生打交道,有学术气氛,很适合柴尔德;柴尔德也很高兴,因为他的好朋友伯特·伊瓦特(即赫伯特·维尔·伊瓦特)也于 1913 年收到奖学金资助,正在圣安德鲁学院就读。伊瓦特 1918 年仍住在那里,以完成最后一年的法律学习,最终毕业时他被授予头等荣誉和大学奖章。

住在悉尼大学很方便柴尔德参加城里的左翼活动和反征兵运动。1916 年,澳大利亚首相比利·休斯(Billy Hughes)尝试在澳洲实行征兵,这一议题使得工党(Labour Party)一分为二。澳大利亚工党(Australian Labour)秉持彻底反征兵的立场,他们的观点实际上也得到了那些志愿参军去海外服役者的支持。为此举行了两次全民公投,征兵的建议在两次公投中均遭到了多数选民的否决。而此时已经成为英国和澳大利亚极左一派眼中钉的比利·休斯,则通过联合自由派(Liberals)组建了一个新的政党——国家党(National Party),并在1917 年的选举中击败了澳大利亚工党,继续在台上掌握权力。直到1918 年早些时候,因为战争要为成千上万澳大利亚士兵的生命负责,征兵仍然是一个重要议题,各社会团体集会反对征兵,和平主义者和社会主义者也在同一杆大旗下联合起来。早在 1916 年,澳大利亚为免战争民主控制联盟(Australian Union of Democratic Control for the

Avoidance of War）就已经成立了，民主掌控外交政策、彻底废除征兵和强制军训，是该联盟主张的一部分。柴尔德是该组织的助理秘书，也是其中非常活跃的一员，但这将授悉尼大学当局以柄，成为他们将这位激进的学生导师赶出大学的借口。

1918 年复活节期间，由澳大利亚民控联盟召集，第三届州际和平会议（Inter-State Peace Conference）在悉尼的朋友礼拜堂（Friends' Meeting House）召开。来自不同和平组织的一百多位代表出席了会议，包括澳大利亚工党、朋友社（Society of Friends）以及一些贸易联盟。苏联驻澳大利亚总领事彼得·西蒙诺夫（Peter Simonoff）也出席了会议，大会通过了一项从他那里请求官方承认的提议。出席和平会议的包括一大批激进的左派成员，大会报告宣称："我们认识到，只有废除资本主义制度，才能保证正义的到来，才能彻底消除国际争端的根源。"柴尔德当然完全赞同这一观点，而且他也确实是大会的发言者之一。

大会闭幕不久，4 月底的时候，柴尔德参会的消息传到了圣安德鲁学院院长哈珀博士（Dr Harper）的耳朵里，哈珀博士又将此事告诉了悉尼大学的校长巴夫先生（Mr Barff），巴夫先生也拿柴尔德 1917 年 3 月写给澳大利亚高级专员的信给哈珀博士看，在这封信中，柴尔德清楚地表达了他对这场战争的看法。这让哈珀先生明确意识到校方不想雇用这位年轻的激进分子，不过这也让院长处在一个尴尬的位置上。他找柴尔德谈话，问他是否能预料到通过辞去学生导师职位将此事提交学院理事会讨论的可能结果；哈珀博士还谨慎地指出，除了柴尔德的政治观点之外，他没有发现柴尔德在完成本职工作方面有任何瑕疵。

这样的要求当然让柴尔德非常生气，不过他意识到这件事实际上哈珀博士也做不了主。稍作犹豫之后，他给院长写了以下这封措辞强烈的辞职信并以此抗议：

> 自从担任高级常驻导师一职——经您推荐，经学院理事同意——以来，我发现学校当局明显带着敌视的态度来看待我个人的政治观点。考虑到这一事实，我担心我在学院的位置可能会影响学院和学校的关系。因为我不愿意做任何伤害学院的事，所以如果您和院理事会认为我在现在的位置上任职期满会伤及学院，那我就准备提交辞呈，从 6 月 1 日或之后您认为合适之日起生效。
>
> 但这并不意味着我承认公立学校教师的个人政治或哲学观点导致其教学资格被剥夺是合理的，相反，因教师个人观点加以处罚，是对我们整个社会知识分子生活的最严重的威胁。
>
> 然而，我希望您和院理事会不会认为切断我和学院的联系是可取的，因为正像这封信所显示的，为学院服务是我的中心目标。如果不是这样，如果理事会希望我辞职，那么我只能提出，接下来学院应该至少将我的工资支付到 10 月 1 日。[1]

29

圣安德鲁学院理事会于 5 月 13 日就柴尔德辞职一事召开了会议。理事会接受了他的辞呈，也答应了他关于薪水的要求。柴尔德迅速解职一事，尽管也遭到了来自学院和学校的一些反对意见，但大多数人还是衷心拥护这样的处理方式。当时，公众多将"和平主义者"和"拒服兵役者"这样的词视为"支持德意志"和"叛徒"的同义语；格

1　致悉尼大学圣安德鲁学院哈珀博士的信（1918）。

伦因尼斯地方的一位读者在 1916 年 7 月 1 日的《悉尼先驱晨报》(*Sydney Morning Herald*)上写道："在我看来,每一名士兵步枪里的第一颗子弹应射向拒服兵役者。"在一战的那些岁月里,这样的情绪一点也不会令人感到异常,所以,在悉尼争取和平的努力中柴尔德所扮演的公众角色证明,他的做法还是需要相当大的勇气的。

当然,也有人对柴尔德的遭遇不乏同情,其中就包括与他同龄的新南威尔士州工党部长威廉·麦凯尔(William McKell)。他从一名锅炉制造工起家,最后干到澳大利亚总督的位置。在 6 月 27 日议会开会之前,他征求了公共教育部长的意见,最终还是搁置了议会就柴尔德事件的质询。尽管他认为,与学术能力测试相对的宗教和政治观点测试从未适用于悉尼大学的教师聘用,不过,他无权过问圣安德鲁学院的教师任命问题。

然而,这并不意味着柴尔德因其政治信念而遭受的困扰就这样结束了。早在 3 月份,悉尼大学曾非正式地考虑过聘用柴尔德为教辅课系的古代史教师的可能性,但决定在证明柴尔德的教学能力之前先不作推荐。那以后不久,地方工人教育协会为柴尔德设计了一门政治哲学的课,并请求当时教辅课的助理主任波特斯(G. V. Portus)对柴尔德的教学能力进行检查评估。7 月份,柴尔德正式申请了这一教学职位,为此,一个由悉尼大学员工和工人教员协会代表组成的教辅课系联合委员会得以组建并召开了会议。

会议结果却不是一个民主办事的好例子。G. V. 波特斯在会上汇报说,他试听了柴尔德所教的工人教育协会课程,并发现柴尔德是一位令人满意的教师。据此,委员会中除了一人反对,其他人都愿意投票通过这一任命。反对者是拉丁语助理教授托德(Todd),但他的反对意见遭到了工人教育协会代表和委员会主席弗朗西斯·安德森(Francis Anderson)的温和抗议——他抗议托德教授依据申请者的政治观点做决定。结果,委员会最终以六比一的投票结果通过了柴尔德的申请。但是柴尔德最终没有得到这个职位。原因是持不同意见的托德教授给悉尼大学校长、首席法官威廉·卡伦爵士(Sir William Cullen)写信表达了自己的反对态度。他强烈反对将大学教学职位授予一个在他看来思想与国家利益背道而驰的人,尤其担心一旦将这一职位授予柴尔德,就会给他机会向学生灌输他所持的政治思想。托德的请求引起了学校当局的警觉,结果大学理事会最后拒绝通过柴尔德的任命。

　　学校当局又一次赤裸裸的偏见行为,让很多人都颇为震惊,其中就包括 H. V. 伊瓦特——他当时是首席法官助理——以及新南威尔士州工党部长比尔·麦凯尔(Bill McKell,即威廉·麦凯尔)。麦凯尔和一位名叫史密斯(T. J. Smith)的先生再一次就柴尔德的事情质问了公共教育部长。史密斯先生写道:"柴尔德先生的学术履历令人肃然起敬,但悉尼大学理事会,作为一个理应由具有宽容之心和广阔视野的受过良好教育的人士组成的集体,却仅仅因为柴尔德先生的政治观点不被看作是正统思想,就拒绝通过他的教职任命。我对此很失望,因为这意味着柴尔德先生将离开本州另谋高就,而我们却失去了一个本应挽留住的人才。我们没有多少有特殊才干的人,尤其在考古学领域。我客观地研究过这个职位,一想到这样的暴行是由大学的理事会对这个国家的公民犯下的,就禁不住会义愤填膺。"[2] 公共教育部长向麦凯尔和史密斯先生提交了一份简短的备忘,很显然急于摆脱与此事的干系,声明这些行政决定完完全全是由学校理事会做出的。

　　柴尔德自己也以其独特的冲劲儿对校理事会的决定做出了反

2　*N. S. W. Parliamentary Debates*, 1918, 2nd Series, vol. 72, 1453.

应。学校当局一手促成的针对他的第二次事件激起了他的反击,他即刻给校长手书一封:

> 鉴于悉尼大学无视教师自由、无视学术荣誉、一味究于教授 31
> 和教师的个人政治观点,您现在可以如释重负地得知,之前我遗
> 嘱的密封部分所说的学校将据遗嘱获得约 2500 英镑的馈赠已被
> 取消,这笔财产将会被赠与一个更开明的团体。
>
> 悉尼大学系统性地尽力阻挠雇用自己培养的最优秀的古典
> 学学者凭其才华为本邦服务的行径,已经汇报给英格兰那些重
> 视教育价值的教育学家们了,他们享受教育自由,而教育自由正
> 是像西奇威克(Sidgewick)这样的人物为他们国家那些历史悠久
> 的大学所极力维护的东西。[3]

如果考虑到他在校长那里遭受的不公正待遇,我们就不难谅解柴尔德在信中所表达出来的自负的语气。信中所说的从他的遗嘱中获益的"更加开明的团体",正是新南威尔士州工党理事会,柴尔德特别指出这笔钱应用于教育宣传的目的,因此恰恰证实了威廉·卡伦爵士和托德教授的最恶毒的怀疑!

柴尔德遗嘱的改变预示他的生活迎来了一个转折点。他从英国返回澳洲的时候,希望能开始从事教育事业;如今他发现,因为自己坚持非正统的政治观点,教育这条路太难了,所以他决定将这一不利变成对自己有利的条件,即在社会主义政治领域找一份工作。悉尼大学理事会对他采取了不光彩的行动之后不久,他就离开本邦,到达了昆士兰州的布里斯班。之前,柴尔德在比尔·麦凯尔这位前锅炉制造工

3　致悉尼大学校长的信(1918)。

准备律师资格考试的时候对他帮助很大,因此麦凯尔希望能借着在政界帮柴尔德找一份工作的机会来报答他当年对自己的好心相助。他把柴尔德遭受困扰的那些令人遗憾的事情转述给他的朋友西奥多(E. G. Theordore),西奥多外号叫"红色泰德"(Red Ted),当时是昆士兰工党副主席,1919 年的时候,他接替瑞安(T. J. Ryan)成为州总理。西奥多成功地为柴尔德在州务院找到了一份文书工作,尽管这份工作只是处理一些日常事务,显示不出柴尔德的真实能力,但足以糊口。

柴尔德一到布里斯班就联系上当地的工人教育协会(Workers Educational Association,简称 WEA),该协会当时由能力出色的威瑟比领导。也是在这里,柴尔德结识了作家、社会主义者杰克·林赛,林赛当时正在昆士兰大学(University of Queensland)学习古典学,同时为工人教育协会作系列英语文学讲座。

柴尔德很快就和威瑟比熟悉起来,而且很喜欢他的为人。威瑟比是个传教士,一个与众不同的人。他从不与人谈论宗教,喜欢让那些令人尊敬的人感到吃惊。他身材瘦高,是个天生的教师,生来就有一种吸引大家对某一话题产生兴趣,并让大家保持谈论该话题热情的能力。他诚实正直,笃信做人的尊严和自由,从来不惮于根据新的情况修正自己的观点。杰克·林赛在他的自传中是这样描写威瑟比的:"他有一个小癖好,就是喜欢让那些颇受人敬仰且虔诚的同伴感到惊讶,比如忍不住在主教的饭桌上使用澳大利亚人常用的那个形容词——'血淋淋的'(bloody)——以极其贵族式的口吻,以及故意在这个场合才加上的慢吞吞的修饰音,说:'可以请您传给我那血—淋—淋—的果酱吗?'还有一次,他和两位女士在饭馆里就餐,实在感到无聊,于是索性钻到餐桌下读书。就这样,他总是率性而为,做自己喜欢、自己觉得合理的事,总是面带礼貌的微笑将习俗抛在一边。"[4] 林赛有一次在一次公众集会上听威瑟比的演讲,那次集会是由俄国革命的支持者们组织的,林赛写道:"这位微笑着的居高临下的英国绅士能如此强有力而且充满激情地表达自己,让我深感震惊。最后,当他成功地将俄国革命说成是人类社会的真正创举之后,他宣称:'我相信列宁,因为我相信基督。'"[5]

住在布里斯班的那几个月中,柴尔德有机会和朋友们一起探赏昆士兰州的美景。布里斯班南边五十英里的海边,矗立着高大的铃鼓山(Mount Tambourine),海拔 1800 英尺,位于该地区丰茂的热带雨林之间。在靠近山顶悬崖边缘的地方,威瑟比拥有一个位置险要的简陋小屋,从那里放眼远望,周边的美景一览无余。柴尔德和林赛常常去那里度周末,就政治和古代社会的相关问题进行长时间讨论。林赛发现柴尔德是一个非常有意思的朋友,在古代文明方面知识渊博,而且很善于耐心倾听朋友慷慨激昂地谈话,他后来回忆那段时光时写道:

> 他(柴尔德)总是耐心地听我滔滔不绝,偶尔纠正事实的细节,或者指出省掉的证据,或者点头同意,而且总能等到最好的时机和蔼地插进他令人生畏的评论,之后我就会意识到自己赤裸裸地暴露出了对古代希腊理解的肤浅。当时,要想登上山顶,如果没有车——拥有私家车几乎是不可能的——唯一的办法就是步行,穿过平地,穿过坡地,然后沿山路蜿蜒而上。我永远忘不了,有一天,当我们一起穿过围场,走完辙印纵横的公路,他一路耐心地听我啰啰嗦嗦地讲完我对伯里克利时期雅典(Periklean

33

---

4   Lindsay, J. (1958) *Life Rarely Tells*, 132.

5   同上,132。

Athens)的构想,接着,就在我们准备沿着两边爬满紫色西番莲藤蔓的山间小径向上攀登时,他推翻了我用精心选择的细节构建起来的关于古希腊社会及其内部斗争真正性质的整体图景。[6]

由于在澳大利亚学术界令人不快的遭遇,柴尔德将主要兴趣放在政治上,但他的朋友林赛却发现他内心深处的讽刺意味,包括他拒绝严肃地看待自己,而这也妨碍了他对自己的信念作出直接表述,林赛说:"记得他(柴尔德)当时只是个'戳破泡泡的家伙'(bubble-pricker),一个并不激烈的偶像破坏者,当他怀着讥讽的善意打破他人头脑中的幻象时,连他的眼镜也会着上一层狡黠的光芒。他可能是我所认识的最超脱的人,但人们自始至终都能感受到他柔和却很致命的嘲讽背后那暖人的核心。"[7]

杰克·林赛在 1919 年时所说的柴尔德身上的那种超脱的气质,也成为贯穿他一生的特质。尽管这两位朋友有不少共同之处,比如都非常喜欢山中远足,林赛却从未感觉到他们两人曾走得很近,他说:"我不肯定他是在保护这种超脱,把它当成抵御伤害的武器呢(因为他那颗过分敏感的心遭遇这个残酷的世界时难免会受伤),还是想打破这种超脱,但当他感受到从开裂的缝隙吹来的呼呼冷风时又停了下来。另外,我敢肯定,他可爱但怪异的长相,也是让他拒绝完全从内心走出来的一个原因。"[8] 对柴尔德的这种超脱气质的感觉,我们也可以在后来林赛为缅怀柴尔德而作的诗中看到(林赛的诗发表在他的《罗马埃及的日常生活》一书中;见本书《前言》)。

---

6   Lindsay, J. (1958) *Life Rarely Tells*, 135.

7   同上,135。

8   同上,135—136。

柴尔德在布里斯班待了不到一年,1919 年 8 月,他获得了一个需要担负更多责任的工作机会,即充当新南威尔士州工党反对派领袖约翰·斯托里(John Storey)的私人秘书。不过,柴尔德离开昆士兰州的时候,内心也并不是没有任何苦涩。1919 年 8 月 14 日,柴尔德申请了昆士兰大学古典学研究的一个讲师的职位,尽管这一次没有确切证据表明政治偏见对委员会施加了影响,但事实是,一名学术水平远比柴尔德差的候选人拿到了那个职位。一家地方工党报纸《标准日报》(*Daily Standard*)的记者对这一事件的实情毫不怀疑,便充分利用这个机会把昆士兰大学理事会曝了曝光,文章写道:

> ……理事会原本有机会雇用澳大利亚最优秀的古典学学者为其服务……但是柴尔德先生除了是一个博学的、我们昆士兰州不应该失去的学者以外,还与控制学校事务的反对派——尽管是工党政府——的政见不同。事实上,柴尔德先生是工党党员,是行会社会主义理论的支持者,通常来说也是具有进步思想的人士。尽管追求学术进步好像应该是大学办学的目的,但我们昆士兰州的学术机构竟然无视柴尔德高超的学术水平和素养,将他这样的人士拒之门外。
>
> 我们有足够的理由相信,当古典学系有了招聘教师的名额时,学校当局不是设法聘用柴尔德先生,而是偷偷做出安排雇用了另外一个政治方面少些争议的人,也就是说,当理事见面开会时,事情就早已安排好了。总之,在招聘一事上,他们想方设法把柴尔德先生蒙在鼓里。[9]

34

9　*Daily Standard*, Brisbane, 19 September 1919.

　　就这件事而言,不管真实的情况如何,在柴尔德看来,有一点是很清楚的,那就是他过人的条件和能力好像又一次在学校当局的眼里变得一文不值。所以他很高兴能有这个返回新南威士士州的机会,也很高兴自己能在政坛施展一番拳脚。

　　二十世纪初的时候,澳大利亚的工人运动被公认是国际上最进步的,尽管事实上这样的声誉多建立在提高生活水平、降低工作时间方面所取得的某些成功,而不是建立在工业组织的发达程度之上。不过,澳大利亚远远走在众多欧洲国家之前,发展出一种福利类型的国家社会主义,强调国家在解决工业纠纷时的仲裁作用。二十世纪初的左翼成员对澳大利亚的前途抱有很高的期待,希望澳大利亚能够发展成比英国还要有活力、更加平等的地区。但是,澳大利亚工党更激进的一派受到了诸多限制,包括其不少成员所代表的工业利益的限制、强大的天主教劳工运动的限制,以及其自身无法取得多数对宪法进行成功修改的限制等等。在威廉·休斯的领导下,澳大利亚工党成为帝国主义运动的一部分,当它蜕变成澳大利亚国家党的组成部分后,就变得更加温和了。

　　在斯托里秘书处工作的经验,让柴尔德有绝好的机会发现工党治理理论和实践之间的差距。他对澳大利亚政治的很多方面都极其失望,常常以戏谑的口吻跟他的朋友伯特·伊瓦特说:当个人信念与个人利益发生冲突时,工党党员们总以脱党的方式来解决这种冲突。"诚实的约翰·斯托里"政治上是个温和派,反对征兵,工作勤奋,责任心强。在秘书处工作期间,柴尔德也和 J. T. 朗(J. T. Lang)保持着密切的工作关系。朗是个更加有争议的工党人物,因为他体型庞大,有政治野心,所以人送外号"巨无霸"(Big Feller)。他后来曾两次成为新南威士士州工党总理,但最后于 1932 年被解职,原因是他不允许州政府偿还其债务的利息。

35

　　柴尔德的新工作的职责包括为斯托里撰写发言稿。斯托里1920年4月成为州总理,与一个不稳定的多数派组成了联合政府。在当年3月份进行选举的时候,斯托里将矛头对准国家主义政府的执政表现。这是一个非常有效的策略,因为国家主义者的领袖霍尔曼(Holman)当时被指责有腐败行为,已经成为新闻媒体追逐的反面目标。H. V. 伊瓦特后来回忆这次选举的时候写道:"斯托里幸亏有澳大利亚最好的学者戈登·柴尔德做他的秘书,斯托里每天发表的对国家主义政府的火力集中的辛辣评论,强烈暗示了是这位古典学家在充当其幕后智囊。" [10]

　　柴尔德作为新任州总理秘书,于1920年4月14日——也就是他二十八岁生日那天——正式履职,年薪394英镑,比他之前的工作多了82英镑。这意味着在这以后的几年里,他会比较深入地参与所有政治事件及政策制定。以典型的柴尔德作风,他对澳大利亚工党运动进行了深入研究,结果很快就出色地掌握了运动的结构及其历史。从1921年起,他着手写一本关于1900年以来劳工运动的政治和工业组织的著作,后来发表时题为《劳工如何执政》。他原本计划再写一本关于工党政府工作和政策方面的书,但始终没有动笔。

　　柴尔德给予了特别同情而且参与尤深的一个运动,被称作世界产业工人(Industrial Workers of the World,简称IWW)运动。世界产业工人联合会在1907年将工作拓展到美国之外,并开始在澳大利亚出现。这些组织最开始紧密依托社会主义工党(Socialist Labour Party),但很快就组建了自己的"地方组织"。世界产业工人运动的哲学基础是马克思主义和无政府主义,其最有建设性的贡献在于相信大一统工会(O. B. U.),而大一统工会的目标是向资本主义开战,并在取得

36

10　Evatt, H. V. (1945) *Australian Labour Leader*, 489.

胜利之后继续开展生产活动。柴尔德认为,"没有别的团体像世界产业工人联合会那样对澳大利亚整个劳工前景产生过如此深远的影响"。[11] 虽然世界产业工人联合会的会员人数从来就不是很多,但这群被称作"摇摆分子"的人所产生的影响,确实不像他们的人数所显示的那样微不足道,而是要大很多。尽管被宣布成非法组织,世界产业工人联合会在一战期间的反征兵活动中扮演了非常重要的角色,这期间柴尔德与他们有着密切联系。

1916 年 9 月,以他们在悉尼纵火未遂为由,世界产业工人联合会的十二名成员被以叛国罪起诉。根据线人的口供,"十二使徒"被重判,但后来真相大白,原来线人是受警方的教唆,做的也都是伪证。接下来的几年,发生了多起针对这次审判的抗议和示威活动;1920 年 11 月 17 日,柴尔德亲自起草了一份备忘录,呈给总理府常务秘书。工党政府答应过,如果委员会发现"十二使徒"果真属于蒙冤入狱,他们就会得到补偿。柴尔德建议斯托里向内阁提议解决这一早该解决的问题,但工党政府却拒不作为,这一暴露工党执政期间权力腐败的案例,后来在《劳工如何执政》一书中受到了柴尔德的尖锐批评。

柴尔德发现私人秘书的很多工作令人生厌,同时也很怀念自己在英国那个更有教养和文化的圈子里的朋友。1921 年 2 月 1 日,总理府重新调整调研宣传一职时,柴尔德被聘为调研官员,年薪 439 英镑。大约在同一时间,因为沉疴缠身,斯托里动身前往英格兰休养。斯托里也急于在海外宣传新南威尔士州工党政府的正面形象,为此尝试派遣柴尔德去伦敦在蒂莫西·科格兰爵士(Sir Timothy Coghlan)驻外代表办公室担任调研宣传员一职。大家觉得在伦敦当地需要这样一名官员,以纠正对新南威尔士消息的错误报道,并提供相关权威

---

11 (1964) *How Labour Governs*, 131.

信息;同时,这一职位也能够帮助州政府与英国、欧洲大陆和美国的立　37
法与科学研究的最新发展建立起联系。斯托里认为柴尔德适合这项
工作,便于 1921 年 4 月 14 日致电副手詹姆斯·杜利(James Dooley),
让他用几个月时间来安排柴尔德的任命事宜。与此同时,柴尔德赴各
区观览以熟悉州内情况及潜力,与其他各部保持联络,以确保他们想
要他在伦敦提供的情报。有一点柴尔德与斯托里的态度是一致的,即
澳大利亚劳工运动(Australian Labour Movement)应该与欧洲社会主义
运动和社会发展保持密切联系。柴尔德给他先前在牛津大学、现在在
日内瓦国际劳工局(International Labour Office)工作的朋友大卫·布
莱洛赫写信解释自己的新职务时说:

> 处理产业和社会问题将是我主要职责所在,因此一定程度
> 上会需要你们的帮助。我很可能会去日内瓦接触那边的事务。
> 我们部门已经去信订购你们办公室出版的"国际劳工评论"了。[12]

按计划,柴尔德将得到一切协助以开展他在伦敦的工作,工作的
任务之一,是准备关于新南威尔士州事务的内容在《每日邮报》(*Daily
Mail*)、《早报》(*Morning Post*)和《每日电讯》(*Daily Telegraph*)等伦敦
报纸上发表。总理府尤其担心英国报纸对澳大利亚的负面报道:英国
报纸提及澳大利亚时,似乎总喜欢使用让澳大利亚"丢脸"的材料,比
如旱灾、洪灾和犯罪等。在斯托里看来,柴尔德有一个使他尤其适合
这个职位的有利条件,那就是他熟练掌握多种现代语言的能力。因
此,柴尔德要通过法语、德语、现代希腊语和意大利语的阅读测试,他
还因掌握西班牙语而为人称道;他所具备的这些条件,让他理所当然

12　致大卫·布莱洛赫的信(1912)。

地得到了公共服务委员会(Public Service Board)的赏识。

约翰·斯托里 7 月份返回澳洲,开始紧锣密鼓地安排柴尔德赴任新职。根据安排,柴尔德先到新西兰惠灵顿,作为新西兰政府的客人在驶往伦敦的漫长路途中停留几天。肖－萨维尔－阿尔比恩班轮(The Shaw,Savill and Albion liner),即定于 10 月 15 日从惠灵顿起航的哥林多号(Corinthic),将载着柴尔德经合恩角和阿根廷抵达英国。之所以选择这条稍长的路线,是因为柴尔德对经过好望角的那条常经路线沿途的国家已经有些了解。1921 年 9 月末,柴尔德如期从悉尼驶往惠灵顿,这也是他整个航程的第一段。他想要接受一份调研员的新职,该工作的年俸增加到 525 英镑,而且靠近欧洲的博物馆和图书馆。但他的去程并不完全快乐,因为几乎就在他一离开澳大利亚的时候,坏消息就传进了他的耳朵:他的雇主、"诚实的约翰·斯托里"于 10 月 5 日因操劳过度离开了人世;他生前的副手詹姆斯·杜利当选为代总理,接替了斯托里空出来的位置。

04 转折点

1921 年 12 月 7 日,柴尔德在伦敦开始了他的新工作。不过,这份工作注定不会长久。在 12 月 20 日举行的新南威尔士州的选举中,杜利领导的工党政府败给了保守党支持者,后者在州总理乔治·富勒爵士(Sir George Fuller)的领导下掌握了权力。新的财务主管亚瑟·考克斯爵士(Sir Arthur Cocks)在作为保守主义者新官上任所烧的最初几把火中,就包括要求撤销柴尔德的职位,理由是这个职位政治色彩太浓,而且认为他所做的工作基本属于无用的重复。在其他人看来,好像很明显,柴尔德只是一个次要职位上的公仆,能力超强,足以胜任这份工作而已。柴尔德的朋友麦凯尔在澳大利亚为他打抱不平,其传记作家这样写道:"⋯⋯他(麦凯尔)认为考克斯做出的是卑鄙的小人行为,并在议会上予以强烈抨击。他说:'他(即柴尔德)是一名优秀的学者,能力无懈可击。他之所以被委以伦敦的职位,是因为公共服务委员会认为他适合这个工作。这个委员会的上上下下没有人能说出他们所任命的人的一句坏话,从他还是个孩子的时候起,就一直是个品行正直、受人尊敬的人。'"1

然而,麦凯尔的愤怒丝毫没有触动亚瑟·考克斯爵士,他根本不想把一名极左分子保留在自己的班子里,所以照旧取消了柴尔德的

1　Kelly, V. (1971) *A Man of the People: From Boilermaker to Governor-General*, 36.

职位。麦凯尔早先也给总理乔治·富勒爵士写过信为柴尔德求情，说
他是"无害的"，不过仍然不管用。1922 年 4 月 20 日，澳大利亚驻伦
敦代表告知柴尔德下个月离任。不过很明显，驻伦敦代表个人并不反
对柴尔德跟他一起工作，事实上，他确实征求过柴尔德的意见，问能不
能继续雇佣他做些次要一点的工作，即留任负责答复关于新南威尔
士州的一些问题。根据他的描述，柴尔德是个"非常博学且明显无
害"的年轻人，可能不存在保守主义政府眼里的"激进自由主义者"那
样的思想问题。柴尔德被解职的消息过早地被新南威尔士媒体捅了
出来，这促使住在温特沃斯瀑布附近那所叫作科罗内尔的大房子里
的父亲大人斯蒂芬·柴尔德牧师，给新任总理乔治·富勒爵士写了
一封信，信的内容下：

40

　　您能行行好告诉我关于犬子戈登被解职的原因吗？我的意
思是，他是否提前一个月或者更长一点收到被解职的通知？是不
是收到了回澳洲的返程船票或者类似的补偿？当然，我本人对您
内阁的做法丝毫不感到惊讶，因为我完全支持您和您的政党。但
戈登一直是个好孩子，一直慷慨地照顾他有病的姐姐，每个月都
从工资里拿出相当一笔钱照顾她的生活。我主要是为她考虑才
向您询问以上信息的，我想弄清楚他对姐姐还能照顾多久，因为
我女儿的生活严重依赖他的资助。
　　衷心祝贺您重返岗位，并对您任期成功表示良好的祝愿，
　　　　请相信我，您忠实的朋友，S. H. 柴尔德牧师 [2]

富勒的答复大致如下：被派往伦敦是应柴尔德本人请求的结果；

2　致乔治·富勒爵士的信(1922)。

工党政府在大选中被击败的结果出来以后,当时大家以为,他留在伦敦找一份合适的工作可能对他更好。因此,保守党政府认为没有义务像 S. 柴尔德牧师所建议的那样为戈登·柴尔德提供返程旅费。但事实上,后来新政府还是提出可以为柴尔德提供返程费用,但被他拒绝了,他不想占这个便宜。当时也有人建议继续雇用柴尔德在蒂莫西·科格兰爵士办公室服务,不过只能是临时雇用,且与他先前的职位相比薪水要少很多,但这一建议被新南威尔士公共服务委员会否决了。就这样,1922 年 6 月 4 日,柴尔德的雇用被彻底终结;而柴尔德也因对澳大利亚的政治彻底绝望,决心留在伦敦。此时他手头很拮据,尤其是如果(看起来很有可能)他还在继续寄钱给自己有病的姐姐,那么很快他就需要另找一份工作。

先前,当柴尔德在澳洲得知自己即将赶赴伦敦担任新职时,他即刻把这一消息写信告知他当年在女王学院读书时的同学罗伯特·乔利。乔利当时在伦敦准备律师资格考试,住在卡特赖特公园(Cartwright Gardens)附近的一家寄宿俱乐部,名叫布卢姆斯伯里家庭俱乐部(Bloomsbury House Club)。得知柴尔德要来,于是他也为自己的朋友在那儿弄到了一个房间。接下来的五年,柴尔德一直住在那里,在大英博物馆和皇家人类学院度过了许多时光。当时人类学家达里尔·福特(C. Daryll Forde)也住在卡特赖特公园,同样在利用附近的图书馆工作;他和柴尔德在那里结识并成了好朋友,后来还陪着他 41 去欧洲其他国家和地区旅行。

尽管他一直着迷于古代社会的研究,也因此花费了大量的时间,但此时的柴尔德仍旧希望能够从政。很快,他便重新与在劳工研究部的那些信奉马克思主义的朋友们取得了联系;虽然如今在那里他被看作是关于澳大利亚政治的一大权威,不过仍然不能为他提供一个有偿的工作职位。他现在与帕姆·达特和雷蒙德·波斯盖特见面的机会也少了,因为二者都成了于 1920 年成立的英国共产党(Communist Party of Great Britain)组织的成员,而柴尔德却不是。罗宾·佩奇·阿诺特也是早期共产党党员,此时是劳工研究部的领导,这个部最终成为共产党的非政府辅助机构。帕姆·达特和佩奇·阿诺特一直都是共产党党员,但没过几年,当初趁着布尔什维克革命之后的高涨热情入党的"年轻知识分子"当中,就有不少人又脱党了。不清楚柴尔德为什么没有加入共产党。无疑他大体上支持共产党的观点,而且总是说,从长远来看,共产主义才是人类的未来。他那些信奉共产主义的朋友们也总是把他看作是他们中的一员,而且终其一生,很多人都毫无疑问地把他当成一名共产主义者来看待。1942 年的时候,他在给一位朋友的信中写道,他"在通往正统马克思主义的过程中绕了很长一段弯路",这说明他早年的思想与共产党的路线相左。还有一种可能,就是他的反对意见针对的只是英国共产党,而英国共产党从未像欧洲其他地区的共产党那样有力量;1931 年柴尔德在给玛丽·艾丽丝·伊瓦特的信中说,他认为英国共产党"很没希望"。

位于杰拉德街(Gerrard Street)的 1917 俱乐部,是柴尔德与不少左派朋友见面的另一个地点。他和乔利都是该俱乐部的早期成员,柴尔德很高兴能常常在那里玩一两把桥牌。经常光顾俱乐部的有不少是当时的名人,或者在后来成为名人,比如拉姆齐·麦克唐纳德、布雷斯福德(H. N. Brailsford)、查尔斯·特雷维扬爵士(Sir Charles Trevelyan)、威尔斯(H. G. Wells)、阿道司·赫胥黎(Aldous Huxley)、罗斯·麦考利(Rose Macaulay)、约德博士(Dr C. E. M. Joad)、奥斯伯特·西特威尔爵士(Sir Osbert Sitwell)、莫雷尔(E. D. Morel)、埃尔莎·兰彻斯特(Elsa Lanchester)等人。道格拉斯·戈丁(Douglas Goldring)后来这样描写那里的场景:

1917 俱乐部所在的那所建筑位于索霍区杰拉德大街 4 号,那里脏乱而惨淡,在一般人的想象里,就像是布尔什维克和小偷之类耍阴谋者的窝点。俱乐部的房子,尽管约有两百年的历史,却毫无一所存在了两个世纪的建筑应有的那种庄严,似乎只是在强调,偷工减料的豆腐渣建筑在维多利亚时代还没有被发明。俱乐部的厨房在地下室;从一楼往上,一道窄小的楼梯通向楼上脏乱、简陋但有穿堂风的起居间和休息室;上楼梯时能闻到的强烈的猫尿气味,透露出这里是邻居的雄猫经常光顾之地。外面的大街,恐怕是索霍区最没有吸引力的那种,妓女和老鸨是常客,有好几家二流的外国餐馆;尽管如此,此地却名声在外,究其原因,最重要的恐怕是因为这里是梅伊克夫人(Mrs. Meyrick)著名的"43 号"夜总会的所在地。夜总会几乎就在 1917 俱乐部的正对面。深夜时分,夜总会里一些不那么爱惜自己羽毛的会员,经常会横穿大街来到对面,为的是喝最后一杯不那么正当的饮品。不过,一般来说,尽管 1917 俱乐部包容所有形式的革命激情,但主要还是那些胸怀政治理想主义、民主激情和真正进步思想者的家园。[3]

在这里,柴尔德首先结识了 J. G. 克劳瑟,克劳瑟后来变成颇负盛名的科学史普及作家,1924 年成为牛津大学出版社的技术代表。柴尔德在史前史领域的原创观点给克劳瑟留下了深刻印象,他后来编纂的于 1941 年出版的《科学的社会关系》(*The Social Relations of Science*)就是以柴尔德的观点为基础的。克劳瑟在自己的传记中写道:"柴尔德理解技术和科学因素在人类进化进程中的作用;从科学的观点来看,这使得他的史前考古学的观点尤其有意思。我曾向他问

3　Goldring, D.（1945）*The Nineteen-Twenties*, 145.

起过他的研究对象的社会意义,他说:打个比方,它告诉我们人类有非凡的生存能力。当人类还处于狩猎时期,有那么几个瞬间,一个相对来说较小的意外都可能导致人类物种的灭绝。人类生存所遭遇的危险是巨大的,而且重复发生。我们自身所处的现代社会所面临的危险看起来的确可怕,但在史前时期,我们的祖先所遇到的危险可能更多、更糟糕,但是他们都挺了过来。这就是为什么面对未来,人类应该充满乐观和自信。柴尔德思想观念的现代性和特殊性非常引人注目;这些观念对我都有很大影响。"[4]

柴尔德也曾向克劳瑟打听出版界有没有什么工作机会。1922 到 1924 整整两年间,他在完成《劳工如何执政》一书并继续自己考古学研究的同时,都在寻找可以谋生的工作机会。到达伦敦后不久,他就给自己在牛津大学读书期间认识的老朋友、当时正在日内瓦工作的大卫·布莱洛赫写信,向他解释自己的处境:

43

新南威尔士州接替杜利工党政府上台的极端反动政府不需要我代表工党提出的州保险银行(State Insurance Banks)或家庭工资(Family Wage)计划,当然也不需要像我这样资深的工党党员,这一点,其实他们已经卑鄙而迫不及待地通过电报向我暗示过。这就迫使我找一份工作,因为我不是特别想现在就返回澳洲——那里本就是一个血腥的国度,当下尤其看不到任何希望。

你不觉得日内瓦非常需要一个人来帮助他们熟悉和了解澳大利亚在社会立法等方面的经验吗?[5]

4　Crowther, J. G. (1970) *Fifty Years with Science*, 20.
5　致大卫·布莱洛赫的信,日期不明。

但是布莱洛赫没能帮自己的朋友在国际劳工局谋得一职。这期间,柴尔德于 1922 年 8 月底参加了由劳工研究部组织的在靠近斯卡伯勒(Scarborough)的克劳顿(Cloughton)地方举办的夏校。在这里他度过了快乐的两星期,白天打网球、散步,晚上听讲座。拉贾尼·帕姆·达特和他的弟弟克莱门斯(Clemens)都参加了夏校,一起来的还有其他一些朋友,比如雷蒙德·波斯盖特、G. D. H. 科尔和玛格丽特·科尔夫妇、拉斯伯恩(H. P. Rathbone)、莫里斯·多布(Maurice Dobb)和 J. G. 克劳瑟等人。乔治·伯纳德·萧(George Bernard Shaw,即萧伯纳)、H. N. 布雷斯福德和查尔斯·特雷维扬是夏校的演说者。柴尔德自己就大一统工会做了演讲,其观点赢得了世界产业工人联合会的赞同。J. G. 克劳瑟后来写道:"劳工研究部组织的夏校期间讨论很活泼,但娱乐活动更是有趣,大家都合作得很默契:萧伯纳朗读了他的剧作《奥弗莱厄蒂》(O'Flaherty)和《V. C.》,其中的爱尔兰口音和爱尔兰思维模式以及爱尔兰人和英国人对待彼此的态度,给人留下了无比深刻的印象。科尔夫妇花了几个晚上创作讽刺滑稽剧,剧中还暗伏了影射某些夏校成员的癖好或瑕疵的线索。"[6]

从约克郡返回不久,柴尔德便应邀去了维也纳(Vienna),到那里的自然历史博物馆史前部(Prehistoric Department of the Natural History Museum)对一些尚未发表的材料进行考察和分类。接下来几年他还会去那里很多次,都是为将来研究的发表搜集材料。柴尔德已被公认为非常有前途的史前史学家,只是当时这一声誉还不能为他赢来一份工作。9 月 22 日,离开维也纳的前一天,他写信给布莱洛赫说:"我一直忙于找工作,但是至今一无所获;同时也一直忙于摆弄史前的东西,虽然没有财力支持却相对成功。"

6　Crowther, J. G., *op. cit.*, 20.

在维也纳期间,柴尔德住在自然历史博物馆助理主任马尔博士
44 (Dr Mahr)的家里,因为这样便可以省下住旅店的钱。他还应邀去查
看从布科维纳的希佩尼茨(Schipenitz in Bukowina)遗址发现的材料,
布科维纳地区发现的新石器时期彩陶被认为与爱琴海文明有关联。
柴尔德从不会延迟发表自己的研究结果或假设,他对在希佩尼茨所
发现材料的叙述也是这样,1923 年就出现在《皇家人类学研究所学
报》(*Journal of the Royal Anthropological Institute*)上,还附有他手绘的
一系列蹩脚的插图——他本人也承认自己缺少对视觉艺术的欣赏能
力。同时,他也利用一切机会参观过中欧其他地方的博物馆,尤其是
捷克斯洛伐克和匈牙利的博物馆。旅行中,他发现欧洲的同事在极其
艰难的环境下劳作,尤其艰难的是战后货币的贬值。柴尔德很仗义地
撰文反映他们的困境,并引起了英国考古学家的注意;文章发表在
1922 年 8 月出版的《人类》(*Man*)杂志上。他写道:

> 维也纳博物馆的处境非常之险恶。自然历史博物馆无疑包
> 含着目前中欧最有代表性的史前器物收藏,但现在政府的破产
> 导致了博物馆活动的瘫痪。以当下货币计算,政府的拨款几个礼
> 拜就用完了。相对高昂的工资支出使得正常的发掘无从谈起,更
> 多的考古学刊物只得延期出版……事实上,博物馆自身被逼以
> 售卖照片和复制品勉强维持下去。比如说,那些从希佩尼茨或莱
> 巴赫(Laibach)出土装饰瓶的模型做得好极了,甚至到了以假乱
> 真的地步……但尽管如此,博物馆的大门依旧免费向公众敞开,
> 每周开放三天,坚持接待大批涌入的参观者。[7]

---

7 (1922) The Present State of Archaeological Studies in Central Europe, *Man*, 22,
119.

　　柴尔德也让英国考古学家注意到两位中欧同事的死,一位是赫尔内斯(Hoernes)教授,另一位是帕利亚迪(Palliardi)博士。雅罗斯拉夫·帕利亚迪(Jaroslav Palliardi)对柴尔德尤其重要。帕利亚迪的职业是公证员,但他花了三十年时间研究他的出生地摩拉维亚(Moravia)地区的史前史,可他的研究只发表了一部分,而且大部分还是用捷克语。他在新石器(Neolithic)和铜石并用时代(Chalcolithic)遗址上做过很多发掘工作,还曾在有名的多瑙河文查遗址(Danubian site of Vinča)协助米洛耶·瓦西茨(Miloje Vassits)开展工作。因为他个人拥有一批著名的摩拉维亚古董藏品——包括来自兹诺伊莫(Znojmo)的彩陶——以及对这些收藏的无可匹敌的知识,他的死所造成的损失就显得尤其重大。帕利亚迪去世后的第二年,柴尔德去参观了他的收藏,藏品当时临时寄存在位于莫拉夫斯卡-布德约维采(Moravska Budejowice)的旧公证处后面的三间房子里,由帕利亚迪的朋友及同行、收藏家威尔多麦克(Vildomec)照看。帕利亚迪根据地层建立起来的摩拉维亚南部地区的陶器类型序列,成为柴尔德在《大口杯的使用者何时来到?》("When Did the Beaker Folk Arrive?")一文和1925年出版的《欧洲文明的曙光》(*The Dawn of European Civilization*)一书中提出的多瑙河四期说的基础。

　　到1922年末的时候,柴尔德的经济状况开始有了一些好转。1922年11月的大选中,罗伯特·乔利的朋友约翰·霍普-辛普森(John Hope-Simpson)当选为汤顿地方的自由党议员。霍普-辛普森急需一名兼职私人秘书帮助他开展工作,但是乔利本人无法担任这一职务,所以推荐了柴尔德——他之前的经验让他成为这一位置的绝佳人选。最后,柴尔德不仅成为霍普-辛普森的兼职私人秘书,而且同时担任了其他两名议员的兼职私人秘书。这份工作让柴尔德有了些微收入。工作一直持续到1924年10月的大选。

柴尔德所服务的另外两名议员中,有一位是离经叛道的律师,名叫弗兰克·格雷(Frank Gray),1922 年当选为牛津市自由党议员,直到 1924 年因被诉存在对选举经费的非正常花销而失去其议员席位。弗兰克确实是个人物。他不像自己的父亲沃尔特(Walter)那样白手起家成为牛津保守党的中坚力量。他不认为自己完全属于体面社会,所以后来成功地把自己伪装成流浪汉、失业的沃里克郡(Warwickshire)矿工,亲自体验到下层人的生活境况。他和莫里斯(W. R. Morris)——后来的纳菲尔德勋爵(Lord Nuffield)——在让公共汽车取代牛津的马拉有轨车这一过程中发挥了重要作用。据说,他真的一眼就能认出牛津市任何一个出现在他面前的人。格雷和柴尔德有不少共同之处。格雷在战争期间所服的兵役(他曾拒绝接受任命)改变了他的世界观,此时他敌视阶级特权。与柴尔德的朋友们一致,格雷也坚持德国并非一战中唯一的战犯,1918 年他作为沃特福德(Watford)地区的自由党候选人,坚决反对“吊死皇帝”(Hang the Kaiser)的口号。1922 年的选举中,牛津市没有工党候选人,但弗兰克·格雷宣称他是工党的朋友,结果最终以绝对优势从保守党那里赢得了席位。

在不景气的岁月里,柴尔德掌握多国语言的才能再一次让他站稳脚跟度过了凶年。因为他的语言才能,所以通过为凯根·保罗-特伦奇-特鲁布纳公司(Kegan Paul, Trench, Trubner and Co.)的出版人做翻译,他也能挣到一些外快(后来,这家出版公司出版了好几本柴尔德自己的著作)。他还独立翻译了一些法语、意大利语和德语著作,比如莫勒尔(A. Moral)和戴维(D. Davy)的《从部落到帝国》(*From Tribe to Empire*),1926 年出版;莱昂·奥莫(Léon Homo)的《原始意大利》(*Primitive Italy*),1927 年出版;博罗夫卡(G. Borovka)——列宁格勒赫米蒂奇博物馆的斯基泰古迹负责人(Scythian Antiquities at the

Hermitage Museum at Leningrad)的《斯基泰艺术》(*Scythian Art*),1928年出版。更进一步,柴尔德还在二十世纪二十年代中期为伦敦大学经济学院(London School of Economics)临时讲过课,也能挣到一些钱。在那时,他已被聘为皇家人类学院的图书馆员。1923—1925 年间,皇家人类学院的院长是塞利格曼(C. G. Seligman),塞利格曼是伦敦大学经济学院的人种学教授,当时身体不好,所以柴尔德被请来代他上课,在 1926 年秋季学期兼职教课。他教了一门"史前与早期人类"的课程;教课实践对他来说很有好处,因为当时他正是爱丁堡大学阿伯克龙比教授职位的候选人。他的课很受学生欢迎,所以在 1927 年的春季学期,他又被请去讲了四次关于"新石器和铁器时代"的课,包括爱琴海文化、琥珀贸易、欧洲大陆青铜时代、铁器的引入以及不列颠群岛的特殊问题等内容。

他的第一本书——《劳工如何执政》——在 1923 年的出版,也让他得到了一定的收入。柴尔德 1921 年底返回英国的时候,他发现那里的政治环境与他刚刚离开的澳大利亚多少有些不同。劳埃德·乔治(Lloyd George)于 1918 年组成的第二届联合政府,曾被指望能够巩固战后的和平;劳埃德·乔治本人也有战后重建以及社会立法的伟大计划,有着让英国成为"适合英雄生活的土地"的雄心。但随着工党掌权可能性的增大,组成联合政府的自由党和保守党也变得愈发不安。1920 年,温斯顿·丘吉尔(Winston Churchill)曾有一句著名的评论:"工党不适合执政。"然而,联合政府解体之后,当 1922 年 11 月依照博纳法(Boner Law)召开新议会之际,人们发现工党的选票几乎翻了一番,在下议院增加了 67 个代表席位。

正是在这样的背景下,人们看到了《劳工如何执政》的意义所在。本书由设在伦敦的工党出版公司出版。这家公司成立于 1920 年,属于劳工研究部的分支机构,接管日益费时的劳工研究部及其相关书籍的出版工作。该公司的第一个董事会由兰登·戴维斯（B. N. Langdon Davies）领导，戴维斯由劳工研究部领导层提名，他本人也属于劳工研究部领导层，也就是说，劳工研究部实际上掌控了出版物的选择。尽管柴尔德的书出版了，有些工党成员实际上却是持反对态度的，因为他们觉得该书的出版不会对工党的事业起什么作用。书中包含了对澳大利亚东部劳工运动的组织结构以及某些成员的尖锐批评，这大概就是柴尔德无法在澳洲找到出版社出版该书的原因。事实也的确如此，对这些方面的强调，使得该书显得有些离题，而对于一般性党政的充分讨论，书中基本上付之阙如。

取而代之的是，柴尔德在书中集中论述了处于国会议员和工业活动家之间的劳工运动内部的权力斗争，讨论了工党领袖的腐败，讨论了频繁发生的"走狗"行为。柴尔德所见证的澳大利亚劳工政治，恰恰是劳工政治最黑暗的几个历史时期之一，而他在书中也毫不掩饰自己对劳工政治的失望。他认为，工党执政之所以失败，与工人阶级队伍里的一些人试图参与议会体制有关，而议会体制是由上层阶级创立并为他们自己的需要服务的。他尤其批评了工党领袖们经不住钱权诱惑，因而背弃选民和党的利益的倾向。这一倾向在柴尔德看来是难以避免的，因此有好几次他都不同意 H. V. 伊瓦特认为澳大利亚有可能实现真正社会主义的观点。《劳工如何执政》一书中所记的柴尔德亲历的这些事，以及其他很多事情，大大增加了该书的叙事力度。最能体现他的失望之情的莫过于该书的结尾一段——这一段上承对改革澳大利亚大一统工会而付出的徒然努力的叙述——他说：

工党原本由一群富有雄心壮志的社会主义者创立，但因为它蜕变成了追逐政治权力的巨大机器，除了知道用于谋取个人利益之外不知还能如何使用手中的政治权力,所以大一统工会(O.B.U.)十有八九会变成歌颂有限的几位老板的机器。这就是所有澳大利亚工党组织的历史。造成这一结局的,并不是因为这些组织是澳大利亚的组织,而是因为它们是工党组织。[8]

有意思的是,尽管《劳工如何执政》充满尖锐的批评,但正是通过它,戈登·柴尔德的名字才被澳大利亚人记住。后来,在二十世纪五十年代,有一次他与一位澳大利亚历史学家讨论这本书,他对后者对该书的夸赞一笑置之,并评论说,他"自打写了那本书之后,又学了不少关于历史以及关于如何应用马克思主义观点的知识"。[9]尽管柴尔德后来把他的第一本书,即《劳工如何执政》,看成是自己青年时代的欠成熟之作,但它仍然是一部反映澳大利亚二十世纪前二十年左翼工人运动的极具穿透力的作品,而且直到今天,在关于工党历史的书写之中,它都仍未被超越。

尽管缺钱,但只要机会许可,柴尔德仍然设法继续访问中欧和东欧的博物馆。他发现,在战后的那些年,如果兜里揣着的是英国货币,几英镑就能让他旅行到很远的地方。1923 年 5 月,他利用议会复活节休会的时间,访问了瑞士的洛桑、伯尔尼和苏黎世,通过记录那边博物馆里的文物,以熟悉该地区的史前史。当时,根据自己的广泛阅读和个人观察,他正集中精力书写一部综合性著作。罗伯特·乔利后来回忆他和柴尔德长时间枯坐于布卢姆斯伯里家庭俱乐部学习室的场景:乔利自己准备律师资格考试,而柴尔德,戴着一片巨大的绿色眼遮

8　(1964) *How Labour Governs*, 181.

9　Gollan, R. (1964) Review of *How Labour Governs*, 2nd edition. *Labour History*, 7, 61.

用以滤光护目,忙于书写他的《欧洲文明的曙光》。

虽然柴尔德长时间保持自己与政界和考古学界两边的联系,但随着时间流逝,他越来越被历史研究所吸引。1923 年,他加入了皇家人类学研究所;1924 年,他去古物学会做了关于英国大口杯(British Beakers)的演讲。事实上,他对政治和考古的喜爱这两大兴趣是互补的,因为他对探索历史上和生活在当下社会背后的力量都一样着迷。据杰克·林赛在布里斯班对柴尔德的观察,柴尔德有一种禀赋,这种禀赋使他在某个层面上对问题感触深刻的同时,又能在另一个层面上保持超脱。对古代社会的研究,为他提供了充分发挥自己聪明才智的领域,而揭示史前社会的真相,对他来说也就是揭示形成人类自身的基本力量和活动的真相;只不过,讲述远古人类的故事可以不带个人感情色彩,因此某种程度上他能保持超脱的口吻,而在对待更晚历史时期的事情——包括他自己所处时代的政治——时,他可能无法做到这一点。

此时柴尔德对工党的执政表现依然感到悲观,这一点,在他 1924 年发表在帕姆·达特主编的新杂志《劳工月刊》(*Labour Monthly*)上的一篇文章里能够清楚地看到。文章的题目是《工党州长会见其金主》("A Labour Premier Meets his Masters"),讲的是澳大利亚昆士兰州工党政府的发展,柴尔德本人曾在那里作为低级官员工作过很短一段时间。当时西奥多领导的工党政府需要一笔贷款,而这个时候问题就来了:要想从资本家那里得到贷款,西奥多政府就必须接受资本家的条件,撤回对工人阶级选民的承诺。根据柴尔德的说法,最后西奥多果真缩小了"他的内阁,而西奥多自己也沦为为资产阶级服务的马屁精"。[10]

49

---

10 (1924) A Labour Premier Meets His Masters. *Labour Monthly*, 6, 285.

　　1925 年,柴尔德幸运地成为皇家人类学研究所的图书管理员,这在当时的英国是一个非常罕见的与考古学有关的工作职位。他之所以能得到这个职位,毫无疑问与他在牛津的导师 J. L. 迈尔斯的推荐有关,迈尔斯是皇家人类学研究所的成员,当时在所里非常活跃。他的任命受卡耐基英联邦信托基金(Carnegie United Kingdom Trust)经费的资助,而这笔经费又与研究所的图书馆支持通过中央图书馆(Central Library)向学生借书的计划有关。柴尔德在图书馆负责书目工作,其他国家的图书馆之所以能够保持与皇家人类学研究所的长期合作,与他和其他欧洲国家史前考古学家的个人联系是分不开的。在为研究所图书馆服务的两年时间里,柴尔德为图书馆开创了史前考古学杂志的出色收藏,并且打那儿以后他本人始终保持着对该图书馆的密切关注,终其一生都是它的委员会和执行委员会成员。

　　在皇家人类学研究所工作期间,柴尔德成为当时英国考古学界众所周知的人物,尽管当时的人类学家还远没有今天这么多。1925年,他与克劳福德(O. G. S. Crawford)——后来成为他一生中最亲密的朋友之一——第一次见面。克劳福德比柴尔德年长五六岁,当时是英国政府陆地测量部(Ordnance Survey)负责考古的官员,后来他在那个位置上一直干到 1946 年。一战期间,克劳福德作为观察员和摄影解说员获得了大量航拍的经验;在后来的岁月里,他基本上负责了将航空摄影发展成一项考古技术的工作。1928 年出版的著名的《航拍韦塞克斯》(*Wessex from the Air*),就是以克劳福德和亚历山大·凯勒(Alexander Keiller)在 1924 年两个月时间里拍摄的 300 幅考古遗址照片为基础写成的。克劳福德也是第一个完全支持对史前遗址的分布进行勘察制图的人。柴尔德和克劳福德这二位作为朋友,除了在史前考古共同兴趣方面有着互补关系(克劳福德受过地理学的训练,柴尔德受过古典学的训练),两人也都信仰马克思主义哲学。或许因为存 50

在这样的共同之处,所以好像克劳福德还成了少数几个柴尔德觉得可以与之自由交换思想的朋友之一;他与克劳福德多年的书信往还,与给其他很多朋友的信件内容相比,很明显看出他不是那么小心地斟酌词句,且内容也较为私密;克劳福德也是如此,两个人似乎都相信可以无所顾虑地向对方表达自己的观点;而且,两人都是早期外着短裤以及其他非传统服装的先驱。

英国有名的田野考古学家 R. E. 莫蒂默·惠勒(或者像他的朋友们那样称他为里克[Rik]),当时担任了伦敦博物馆的负责人兼秘书,正好也在伦敦。他和妻子泰萨(Tessa)梦想成立一个考古研究所,因此,他早先便从威尔士(他曾在那里担任国家博物馆主任)来到伦敦,为这样一项史无前例的事业做些前期工作。到后来惠勒夫妇的这项计划终于成功实施的时候,将会给柴尔德的学术生涯带来不小的影响,因为二战之后柴尔德受雇于伦敦大学考古研究所(London University's Institute of Archaeology),即惠勒夫妇此时计划实施的成果,担任研究所主任长达十年之久。然而在 1920 年代中期,当时考古技术和考古教学都还处于比较原始的阶段,要想成立一个考古研究所,还有许多准备工作要做。大约三十年后,惠勒在自己的传记《仍在挖掘》(Still Digging)中回忆当年的考古学发展水平时说:"那时候(即二十世纪二十年代中期),古物学会副会长会在发表真知灼见时评论说,他'同意惠勒博士注意地层学方面的建议,无论处理何种材料,地层学是一个需要服从的有用原则'。这一观察所传达的朴实的话外音是颇为自明的。"[11]

当年去伦敦博物馆做研究的时候,柴尔德就已经与也在那里做研究的托马斯·肯德里克(Thomas Kendrick)混熟了。肯德里克 1925

---

11   Wheeler, R. E. M. (1955) *Still Digging*, 87.

年出版的《斧子时代》(*The Axe Age*),与柴尔德的《欧洲文明的曙光》
一样,介绍的都是大家所说的欧洲史前史的"短期"年表。1925 年也
是柴尔德开始受雇于皇家考古研究所图书馆的那一年,肯德里克后
来回忆说,他还记得柴尔德得到那个工作时的自豪之感,年薪 750 英
镑呢,他当时还不知道怎么处理这么一大笔财富。他在皇家考古研究
所的职位与其薪水非常相配,当然与此前几年近乎赤贫的状态形成
了鲜明对比。柴尔德的母亲留给他的那笔钱的去处不怎么清楚:他或
者是在澳洲追求自己的政治理想时就把那笔钱花掉了,或者是已用   51
于自己在国外的旅行。将钱用于学术或政治目的,可能也适合柴尔德
的社会主义信仰。有一点是可以确定的,那就是 1920 年代早期住在
布卢姆斯伯里家庭俱乐部的那些年里,柴尔德一直生活在近乎赤贫
的状态之中,他的好友罗伯特·乔利有时甚至担心,这位过于节俭的
学者在完成他关于欧洲史前史的巨著之前,会因长期处于半饥饿状
态而早夭。

　　幸运的是,事情没有像乔利所担心的那样发展:1925 年,柴尔德
在他卡特赖特花园大街的寓所里写就的综合性著作《欧洲文明的曙
光》出版了。该书的出版几乎一夜之间奠定了柴尔德的学术地位。
他的这一部书,以及后继出版的《雅利安人》(*The Aryans*),都是在凯
根·保罗-特伦奇-特鲁布纳公司的文明史(History of Civilization)系
列丛书里出版的。这一雄心勃勃的系列丛书,包括了英、美、法等国著
名学者的著作,为的是通过这种努力建立起关于社会进化的完备图
书体系。该书的主编为奥格登(C. K. Ogden),奥格登是基本英语
(Basic English,一种基于英语简化版本的人造语言)的创始人,也是
柴尔德多年的好友。《欧洲文明的曙光》(有时也简称作《曙光》)检
视了整个欧洲的区域性文化证据,将散见于许多不同国家博物馆和
古代遗址上的材料汇集到一起,第一次将欧洲史前史作为一个整体

进行考察。后来柴尔德在他自传性质的《回顾》("Retrospect")一文中写道:"《曙光》一书旨在从考古遗存中提取传统政治军事史的无文字的替代品,这一替代品以文化而不是以发言人为演员,以移民而不是以战争为主线。"[12]

要想真正理解柴尔德第一部考古学著作的重要性,我们需要提醒自己,在1925年的时候,考古学仍然被普遍地看作是有钱人的业余消遣。全英国只有剑桥大学设有一个考古学教授的职位;与此相应,自然很少有人受过考古学方法和知识方面的训练。而且,除了伦敦的大英博物馆(British Museum),当时也没有其他博物馆会关注超越地方性考古文化的主题。在柴尔德之前,唯一可知的对欧洲考古研究做过总结性尝试的,是德切莱特(Déchelette)的《考古学手册》(*Manuel d'Achéologie*),其中的史前史部分于1908年发表。

《曙光》一书尤其引人注目的一点是,其作者柴尔德与他那个年代的很多人一样,实际上是自学成才的考古学家。他本来是一位古典学家,对哲学和语文学感兴趣。当然,他也有幸能进入牛津受到迈尔斯和伊文思的影响,他们二位都尝试从更广的视角来看待英国史前史。但更主要的恐怕还是他本人的广泛阅读和去欧洲大陆各大博物馆考察的个人行为,让他不再把欧洲当成人为分割成的众多区域来看待,而是通过研究不同文化间的相互关系,将欧洲史前史当成一个整体来理解。另外,身为一个澳洲人可能也有助于他将欧洲看成一个地缘整体,使得他更关注欧洲的自然特征而不是当代的政治地理界线。

《曙光》一经出版,人们也立刻意识到它作为一部参考书的重要性:除了柴尔德,当时英语学界还没有其他任何人曾如此努力地为史

52

---

12   R, 70.

前史学家搜集到如此丰富的材料。但《曙光》不仅仅是一部参考书，柴尔德应该是史前史学家中最早使用模式来解释所有考古证据的一位；也是因为他的缘故，英国史前史学家的主体接受到从国外知识体中演化来的许多概念，比如说考古学"文化"的概念。

《欧洲文明的曙光》包含了不少柴尔德将倾其一生致力研究的主题。在该书 1925 年版的前言部分，柴尔德表示：

> 我考察的主题是作为人类精神特殊和个体化身的欧洲文明的基础。[13]

他认为欧洲人对于他们从东方接受的遗产反过来也有贡献；在《雅利安人》一书中，他试图展示这一反馈是如何发生的；不过，对于这一问题，他直到接近生命的尽头时才找到了令自己满意的答案。他认为，根据文化传播论的观点，文明从近东（Near East）传播到野蛮的欧洲；这也是英国史前史学家的传统观点。

到十九世纪末期，更多文明和文化得到发现，史前史学家和历史学家开始密切关注文化交换的机制——产生社会变化的途径——问题。传播，即文化从源点（通过人群的移动、贸易或模仿）开始扩散到其他地方，从而导致思想和技术的快速传播，被认为在人类社会发展过程中扮演过重要的角色。然而，有些学者——其中较为著名的比如澳大利亚解剖学家格拉夫顿·艾略特·史密斯爵士（Sir Grafton Elliot Smith）——拒绝相信历史上任何主要发明会多次发生，坚信所有发明都从单一源头演化而来，而这一单一源头就是古代埃及，所有发明都是从那里由"太阳之子"扩散到世界其他地方的。这一著名的狂热传

53

13　（1925）*The Dawn of European Civilization*, xiii.

播论学派,盲目信奉"东方之光"(ex Oriente lux)的理论,四处诋毁柴
尔德和其他学者所持的温和派传播论思想,因为只要有证据显示,持
温和传播论一派的学者总是愿意接受同一发明可在不同的时间和地
点独立产生的可能性。

1925 年前后,"东方主义者"(Orientalists)和"西方主义者"
(Occidentalists)之间爆发了激烈的争论,后者认为欧洲史前史的发明
是一个自足的过程。当时,大家普遍认为演化与传播相互排斥,尽管
柴尔德屡次指出这种简单的二分法是错误的。"西方学派"的主要支
持者古斯塔夫·科西纳(Gustaf Kossinna)也是传播论的坚决捍卫者,
尽管他没有把史前欧洲文化中的渐进因素解释成"太阳之子"传播的
结果,但他将其归功于印欧人或者雅利安人的创造。柴尔德 1925 年
出版的《欧洲文明的曙光》对东方传播论和欧洲文化独立进化论这两
种说法进行了调和。他强调俄罗斯南部使用战斧的入侵者对欧洲文
明的贡献,认为这些入侵者防止了中欧文化的停滞。他认为东方文化
通过两条主要通道对欧洲文化施加了影响:一条沿着地中海和大西
洋沿岸,另一条则通过多瑙河河谷。他在 1956 年出版的《欧洲社会史
前史》中,还比较充分地讨论过第三条通道,即经过阿尔卑斯山脉的
琥珀之路。1925 年版的《欧洲文明的曙光》强调了海岸沿线的重要
性,柴尔德将伊比利亚文明(Iberian civilization)的兴起看作是来自东
方的势力殖民的结果;但在 1927 年版的《欧洲文明的曙光》中,他将
航海者的角色降为次要地位,同时认识到多瑙河通道的至高地位。

柴尔德的《雅利安人:印欧起源研究》(The Aryans: A Study of
Indo-European Origins)于《欧洲文明的曙光》出版的次年 1926 年出
版。这两部著作应该放在一起来研究。《欧洲文明的曙光》处理的是
从东方传播到欧洲的物质文化,而在《雅利安人》一书中,柴尔德展示
了印欧语人是怎样利用来自东方的馈赠发展出独特的欧洲文明的。

这些主题可以上溯到哈罗德·皮克(Harold Peake)的《青铜时代与凯尔特人的世界》(*The Bronze Age and the Celtic World*)一书,这本书有可能对柴尔德产生过影响。

柴尔德在《回顾》一文中回头看自己的研究时写道:"像古斯塔 54
夫·科西纳一样,我也是从比较语文学走进史前史领域的;我开始研究欧洲考古学时,是希望能够发现印欧人文明的摇篮,希望能辨识出他们最初的文化。"[14]为此,他曾在牛津大学文学学士论文中就已知材料进行过探索,但现在,他的《雅利安人》一书包含了关于古代东方和欧洲——尤其是希腊——文明的新发现。长期以来,比较语文学一直是公认的研究文明起源的有效工具,至少为考古学提供了可资检验的假设。《雅利安人》一书所讨论的,就是根据语文学所得出的关于印欧人起源的各种理论,使用考古证据对这些理论进行检视。

柴尔德还在研究中试图解释欧洲文明的独特性,他曾说:"有利的气候条件,特殊的自然资源,即使再加上便利的贸易路线,这些都还不足以解释这一现象;这一现象背后隐藏着真正的个人能动性的历史事实;而这并非考古学所能理解的……"[15]这一解释与马克思主义学说无关,而是地地道道受历史"伟人"(Great Man)理论的影响所致,后来柴尔德在1947年出版的《历史》(*History*)一书中明确否定了自己的这一观点。很明显,在他的脑海里,他看重的与其说是"伟人",还不如说是"伟大的人民"(Great People),他说:"……的确,雅利安人到任何地方都是真正进步的推动者,在欧洲,他们的扩张成为欧洲史前史与非洲和太平洋史前史分离的那一时刻的重要标志。"[16]他认为,最

---

14   R, 69.

15   (1926) *The Aryans: A Study of Indo-European Origins*, 4.

16   同上,211。

早操印欧语的人，就是复杂的战斧文化的创造者，这一文化从日德兰半岛（Jutland）一直扩展到俄罗斯西南部。与科西纳不同的是，柴尔德认为雅利安人的故乡应该在俄罗斯西南部。

在《雅利安人》一书中，柴尔德强调了语言的重要性，他说：

> 言语就是思想的东西，也就是说，一种普通的语言代表了操这种语言的人的精神视野；它所反映的不仅是那种语言的使用者的特定思维方式，而且是那种特定的思维方式赖以产生的条件。不仅如此，智力的进步也可在某种程度上由语言的优雅程度来测量。因此，继承一种格外精致的语言结构能让人处于人类进步道路上的有利地位。[17]

所以，事实上，当时的柴尔德与古斯塔夫·科西纳一样，都相信雅利安人的优越性，认为他们传给那些被征服的人民"一种更优秀的语言以及该语言所带来的更优秀的智力"。[18]

55　　　后来，因为纳粹采用并夸大了德国民族主义史前史学家科西纳的学说，柴尔德放弃了他在《雅利安人》一书中所持的印欧语言学思想。而他的朋友很快就明白了这一点，也不再提起《雅利安人》一书，因此约从 1930 年前后开始，柴尔德在研究中就只致力于物质的传播了。他对自己所持印欧语言理论的政治含义的这一反应，也对他从三十到五十年代中期这段时间的考古理论发展产生了深远影响，而在这一时期，他又一次尝试着在东方传播论和西方进化论之间寻找平衡。这使得他在 1956 年的时候要么忘记要么否认了自己早在 1920

17　（1926）*The Aryans: A Study of Indo-European Origins*, 3.

18　同上，212。

年代就意识到的欧洲史前史的独特之处。

　　在皇家人类学研究所工作期间,柴尔德继续去中欧和东欧各地旅行,为以后的著作搜集材料。这些旅行中的部分花费来自路易斯·克拉克(Louis Clarke)的个人资助,后者在 1922 到 1937 年间担任牛津大学考古学与民族学博物馆(Cambridge University Museum of Archaeology and Ethnology)馆长。1926 年去南斯拉夫、罗马尼亚和匈牙利旅行时,有他在卡特赖特花园居住期间结识的好友达里尔·福特作伴。达里尔·福特后来成为威尔士大学和伦敦大学的人类学教授。柴尔德去世的那一年,在一次电台节目中,福特是这样描述自己的好友偏爱旅行的嗜好的:

　　　　无论在什么地方,在任何一个小旅馆,柴尔德都能像在自己家里那样住下来,因为他对舒适度没有过高的要求。赶火车的时候他确实会感到忙乱,也会担心能否从一地赶往另一地,但这些与他看到新地方的快乐相比,都是次要的。1926 年,柴尔德计划着去西南欧做一次深度旅行,参观那里的博物馆和遗址,那些地方对大部分英国人来说,除了从书本上知道点滴以外,实际上一无所知。他好心地邀请了我,我和他一起去了南斯拉夫、罗马尼亚和匈牙利,用了约一个月到六个星期的样子。那是一次令人兴奋的旅行。那时候贝尔格莱德刚刚从一战中恢复过来,沿着平坦的马路走四分之一英里,就到达一座小城外,我们乘车去看过很多遗址。我们的司机是一位平头的前白俄将军,现在受人雇佣做司机,他驾驶一辆宽敞但超级颠簸的美国车行驶在糟糕的路上,一路带我们访问过像文查等著名史前遗址。文查遗址是典型的多瑙河文明遗址,在多瑙河岸边的一个采石场可以看到遗迹的层位。我还记得柴尔德费力地爬上被凿开的山岩,用小折叠刀从不同地层挖取样本,以与瓦西茨论文里所描述的进行对比。[19]

56　　　文查居址遗存坐落在贝尔格莱德附近,俯瞰多瑙河,是研究欧洲史前史的重要遗址。很明显,柴尔德早已读过米洛耶·瓦西茨 1908年的论文《塞尔维亚史前文明中的东南部元素》(“South-eastern elements in the prehistoric civilization of Serbia”),围绕这一问题,这篇文章刺激巴尔干半岛的学者展开了多年的研究。对柴尔德来说,文查遗址的重要性,体现在它在爱琴海和中部欧洲史前史之间所发挥的纽带作用,他认为文查地区的物质文化显示出爱琴海文明的影响,比如其中用金属矿石做成的珠子和带有刻划符号的陶器等遗存。在放射性碳元素测年法被引入考古学之前的很长一段时间里,学界对于爱琴海(尤其是特洛伊)青铜时代早期与巴尔干半岛红铜时代是否有联系这一点存在巨大的争议,因此,文查遗址所显示的爱琴海与东南欧物质文化中的这些联系,是建构整个欧洲编年体系的起步材料。

　　在 BBC 广播电台的节目中,有一件事达里尔·福特没有提到。在过去的那段日子里,欧洲东南部的偏远山村唯一能为疲惫的旅客提供一个休息场所的,往往是地方上的妓院。有一次,当两人走进这样一间旅馆时,柴尔德非常尴尬,不得不解释说他们两个只需要一个房间,不需要其他服务。

　　1927 年,柴尔德得到了爱丁堡大学阿伯克龙比考古教授的职位,成为担任这一教职的首位教授。这一教职原本是想授予剑桥大学的迈尔斯·伯基特(Miles Burkitt)或者(像他的自传《仍在挖掘》里所说的)莫蒂默·惠勒的,但他们二人都因有别的项目正在进行,所以拒绝接受这个职位。不过,当这一职位还在广告宣传时,柴尔德就收到

————————————

19　Forde, D. C., BBC 广播。

信,让他留意这个机会。阿伯克龙比考古教授这一名称,是根据1916年的一笔馈赠所设。这笔馈赠来自杰出的苏格兰史前史学家阿伯克龙比勋爵。尽管根据一个没有多少人知道的遗嘱附件——签署于1923年他去世之前,大学管理处可以"视当时情况变化"行事,而不必拘泥于遗赠信托明确条款的限制,但他对这一职位还是有着自己精确的构想。不过,因为那些条款能体现阿伯克龙比勋爵对考古学教授这一职务的观点,也因为这有助于我们来看柴尔德在爱丁堡大学任职期间是如何努力按条款规定完成任务的,所以了解一下阿伯克龙比勋爵的这些有意思的条款还是有必要的:

（首先）我将所说的即将设立的教授职位的学科限定在考古学系,该系研究的是欧洲和近东国家从最早时期到各国有文字记载历史开始时期的遗迹和文明;(第二)作为必要条件,未来的考古学教授应能熟练掌握法语、德语,而且至少可以使用意大利语工作;(第三)未来的考古学教授应始终尽可能地跟踪掌握在欧洲发表的与该学科相关的所有研究发现;而且,我希望,未来的考古学教授不仅在课堂上,还能够通过新闻媒体或其他媒介向更广大的群体传授其知识;(第四)我希望,未来的考古学教授不应当只是满足于被动地传播其他人给出的事实和理论,而是他自己也能研究并解决围绕考古学研究而形成的诸多问题和困难;为达到此一目标并确保这一新创计划的成功,首任考古学教授应不仅是一位考古学专家,还应是一个年富力强、精力旺盛的人。[20]

20　1916年4月10日阿伯克龙比勋爵遗赠处置方案摘录。

事实上,阿伯克龙比勋爵的馈赠所附以上条款,很大程度上与他对苏格兰古物学会(Society of Antiquaries of Scotland)几位老会员的分歧有关,他发现他们个个见识鄙陋,眼界狭隘。写下这份遗嘱之前不久,他曾与学会成员发生过争吵,对由他资助的发掘项目的工作方法很不满意。他坚信苏格兰的考古应该重起炉灶,所以这份遗嘱的规定,在排除了所有可能来自苏格兰古物学会的老年会员中潜在的申请者的情况下,有可能是根据柴尔德的条件量身打造的。

1927 年,柴尔德接受了这一职位,动身前往爱丁堡。离开伦敦也不是没有遗憾,因为这意味着与他在伦敦的多年好友们的生活基本从此隔绝。这一决定,让他无法挽回地走上了史前史学家的学术之路。他的好友、马克思主义者帕姆·达特是这样解释柴尔德的选择的:

> ……他在信中对我说,自己本该选择革命政治生涯,但发现代价太大了,相比而言,他更喜欢职业地位所带来的——用他的话说——奢侈享乐(*bios apolausticos*)。[21]

21　Dutt, R. P. (1965) The Pre-Historical Childe. *Times Literary Supplement*, 539.

05 阿伯克龙比考古教授

柴尔德三十五岁那年成为爱丁堡大学的教授,是当时在苏格兰学界任教的唯一一位史前史学家。这一职位责任重大,也给了他无与伦比的能够影响到英国史前考古研究的大好时机。在接下来的二十年里,柴尔德的学术地位迅速上升,不仅在英国,而且在世界史前史领域都占有很高的地位。这一崇高的学术地位,是用他丰富的学术成果换来的,这些成果建立在他对欧洲和近东的材料令人震惊的熟练掌握的基础之上,而这些材料的获得,既得益于他的广泛阅读,也得益于他敏锐的个人观察能力。

两次世界大战之间的那些年里,考古学取得了长足进展。二十世纪二三十年代,欧洲和近东都开展了很多考古发掘,人们越来越懂得如何通过科学的方法来进行考古探测、抢救和保护。航拍技术对考古学家的帮助在一战中得到了展示,从那时起,很多过去人们一无所知的遗址都是通过这种方式发现的。英国遗址的发掘数量大大增加,同时也让人们自觉地意识到地理学研究在考古学研究中的价值。O. G. S. 克劳福德和阿伯克龙比勋爵都意识到史前遗址分布地图的重要性;克劳福德还在其《人类及其过去》(*Man and His Past*)一书中强调要重建史前环境。西里尔·福克斯爵士(Sir Cyril Fox)1932 年出版的名著《不列颠的个性》(*The Personality of Britain*)一书,研究了地方环境背景下史前文化的分布情况,为地理学和史前史的研究提供了新的路径。

　　然而，能抓住公众想象的仍然是遥远国度里的那些伟大发现，而
这样的发现在两次大战之间的那些年里曾有很多。1923 年，霍华
德·卡特（Howard Carter）和卡纳冯勋爵（Lord Carnarvon）在图坦卡蒙
（Tutankhamen）墓地里发现的璀璨珍宝引起了世界性轰动；1926 年，
伦纳德·伍利爵士（Sir Leonard Woolley）领导发掘了乌尔（Ur）地区的
史前大墓，在"王陵"（Royal Tombs）里发现了黄金和天青石做成的珠
宝。伍利爵士通过出版对其考古发现的全面而通俗的介绍，比如
1929 年出版的《迦勒底人的乌尔》（Ur of the Chaldees），引起了公众对
美索不达米亚平原苏美尔文明的注意。1939 年，在距离欧洲更近、伊
普斯威奇（Ipswich）毗邻地区发现的保存良好的萨顿胡（Sutton Hoo）
船葬文化，也让那些关于不信教的盎格鲁–撒克逊人（Anglo-Saxons）
的传说活了起来。

　　柴尔德作为阿伯克龙比教授在爱丁堡大学的生活，是在当时苏
格兰考古界权威的厌恶和反对的阴云笼罩之下开始的。苏格兰古物
学会那些年长的成员，对于由一个"外来者"担任爱丁堡大学的考古
学教授这一点尤其不满——由一个英国人来干就已经够坏了，更何
况来的是一个澳大利亚人！尽管——或者正因为——柴尔德的学术
能力无人怀疑，所以直到很多年之后，他们才邀请他加入学会委员会。
苏格兰的考古学家似乎对这位新来者研究路径的广度很不喜欢，因
为这与他们自己狭隘的态度形成了鲜明的对比。但无论从学术的广
度还是能力相比，柴尔德都远远超过这些人，他为苏格兰史前史研究
带来了不同的风气，而这种改变对沉浸在自己的骄矜里的许多古物
学家而言是难以接受的。当然，并非所有与柴尔德有联系的考古学家
都是这样，比如林赛·斯科特爵士（Sir W. Lindsay Scott）、亚历山大·
柯尔（Alexander Curle）、卡伦德（J. G. Callender）和沃尔特·格兰特

59

（Walter Grant）等人就不是这样，他们都成为受柴尔德尊敬的朋友。

除此之外，柴尔德自己的性格和信仰也是阻碍他被爱丁堡学界接受的原因。他的沉默使他难以被人理解，只有他偶尔出现的情不自禁才能透露出他厚道而温和的本心。那些愿意努力接近他的人发现他是个令人快乐的好伙伴，从来不在背后说任何人的坏话。但很多人只把他看成一个来自大英殖民地的居民，有着不合正统的政治和宗教观念。对此，别说柴尔德自己，就算是一个不像他那样敏感的人，也难免会受到他所遇到的那种无处不在的敌意的影响。有一次（一定是在他度过令人不快的一天之后），他在给朋友的信中写道："这里，我生活在嫉恨的氛围之中。"

不过，在不那么令人沮丧的日子里，柴尔德一定会意识到，他在爱丁堡大学的教职，也让他有机会结识了好几位友谊久长的朋友。正是 60 在爱丁堡，他到来之后不久就遇见了自然哲学史的泰特讲席教授（Tait Professor）查尔斯·G.达尔文（Charles G. Darwin）——他是著名的《物种起源》（*The Origin of Species*）一书作者查尔斯·达尔文的孙子——以及他的妻子凯瑟琳（Katherine）。与这位理性主义者交往，柴尔德一下子感到舒服自在，在这个著名的科学家家庭的自由气氛中变得无拘无束，经常跟他们一起度假；而且，他和查尔斯·达尔文教授都非常喜欢长时间在山中散步。柴尔德非常喜欢达尔文教授的五个孩子，这或许让他多少得到一点他无法享受的家庭生活的感觉，他甚至成了达尔文家最小的儿子爱德华（Edward）的干爹。

柴尔德与爱丁堡大学的校长阿尔弗雷德·尤因爵士（Sir Alfred Ewing）保持着友好关系，与约翰·多佛·威尔逊（John Dover Wilson）一家关系也很好。约翰·多佛·威尔逊是一名莎士比亚研究专家，1935 到 1945 年间是爱丁堡大学英文系的"皇家教授"（Regius Professor），不过他是在 1936 年的复活节才到学校报到的。学校里的

荣誉学生（honours students）在未完成第一学年的课程之前是不需要
选择专业的，所以无疑会有不少学生既上柴尔德又上多佛·威尔逊
教授的课。不过，在一件事情上这两位朋友态度也不一致。多佛·威
尔逊和其他的一些同事担心学生的《圣经》教育被忽略，于是向大学
理事会（Senate）提议增设圣经史讲师一职，学生可以任意选修，而讲
师则必须是苏格兰教会成员。这项提议得到了通过，但有两席反对意
见，分别来自柴尔德和著名数学家惠特克（Whittaker）教授，后者是一
位狂热的天主教徒。

　　与柴尔德同在文学院的还有历史学教授维维安· H. 加尔布雷思
（Vivian H. Galbraith）教授，加尔布雷思教授个性非常鲜明，他从 1937
至 1944 年一直在爱丁堡大学任教，之后受雇于伦敦大学，1944—1948
年间担任伦敦大学历史研究所所长（Director of the Institute of
Historical Research），与柴尔德在那里的服务期有短暂重叠。1976 年
《泰晤士报》上刊登的他的讣告里描述说，他有着"坚定的信念以及对
这些信念的有趣的表达"。他对英格兰土地志的研究始于在爱丁堡
大学工作期间，柴尔德 1957 年写出下面这句话时，脑子里想的有可能
正是加尔布雷思教授的研究："即使英格兰土地志这样的文献也可以
根据对村庄遗址的发掘材料得以补充，而不仅仅是说明。" [1] 柴尔德也
与亚瑟·贝瑞代尔·基思（Arthur Berriedale Keith）有不少共同之处，
后者是爱丁堡大学研究梵文和比较语文学的皇家教授。柴尔德自己
在大学期间学过梵文，曾经达到可以阅读梵文材料的水平，据说当年
为学梵文他非常用功，在这上面花费了太多时间，以至于影响了其他
科目的学习，导致有些科目的考试成绩没有预估的那么理想。

　　在爱丁堡的时候，柴尔德也没有完全与昔日好友失去联系，而且

61

　　1　V, 3.

以阿伯克龙比教授的身份,他很快就结识了自己领域内的大多数领袖人物。亚瑟·伊文思爵士在牛津附近波儿山(Boar's Hill)的家尤伯里(Youlbury),就是当时对考古进行热烈讨论的集会地之一。考古学家汉弗莱·佩恩(Humfrey Payne)年轻的妻子、后来改名成为颇有名气的迪莉斯·鲍威尔(Dilys Powell),当年有时也会在一些周末家庭聚会中出现。她后来回忆说:"我有时候会怯怯地走进客厅,对我来说,里面都是令人敬畏的有名人物,比如史前史学家戈登·柴尔德,被奉为标准史书的《近东古代史》(*Ancient History of the Near East*)的作者霍尔(H. R. Hall)、迦勒底地区乌尔遗址的发掘者伦纳德·伍利等,虽然他们个个都有着和蔼可亲的性格,但没有人会满足于八卦闲聊。"[2]

作为阿伯克龙比教授,柴尔德有一件事没有做好,那就是没有在苏格兰建立起一个强大的考古学派。尽管他之前在澳大利亚和伦敦时就拥有一些教学经验,但他在爱丁堡期间的首要兴趣是自己的研究,从未和他的学生们走得很近。学生们通常都能体会到他潜在的友善,但对于年轻的本科生们而言,他还是显得有些令人生畏,而他在学生口试时的做法尤其让学生们感到害怕。柴尔德在爱丁堡执教的早些年里,经常会邀请他在二十年代结识、当时执教于剑桥大学的迈尔斯·伯基特去爱丁堡担任校外考官。考试的过程极其正式:柴尔德执意坚持,考试时,两位考官要身着学袍,坐在长桌的一端,由身穿制服的看门人导入第一位参加考试的学生;如果考生是位女性,两位主考官还会从座上半起欠身,正式行礼——这样的阵势下,紧张的考生很快就会掉泪。有一次出现这样令人伤心的一幕时,伯基特教授转向柴尔德,说:"唉,戈登,今天我得把我的手帕借给这位女士;明天你恐怕

---

2   Powell, D. (1973) *The Villa Ariadne*, 50.

要带条毛巾来。"

　　柴尔德在爱丁堡大学所在系的设施有些不尽如人意。考古系设
在位于钱伯斯大街(Chambers Street)的旧数学楼中那些拥挤的屋子
里,包括柴尔德的办公室,也就是他的个人大图书馆,还有一间讲堂,
62 柴尔德是唯一在那里授课的老师。一名学生曾在那里听过柴尔德的
一堂关于后冰期时代的课程,该学生后来回忆说:"那次课老师是在
雨伞下完成的,因为屋顶漏雨,雨滴个不停;过错就在于聋哑而冷漠的
大学理事会对这一问题的不负责任的忽视。"[3] 柴尔德所开的课,很少
有超过五个人来上,他在爱丁堡大学执教的十九年间,只有一个人读过
荣誉考古学的课程。如果要归咎的话,柴尔德本人在一定程度上要为
此负责,因为他从未在建立一个充满活力的学派方面下过什么功夫;有
一次,他甚至积极地劝说一位他指导的学生不要攻读考古学学位。不
过,爱丁堡大学仍然有一些学生至少花了一部分时间跟随柴尔德学习
考古,他们当中包括斯图尔特·克鲁登(Stewart Cruden)、巴兹尔·斯金
纳(Basil Skinner)、伯恩斯(J. H. Burns)、玛格丽特·E. 克里顿·米切尔
(Margaret E. Crichton Mitchell)和史蒂文森(R. B. K. Stevenson)等人。

　　柴尔德在爱丁堡大学设计的课程属于科学学士学位课程,这一
点既符合阿伯克龙比勋爵也符合柴尔德自己认为考古学是一门科学
学科的定位;课程设计对地理学有偏好,荣誉学生还要学习解剖学。
这门课的上课模式想必也让本科生甚感困惑。柴尔德会从苏格兰铁
器时代讲起——因为他可以带着学生去观看附近山上的城堡,然后
倒着往史前时期讲,但往往是到了课程结束也讲不到史前的内容。除
了这些,对本科生而言,还有其他方面的一些因素导致柴尔德不是一

　　3　Cruden, S. (1957) Memorial of Professor V. Gordon Childe. *Proc. Soc. Antiq.*
Scotland, 90, 258.

位理想的老师:他说话口齿不清(可能是继承了父亲的缺陷),有口音,而且声音有点尖细。另外,除了讲话欠清晰,柴尔德的广博学识和超级聪颖,有时候也让学生们觉得很难跟上他的节奏。玛格丽特·克里顿·米切尔后来回忆说:"讲述一个观点的时候,他会完全忽略那些他认为没有必要讲述的环节,结果,听众的思维必须要跟随他跳来跳去,最后大部分同学都不知道他在讲什么。尽管如此,他天赋异禀,能吸引听众在即使听不懂他所讲的内容的情况下也想继续听下去。"不过,好在一大堆外国地名再加上他思想的跳跃并没有完全掩盖柴尔德见识的广博。他蔑视狭隘主义——他本可以只讲苏格兰史前史,但事实上他所讲的,是生动的欧洲考古背景下的苏格兰史前史。

柴尔德对考古的实际演示一直怀有极大的热情。他和学生们用几个学期来打制石器工具,在不经意间就学会了对史前人类高级艺术品的尊重。他喜欢使用科学试验和科学观察的方法,1937 年他通过实验对普林(Plean)和拉霍伊(Rahoy)两地要塞所见的独特的玻璃化现象所进行的研究,就是这方面一个有代表性的例子。玻璃化要塞的例子,仅苏格兰就有 30 多处(这些例子柴尔德专门列在他的《苏格兰人之前的苏格兰》[Scotland Before the Scots] 一书的末章),这一现象曾困扰考古学家很长时间。所谓的"玻璃化",描述的是将要塞围墙内断裂的石头熔接并固化为一体的现象。不同遗址的玻璃化程度不一,有的只有区区数块石头出现熔接现象,而有的则是整个要塞的环墙几乎都由玻璃化材料熔接而成,构成一个连续的整体。出现玻璃化的石料也有不同,不过所有的石料都含有较高比例的非石英类矿物质。

柴尔德和苏格兰古物学会的另一成员华莱士·索尼克罗夫特(Wallace Thorneycroft),对玻璃化要塞现象感兴趣已有多年,二人分别于 1933—1934 年和 1936—1937 年在安格斯的菲纳文(Finavon,

Angus)和阿尔吉尔郡(Argyllshire)的拉霍伊发掘了几个要塞。他们
在两个遗址要塞中都发现了大火灾的证据,在玻璃化的部分内部还
有木块的残留,与在法国发掘的同类要塞中所发现的一模一样。在
《苏格兰古物学会会议记录》(*Proceedings of the Society of Antiquaries of
Scotland*)中,柴尔德记录了借以判定拉霍伊要塞年代证据的适度性:
"要塞的使用者不使用陶器,罕见文物残留。六个星期使用铲子和刷
子发掘的结果,只包括一件石质刮器、两件鞍形石磨、一件铁质矛柄、
一柄铁斧以及一件断裂铜搭扣。如果我们像腌渍食物那样保存这一
遗址,这些器物正是我想放入其中加以保存的东西;这说明该遗址的
使用年代可以确定在罗马之前。"[4]

　　十八世纪以来,人们提出了很多理论来解释要塞的玻璃化现象;
1937年柴尔德和索尼克罗夫特在普林和拉霍伊进行的实验,目的是
检验一个假说,该假说由舒赫哈特(Schuchhardt)提出、德切莱特接
受,而且后来得到了格哈德·伯苏(Gerhard Bersu)考古发掘的支持。
这些考古学家都认为,要塞的玻璃化现象,应该是要塞围墙内的木材
燃烧后的结果,这种墙类似于墙体内包有石头和木材的凯撒式高卢
墙(Caesar's *murus gallicus*)。柴尔德和索尼克罗夫特分别于1937年
的3月和6月做过两次实验,3月的实验在斯特灵郡索尼克罗夫特的
普林-科利里(Thorneycroft's Plean Colliery, Stirlingshire)进行,实验用
墙按照标准的高卢墙建造;6月规模较小的那次实验在拉霍伊进行,
建筑实验墙所用石材实际上均来自古代要塞。二人兴致勃勃地将实
验用墙点燃来观察燃烧的过程,尤其是在普林,3月的劲风让火苗蹿
起老高,非常壮观。实验的结果也让他们很高兴:实验墙出现了玻璃

　　4　(1939) Some Results of Archaeological Research in Scotland 1932–1937. *Lond.
Univ. Inst. Arch. Second Ann. Rep.* , 42.

化现象;这说明,长期以来困扰人们的玻璃化现象,确实是高卢式墙体经大火破坏之后的副产品。

柴尔德对玻璃化要塞的兴趣,不禁让人猜想,或许他就是安·布里奇(Ann Bridge)1949 年出版的《然后你来了》(*And Then You Came*)一书中主人公波洛克教授(Professor Porlock)的原型。这位女作家实际上就是奥马利夫人(Lady O'Malley),她是通过自己的亲戚安格斯·格雷厄姆(Angus Graham)认识柴尔德的,格雷厄姆是柴尔德在皇家历史古迹委员会(苏格兰)(Royal Commission on Historical Monuments [Scotland])的同事,奥马利夫人的这本书就是献给他的。书中的波洛克教授也对玻璃化要塞现象很着迷,当时柴尔德的很多朋友都相当肯定柴尔德就是波洛克教授这一角色的原型。女作家还将波洛克教授描写成一个澳大利亚通,这与柴尔德本人的经历也很符合,她是这样描写的:"波洛克教授生来就充满了罕见的历史想象力,他习惯性地沉湎于澳大利亚偶尔发生的电信中断所带来的狂喜中,因为这样的话黑皮肤的土著就可以攀上电线杆,摘下杆头白色的绝缘瓷瓶,并用千年的手艺将它们打制成箭头!"[5]

从很多方面来说,柴尔德都不是个善于动手的人,但他的教职——苏格兰考古领域唯一的一位大学教授,使他不得不去发掘,而他也勤勤恳恳地去尽自己的义务。1931 年的时候,当澳大利亚工党领袖 H. V. 伊瓦特的妻子玛丽·艾丽丝·伊瓦特有一次督促柴尔德回故土看看时,他回信说:"我倒是很想再次回去看望你、伯特和比利·麦凯尔,以及杰克·朗(Jack Lang),更别说亚历山大·[戈登]爵士(Sir Alexander [Gordon])、悉尼大桥和堪培拉。如果能通过让苏格兰史前史重回正轨为自己赢得一个假期的话,我倒是真的有钱回去

5　Bridge, A. (1949) *And Then You Came*, 172.

看看,不过就目前看来,苏格兰史前史的工作还比较落后,尽管不喜欢,我还是得用大部分(所谓的)夏天来发掘,而冬天还必须讲两个学期的课。"

柴尔德几乎每年都会进行考古发掘,看过苏格兰或其他地区的很多遗址,但他并不十分喜欢发掘,觉得自己做得不好,而那些和他一起做田野工作的人对他的发掘技能也是看法不一。斯图尔特·皮戈特曾指出,"他不能在田野工作中理解考古证据的性质,而发掘过程又涉及证据的恢复、认知和解释",有可能"转过来会导致他在综合性论述的著作中,有忽略所使用证据之可靠性存在潜在的不一致的倾向"。[6] 柴尔德固然不是个出色的发掘者,与对遗址发掘的整齐有序相比,他对解释更感兴趣,不过他对发掘的问题以及这些问题对解释的影响,还是有清醒认识的。1942 年他在给自己当时的同事、从前的导师 J. L. 迈尔斯教授的信中这样写道:

> ……在洞穴中,有遗物的层面通常由没有东西的石笋层或倒塌的屋顶层隔开;废丘则容易产生其他问题:它通常是被持续占用的。发掘者通常采用两种分离方法,确实也得出两种不同的结果,而正常来说解释者却难以将二者区分开来:(1)挖壕沟或打竖井……只记录所发现遗存的不同层级(levels),这种情况下,假如你有很多同级遗物——比如陶器碎片或碎石片,你会得到一个统计学意义上可靠的序列,但这一序列,对根据这一原则所发现和记录的单个器物的位置来说,却没有多少年代学的意义。或者,(2)你可以沿着相继居址的地层(floors),记录每个地层所发现的全部器物,而不怎么需要担心用数字标识的层级,因为地

6　Piggott, S. (1958) Vere Gordon Childe. *Proc. Brit. Acad.* , 44, 308.

65

层很少是水平的,很容易遭到扰乱(interrupted by bothroi)。这种情况下,所有在同一地层所发现的器物,从考古学的角度来说,都是同期器物。我猜想这就是施利曼在发掘中想要遵循的方法,但他对考古发掘的记录(如果有什么记录的话——有人说他所记的深度都是在饭后任意给出的),采用的却是方法(1)……鉴于上述两种方法所造成的混淆以及这两种方法本身的特点,瓦西茨在文查的发掘就成为不对废丘进行解剖的经典案例。在欧洲大陆对废丘的第一次解剖的例子,我猜想是可怜的老马顿(Marton)在托塞格(Tószeg)的发掘,但对此次发掘,他只在一家不起眼的匈牙利刊物上发表了一个干巴巴的总结(发表日期是1907年),所以说真的没有什么可信性——除非我在看了他的工作之后为他做些补救。不过那时我自己也不知道这两种方法的不同之处。我在斯卡拉布雷开始发掘的时候,仍然相信绝对层级对单个器物的重要性,一直到在安特里姆的拉里班(Larriban in Antrim)进行发掘的时候,我才完全认识到这一方法的局限性……最后,当然也存在尽管被重复使用却没有明确分层的遗址;我认为伯苏是第一位向我们展示序列是如何被曲解的学者,但因为他没有发表戈德伯格(Goldberg)的报告,他的成果就被巴特勒(Buttler)和科隆-林登塔尔(Köln-Lindenthal)剽窃了。

柴尔德在爱丁堡大学的学生 R. B. K. 史蒂文森看过柴尔德在苏格兰南部发掘的好几处遗址,而且 1935 年与他一起在拉里班进行过发掘,他回忆说:"发掘的规模总是很小,从几个民工、几个学生,到只有一个民工,都有过。我认为,就当时而言,我们观察和记录的标准,都和其他大部分的发掘一样好。不像发掘古罗马遗址那样只挖一条窄窄的壕沟,当时在苏格兰,好的遗址都是完全揭开的。"玛格丽特·

66

克里顿·米切尔是柴尔德最早的学生之一,她跟柴尔德一起发掘过不少遗址。据她回忆,柴尔德对发掘技术没有什么兴趣:"实际上他对调查一无所知,他的照相技术一塌糊涂,也不讲究什么方法。不过,他确实是解释考古证据的天才——真是不可思议。"

柴尔德对不同类型的巨石遗址的发掘和分类尤其感兴趣,比如室冢(chambered Cairns)、冢墓(barrows)、石柜墓(cists)、石圈(stone circles)等等;他在欧洲的背景下对分室墓的再评估,是对苏格兰史前史的重要贡献。与考古学家的身份相比,他首先是一个思想家,而且他的确有一次成功地根据理论预测发现过遗址的位置。他对地质学的兴趣(从在悉尼大学读书的第一年起就一直学习)也起到了帮促作用。布赖斯(T. H. Bryce)在描述阿兰岛(Arran)分段的石柜墓时,曾提到费恩湖(Loch Fyne)沿岸也会发现类似石墓的可能性。巴尔纳布拉德(Balnabraid)和欧乔伊什(Auchoish)石柜墓位于湖泊西岸,但东岸一直是什么都没有发现,这种情况直到柴尔德对东岸地区的地质图进行研究之后才有了改变:

> 根据地质图所示,只是在基尔菲南(Kilfinan)周边地区,才有一大批灌溉条件良好的土地,以利于那些建造长石冢的定居者选来作为居址。近期的工作显示,铜矿在基尔菲南附近地区的出现,是该地区可能曾是建造石冢者居址的又一条线索。据此,当我看到军用地图所标的几座石冢时,就于1932年3月底,与我的学生基尔布莱德·琼斯先生(Mr. Kilbride Jones)一起去那里查看,发现其中所标的两座石冢正是不折不扣的室冢类型。[7]

7　(1932) Chambered Cairns Near Kilfinan, Argyll. *Proc. Sco. Antiq. Scotland*, 46, 415-416.

　　通常来说,柴尔德根据当时的一般程序,主要是雇佣职业劳工对遗址进行发掘,不过他也经常会有同事和朋友前来帮忙。1932 年 5 月,柴尔德在卡斯特劳要塞(Castlelaw Fort)——位于彭特兰丘陵(Pentlands)西南斜坡山地要塞链之中的一座——的发掘将近尾声的时候,爱尔兰博物馆(Irish Museum)的肖恩·奥里奥丹(Sean O'Riordain)在那里出现过。也是在 1932 年,他与如今在阿伯里斯威斯大学(Aberystwyth University)任教的人类学家 C. 达里尔·福特合作,对位于贝里克郡(Berwickshire)海岸恩兹休(Earn's Heugh)地区的两座铁器时代的山地要塞进行发掘。这里要塞与要塞构造的不同,比如沟壕相对位置以及大门设置的不同,显示的是它们修建年代的差异。不过,发掘完成之后,二人得出结论说,他们发掘的结果并不明确,尽管整体上他们倾向于认为西部要塞(West Fort)年代要相对早一些。

　　在爱丁堡大学任教期间,柴尔德成立过一个考古社团,他称之为"爱丁堡史前史学家联合会"(Edinburgh League of Prehistorians),有意显示与"'共产主义青年'团"("Young Communists" League)名称上的相似性。他有不少对考古学较有热情的学生都是这一社团的成员;他们利用周末和假期的时间与柴尔德一起发掘,也会参加来访考古学家所作的讲座。与其他所有的发掘者不同的是,柴尔德总是很严谨地对学生和其他发掘者所提供的帮助表示感谢,而且也总是很严谨地几乎年年都为《苏格兰古物学会会议记录》写年度报告。

　　柴尔德 1930 年对肯德罗查特(Kindrochat)长室冢的发掘,与他1929/1930 年度的芒罗讲座(Munro Lectures)以及由学校资助的爱丁堡史前史学家联合会数名成员一起开展的工作都关系密切。肯德罗查特室冢作为布赖斯所定义的克莱德(Clyde)室冢群的一个孤例,其

67

重要性首先是由著名法国考古学家、男修道院院长布雷厄尔（H. Breuil）于 1929 年到苏格兰参观时所认识到的。爱丁堡大学现在自夸设有考古学教授的职位，由像柴尔德这样杰出的欧洲史前史学家担任这一职位，这一事实就意味着，来自其他国家以及英国其他大学和博物馆的优秀考古学家，会更加频繁地光顾苏格兰；而苏格兰地区的考古证据，也就毫无疑问不会再像从前那样轻易地被人忽略了。

　　柴尔德作为一个发掘者的发掘技术可能比较一般，但这好像并不影响他在爱尔兰的同事屡次邀请他去北爱尔兰做发掘工作。有一次，他在贝尔法斯特（Belfast）的朋友加菲金女士（Miss M. Gaffikin）对他的帮助表示遗憾，因为她收到一位盛怒之下的农场主寄来的表示抱怨的信件，抱怨柴尔德因天气糟糕而放弃了对一个遗址的发掘时，甚至没有对发掘地点进行回填。信中说："你和那位柴尔德先生把杜南（Doonan）弄得一团糟。"在那些年以及之后的岁月中，柴尔德与很多爱尔兰考古学家都保持着良好的关系，他们之中包括帕迪·哈特内特（Paddy Hartnett）、乔·拉弗蒂（Jo Rafferty）、埃斯廷·埃文斯（E. Estyn Evans）、迈克尔·"布莱恩"·奥凯利（Michael "Brian" O'Kelly）和他的妻子克莱尔（Claire），特别还有肖恩·奥里奥丹。柴尔德在爱尔兰最有名的发掘，是他 1935 年 6 月在拉里班一个海角要塞的考古工作。拉里班，也叫作利斯拉斯班（Leath Rath Ban）或者半白要塞（Half White Fort），得名于诺克索贾伊（Knocksoghey）附近一片高出海平面 150 英尺的陡峭的石灰岩海岬。在海岬高于海平面 100 英尺处，修有掩体和壕沟，但在一战中，被围起来的一大半区域被挖掉了。挖空的结果之一，就是在海岬留下一个清晰的断面，有一个叫布莱克·惠兰（Blake Whelan）的人，偶然在这里发现了一些陶片，出陶片的地方看起来像一个窑址。在惠兰先生的建议和北爱尔兰史前研究委员会（Prehistoric Research Council for Northern Ireland）的邀请下，柴尔德于 1935 年在那里进行了试掘,通过对 12 英尺(约 3.66 米)宽的狭长掩壕的清理,发现掩壕的中心地带约有 17 英尺宽。

　　像往常一样,柴尔德主要雇佣民工帮助发掘,只不过这次他注意到,所雇劳力的百分之六十的工资,都是北爱尔兰政府以"缓解失业开明计划"的名义支付的。在拉里班所发现的陶片,之后成为代表北爱尔兰独特文化的遗迹,这类遗存在多内戈雷(Donegore)、基尔布赖德(Kilbride)和马隆(Malone)都有发现,但不见于英国其他地区,包括爱尔兰共和国(Eire)在内。对一个史前遗址进行断代,尤其在碳 - 14 测年技术引入考古学界之前,总是一个难题,但让柴尔德高兴的一点是,他在其中发现了一个玻璃臂钏,几乎可以断定是从外界输入的,有这件器物作参考,就让柴尔德把较低层位断在公元 800 年前后。这一年代当然不是确定性的,而是依靠相对断代技术做出的,所以 1935 年 11 月 21 日,他在向古物学会宣读拉里班发掘报告的时候谨慎指出,根据纯粹的技术和建筑标准对要塞和陶器进行断代的时候一定要谨慎小心。他指出,在拉里班的考古工作表明,安特里姆郡社群在欧洲"黑暗时代"的末期就已经存在了,其防御建筑、工业和经济发展状况,类似于英国其他地区前罗马或者罗马铁器时代的状况。

　　柴尔德自己并不怎么喜欢,却又最有名的一次发掘,是他在奥克尼岛上斯卡拉布雷村的考古。那是一个史前村落,因为岛上缺少树木,所以不仅是房屋,就连那里的桌子、睡床和橱柜等都是石质的。柴尔德在那里的考古工作广为人知,好几位来自世界各地的著名考古学家都去那里参观过,其中就包括他在牛津大学读书期间的好友雷蒙德·波斯盖特以及波斯盖特的岳父乔治·兰斯伯里议员(MP George Lansbury)。苏格兰历史学家艾伦·O. 安德森(Alan O. Anderson)也是来访者之一,他是于 1929 年 7 月,即柴尔德在那里进行考古发掘的第三个年头认识柴尔德的。安德森对那里发现的带标记的石条尤其感兴趣,当时,人们认为那些标记可能是早期的书写符号。让他觉得搞笑的是,虽然柴尔德让一个陌生人检视那些符号的时候小心翼翼,但他本人在整个谈话期间却一直坐在那些石条上。

柴尔德有好几个季度都在奥克尼岛的西边和北边开展发掘工作,对那里渐渐产生了好感,相应地,当地居民也喜欢起他来。柴尔德去世后不久,他以前的学生斯图尔特·克鲁登写道:

> 在远端的北方,人们还在崇敬和生动的回忆中记着他,是他的人品赢得了那些跟他一同工作和生活的人们的爱戴,尽管人们对他个性的反应并不单纯是因为他的奇才和幽默。对他们来说,他完完全全是一名教授。在斯卡拉布雷进行发掘的那些诗一般的日子里,他在斯特罗姆内斯(Stromness)的女房东照顾他的起居,她很同情这个正直而孤独的房客,同情这个似乎从来不吃东西的可怜人,同情这个在考古发掘中没有发现辄悲、一有发现辄喜的学者。[8]

斯卡拉布雷坐落在奥克尼主岛斯基尔湾(Bay of Skaill)的南角,那里的村落遗迹最开始是在 1850 年发现的,当时的一场大风暴揭开了原先掩埋在沙下的部分建筑。到 1868 年的时候,斯基尔的领主威廉·瓦特(William Watt)挖掘了四所棚屋,从中取走了很多文物,都放在斯基尔大宅(Skaill House)中。此外,除了 1913 年由一次家庭聚会的成员——其中包括博伊德·道金斯(Boyd Dawkins)教授——偶然挖掘,这片遗址基本上没有再被扰动过。1924 年 12 月,又一场大风暴袭击,海浪对此地又一次进行了大冲刷。那一年稍早的时候,这片

---

8   Cruden, S., *op. cit.*, 258.

遗迹交由皇家 HM 建筑工程专员（HM Commissioners of Works）监
护。9 为防止进一步的破坏，他们开始修建防波堤，并对那里的建筑进
行加固。风暴之后，大家很快就意识到，需要有组织地对此地再进行
一次发掘，所以，1927—1930 年，柴尔德应邀对这次更大规模的发掘
进行督导。

　　对斯卡拉布雷的发掘有不同寻常的有利条件，也有非同寻常的
问题。一方面，因为建筑和其他遗迹均属石制，而且因为世世代代以
来一直被保存在层层沙土之下，所以比同时代的其他遗址更好地保
存了下来；但同时，从另一方面来说，柴尔德也得考虑到过去人们对这
一遗址多少有些破坏性的挖掘所带来的不利因素。在奥克尼群岛的
劳赛岛（Rousay）上一个叫丽袅（Rinyo）的地方，后来也发现了一个村
庄，主要由柯克沃尔（Kirkwall）的沃尔特·格兰特（Walter Grant）发
掘，在这个村庄和斯卡拉布雷都发现了几个建筑时期，但二者都被看
作是自给自足的新石器社群居址的经典例证。考古学家 J. G. 卡伦
德不同意这种观点，他在 1931 年提出另外一个说法，猜想斯卡拉布雷
的文化形态更接近于铁器时代的文化。但是，当 1936 年斯图尔特·
皮戈特意识到早期斯卡拉布雷陶器和东安格利亚（East Anglia）地区
的有槽陶器（Grooved Ware）之间的相似性时，在柴尔德眼里，斯卡拉
布雷遗址又有了进一步的重要性。1937 年在丽袅的发掘，发现了更
多与东安格利亚器形和装饰母题的平行特征，从而进一步证实了前
面的推断。

　　斯卡拉布雷的居民基本上是畜产者，那里的废弃物中发现了大
量的绵羊骨和牛骨，但是没有任何农业生产的证据——没有保存的

70

<hr>

9　HM，也写作 H. M.，是 historical monuments 的缩写，意为历史纪念性建筑，此处
所设工程专员，专职保护和管理英国皇室财产。——译者注

谷物,没有手推磨,在发现的众多燧石中也没有看到石镰。奇怪的是,废弃物中几乎不见鱼骨或者捕鱼工具(不过,使用1930年时的方法进行发掘时,也可能忽略掉了一些工具),但帽贝很显然是居民食物构成中的重要组成部分。

石屋和石制家具(的发现)让斯卡拉布雷的发掘工作既显独特又令人兴奋。该遗址看起来像是那里的居民在仓促之中放弃的,发掘出的单室房屋就好像刚被屋主留在身后一样——可以说是奥克尼群岛上的庞贝古城(Pompeii)。发现的家具包括曾经铺有石楠床垫的石床、石架、石制梳妆台以及置于地板之上的密封的小石盒或石柜。在睡觉的地方,还发现有精美的项链和优选的关节骨,据推测,这些珍贵的物品可能是被主人特意藏在石楠下面的。另一个颇有人情味的发现,是散落在狭窄的门边和屋前通道的串珠:柴尔德估计可能是屋内女子在慌忙逃走的时候弄断了项链,所以这些她平日里宝贝的珠子就留在了主人身后。石屋间的通道让石屋彼此通联,通道路面平铺,并覆有屋顶,而且整个村庄建有公共排水系统——这些证据为柴尔德1946年出版的具有明确马克思主义色彩的《苏格兰人之前的苏格兰》一书提供了养料,根据柴尔德的理论,斯卡拉布雷的居民认为他们彼此相关,同属于一个大家庭或大家族的成员:"在这样一种社会结构下,既没有统治阶级也没有剥削阶级,土地至少是共有的,只要主要的生产方式——这里指的是畜群和兽群——有可能是公有的,我们就说这是马克思主义意义上的'原始共产主义';这不是个人制造和使用的私人财物——比如工具和饰物——出现的前奏。"[10]但是,斯卡拉布雷文化末期确实出现了一个"产业用"屋,里面没有通常可见的家具,但有窑炉,曾被当作一个用碎石器碎石的车间。所以,虽然柴

71

10　(1946) *Scotland before the Scots*, 33.

尔德不愿意承认,但很可能专业分工已经开始悄悄潜入了这一"原始共产主义"的乌托邦。

奇怪的是,在斯卡拉布雷遗址,几乎没有发现能反映当地居民意识形态的线索。虽然在一座石屋的一堵墙下发现埋有两名年老女性的尸体,有可能显示的是当时广为流传的需要鬼魂帮助立墙的迷信思想,但在斯卡拉布雷没有发现有规律的墓葬,也没有发现祠堂或者寺庙的遗迹,所以柴尔德高兴地在《苏格兰人之前的苏格兰》一书中给出结论:"人们可能承认有巫术力量和鬼魂,但对神的崇拜不会超过对酋长那样的崇拜。"[11]

1931 年,柴尔德在《斯卡拉布雷》(*Skara Brae*)一书中发表了他在奥克尼岛所做的考古工作的成果,附有很多他自己拍摄与绘制的照片和插图。在此之前,柴尔德已经出版了三本重要著作,即《远古东方》(*The Most Ancient East*)、《史前多瑙河》(*The Danube in Prehistory*)和《青铜时代》(*The Bronze Age*),完成了他自《欧洲文明的曙光》开始的庞大研究计划。尽管他把精力主要集中在自己的研究上,而没有在爱丁堡大学考古系的建设方面花费太多时间,柴尔德还是对不少学生产生了强烈影响,激励他们中的很多人进一步学习和研究史前史。他的聪明和渊博在学生眼前树立起了一道屏障,让他们时常感到难以超越,但其中的一位学生写道:

> ……一位教授能邀人去他的住处,据说会说大部分、能阅读全部的欧洲语言,通晓青铜时代的化学,能根据材料分析亨德尔的变奏曲(Handel's Variations),能够轻松阅读并欣赏经典,而且能教人用拉丁数字做长除法,这样一位教授无疑对人的思想产

---

11 (1946)*Scotland before the Scots*, 33.

生了启迪式的影响。[12]

柴尔德全心全意致力于史前史的研究,他也是这样要求自己的
学生的:大家就是在这样一种富有启迪、或许多少有点让人畏惧的氛
72 围中工作。他对自己的学生非常之好,不仅仅是他们学术上的导师,
因为他觉得自己也应该跟学生们保持社交层面的沟通。他经常邀请
学生们去他的住处就餐,很愿意在学生们的陪伴下在苏格兰的山野
中远足,他会完全为了指导学生所带来的乐趣而对一个遗址给出精
彩的分析和评估。

第二次世界大战时期,有一整年的时间里柴尔德只有三个学生:
海丝特·斯科特夫人(Mrs Hester Scott)、J. H. 伯恩斯和一个姓尼科
尔森(Nicolson)的男生。他屡次三番地请他们吃午餐,最后学生们决
定回请一下老师,于是在一家中餐馆安排了一次经过特别准备的午
餐。据斯科特夫人回忆,那次集会是以一种非同寻常的方式结束的:
"所有四人按时聚集会餐,一切都进行得很好,吃完饭以后,我们在一
起又聊了很长时间,这时候出了点小问题:我意识到我们三个人应该
有一个表示离开……所以就试着在桌子底下踢吉米[伯恩斯](Jimmy
[Burns])。根据柴尔德教授像盒子里的杰克(Jack-in-the-box)那样猛
地跳起来的反应,显然我踢中的是他,而不是吉米……结果我们为柴
尔德教授精心准备的午餐就以这种方式收了场。"虽然如此,柴尔德
晚年曾伤心地向伦敦大学考古研究所一个研究生抱怨,说他在爱丁
堡大学整整十九年间,从没有一个学生邀请他出去过。玛格丽特·克
里顿·米切尔后来解释说:

---

12 Cruden, S., *op. cit.*, 258.

　　是他的聪明和渊博在他的学生（我都认识）面前树立起一道
他们无法真正跨越的障碍，我觉得他本人没有意识到是什么使
他和他们有隔阂的，我知道他有时候很笨拙很无辜地尝试着像
学生之间那样交流，但好像从没怎么成功过。

　　柴尔德在爱丁堡最初的住处在利伯顿（Liberton），靠近令人羡慕
的布雷德山（Braid Hills），因为柴尔德非常喜欢在那里散步。从他公
寓所在的钱伯斯街到学校有一点距离，这或许就是他购买自己第一
辆车的好借口。他买的是一辆奥斯汀 7。在 1931 年给玛丽·艾丽
丝·伊瓦特的一封信中，他写道："我狂爱开车（当我自己是司机的时
候）；开车给人很有权力的感觉。"不过那辆奥斯汀 7 翻车以后，他就
换了一台空间和马力都很大的美国四座敞篷车，同样开得很差，但他
似乎很享受。他对自己的车都很满意，会很高兴地让那些敢于接受他
好意的同事和学生搭车。这种时候，要说服他让出驾驶员的位置，是
需要动一点心思的。他最喜欢乐呵呵地跟人讲关于他开车的一个小
故事：有段时间，他凌晨三点一个人开着自己的四座豪车全速行驶在
伦敦的皮卡迪利大街（Piccadilly），只是为了好玩。有一次，当他行驶
到摄政公园（Regent's Park）附近的时候，警察泊车处理这位超速的司
机，柴尔德全靠着自己身边女乘客的魅力才得以免除惩罚。

　　除了在山间散步、听古典音乐会、打桥牌，柴尔德把大部分的业余
时间都花在自己的工作上。他有好几年时间住在埃灵顿克雷森特
（Eglinton Crescent）的德维尔酒店（Hotel de Vere），那是一家舒适的半
住宅式酒店，而且酒店的名字对柴尔德来说也很适合（他的名字中也
有"Vere"）。他房间的布局都以实用为目的，因为他缺少布置住处方
面的才华。不过无论如何，他那宽大敞亮的"新市镇"风格（New
Town）客厅有成套的家具，看起来也很适于一个单身学者居住。尽管

73

柴尔德成长的环境里不缺少文学——至少他的姐姐艾丽丝是一位超级的文学爱好者,但柴尔德本人却不怎么喜欢阅读小说。他倒是很喜欢劳伦斯(D. H. Lawrence)的《袋鼠》(*Kangaroo*)。该书初版面世于1923 年,颇能反映出柴尔德自己对二十年代早期的澳大利亚和澳大利亚劳工政治的感情:"那种深刻的澳大利亚人的冷漠,但还不是彻底的无动于衷。"[13] 对库斯勒(Koestler)的《正午的黑暗》(*Darkness at Noon*),他评论说:"尽管是明确的反苏宣传,但该书确实从心理层面简洁描述了忏悔是如何被逼出来的,也描述了一个坚定的独裁政党党员会有什么样的未来……"[14] 他爱好诗歌,他去世之后,惠勒爵士在讣告中还称赞他是一位能用原文解说古希腊诗人品达(Pindar)颂诗的学者。柴尔德尤其喜欢济慈(Keats)的诗,虽然他说自己最喜欢的两首诗分别是华兹华斯(Wordsworth)的《责任颂》("Ode to Duty")和勃朗宁(Browning)的《文法学家的葬礼》("A Grammarian's Funeral")。斯图尔特·皮戈特曾说柴尔德也好像是"灵魂水饱和"[15],也就是说,他就像勃朗宁诗中的文法学家专注于自己的学科那样,把自己献给了考古学。

柴尔德任职阿伯克龙比教授期间,按要求每年只上两个学期的课,因此他每年都有将近六个月时间(除了进行发掘的几个礼拜)可以去别的地方。他经常去国外,不过也会在伦敦待很长时间,不但使用那里的图书馆,而且和伦敦的朋友保持着联系。有时他会住在莫斯科大厦(Moscow Mansions)(也是有意根据名字选定的)的一间公寓里;不过,他也经常会续租一个旅居他国的朋友在伦敦的公寓——比

74

---

13   Lawrence, D. H. (1923) *Kangaroo*, 387.

14   致 O. G. S. 克劳福德的信,日期不明。

15   原文为 soul-hydroptic,hydroptic 疑为 hydropic 的误写。——译者注

如达里尔·福特,还有一次是动物学家祖克曼,是解剖学家艾略特·
史密斯介绍他们认识的。祖克曼后来回忆道,当他 1934 年结束在美
国的旅行返回自己在奥蒙德特勒斯(Ormonde Terrace)的公寓时,他
"根据地上的空酒瓶子惊讶地发现,好像柴尔德只喝马德拉白葡萄
酒——或者是马沙拉白葡萄酒? 看起来他是在一把扶手椅上完成所
有读写工作的,我从未搞清楚他是怎么为自己所写的那些著作完成
如此巨大的知识储备的"。[16]

　　斯图尔特·皮戈特和他同为考古学家的妻子,即现在的玛格丽
特·吉多,也是柴尔德喜欢在伦敦见到的朋友。皮戈特后来接任柴尔
德成为阿伯克龙比教授,他比柴尔德小近二十岁,二人都致力于史前
考古学的研究,他们的亲密友谊一直持续到柴尔德 1957 年去世。
1929 年,皮戈特被任命到威尔士皇家古迹委员会(Royal Commission
on Ancient Monuments ［Wales］)工作,1934 年成为威尔特郡
(Wiltshire)埃夫伯里地区(Avebury)的考古发掘助理主任;他在英国
新石器研究方面所做的工作,让人们立刻就意识到他是一位出色的
年轻考古学家。他从来就不是一位与世隔绝的史前史学家,他利用二
战期间被派往印度工作的业余时间,研究了铜石并用时代或红铜时
代(Copper Age)的材料,其研究和分析在 1950 年出版成书,即他的
《史前印度》(*Prehistoric India*)。

　　柴尔德与当时其他知识分子保持联系的另一种方式,是成为一
家非正式的就餐俱乐部的早期会员:这个俱乐部叫作"陶岑阔"(Tots
and Quots),由索利·祖克曼(Solly Zuckerman)创立。俱乐部在两次
世界大战期间的会员中,包括很多后来成名的精力旺盛的年轻科学
家:李约瑟(Joseph Needham)、霍尔丹(J. B. S. Haldane)、J. G. 克劳瑟、

16　Zuckerman, S. (1978) *From Apes to Warlords*, 87.

贝尔纳(J. D. Bernal)和海曼·利维(Hyman Levy)等人,利维是一名数学家,也是科学工作者协会(Association of Scientific Workers)的创始人之一。这群年轻人动机严肃,对科学在社会中的角色问题尤其关注。祖克曼后来回忆俱乐部的创立和气氛时说:

> 我们的揭幕"会议"在 1931 年召开,地点是一家现已不存但在当时却远近闻名的具有维多利亚时代风格的饭馆,名叫帕加尼斯(Pagani's),位于大波特兰街(Great Portland Street)。接下来我们每隔一个月左右聚餐一次,通常是在索霍区的一家任由我选定的餐馆的包间里进行。作为召集人,我不但要负责决定菜单,还要敲定我们饭后集中讨论问题的题目,以及安排开场发言人。但俱乐部还是没有按我们当中的有些人当初设想的那样运行。吉普·威尔斯(Gip Wells)在我们第一次集会之后就退出了,说他原本希望整个集会会很有意思,但很显然这将变成修道院那般枯燥严肃。我们的集会可能还没有变成修道院式的,但无疑非常严肃。
>
> 现存第一次讨论的纪要只是说要将俱乐部会员人数限定在二十人以内,其中有十四人已经获得了提名,以后挑选的入会者必须经过无记名投票,俱乐部的目标经由讨论产生,要便于兴趣不同者的参与。俱乐部名字的问题也提出来了,但直到下一次会餐时才得到解决。当时,经过好几次激烈的讨论后,杰克·霍尔丹评论说"人心不同,如其面焉"(quot homines tot sententiae);当时兰斯洛特·霍格本(Lancelot Hogben)刚从南非回来不久,就跟着说了句"the quottentots","quottentots"是一个文字游戏,来自Hottentots 一词,后者是南非的一个原始部落的名字,霍格本可能在这个部落灭绝之前见过其中的一两名幸存者。就这样,我们开

始叫 Quottentots，最后就变成了"陶岑阔"……

俱乐部头一两年的运行好得不得了，俱乐部为人所知的名头"陶岑阔"也是再合适不过了。聚餐之后的每一次讨论都能激起思想的交锋，大家彼此意见分歧的程度越大，也就越能激发思想。虽然大家讨论所涉议题越来越宽，但大家辩论的焦点，越来越多地集中在科学对于社会的一般意义，以及科学在社会发展中所扮演的有意识的角色这一问题上。[17]

柴尔德总是很关心国际的学术交流。在爱丁堡大学工作的那些日子里，他经常去国外，去欧洲各地参加会议，并利用这些机会与各大学各博物馆的学者们建立起联系。二十年代晚期的时候，J. L. 迈尔斯和其他许多国家的杰出学者们正致力于成立一个国际史前史学家会议组织。柴尔德对这项工作很感兴趣，积极投入其中，并与迈尔斯一道参加在瑞士召开的为发布该计划而举行的筹划会。首届国际史前史暨史前人类学科学大会（International Congress of Prehistoric and Protohistoric Sciences）于 1932 年在伦敦召开，第二届于 1936 年在奥斯陆召开。两次会议柴尔德都参加了，而且对战争导致推迟原计划于 1940 年在布达佩斯（Budapest）召开的第三届大会深感失望。

在这些会议上，柴尔德迅速成为广为人知而且广获喜爱的人物，有意思的是，这既是因为他古怪，也同样是因为他有学问。无论走到哪里，他怪异的长相足以引起大家饶有兴致的评论，而他的衣着让他本就显得怪异的长相更加引人注目。他总是头戴一顶大号黑色宽檐帽，让人联想起澳洲的羊农，大家一般都认为他戴的帽子是从某个富有异国情调的东欧国家获得的，但其实他是从杰明街（Jermyn Street）

76

17　Zuckerman, S.（1978）*From Apes to Warlords*, 393-394.

一家体面的帽子制造商那里购买的。他的衬衫和领带多半是红色的，以强调他的左派思想，但这与他的粉亮粉亮的鼻头和胡萝卜色的头发形成了强烈的冲突。夏天的时候，他经常穿着很短的短裤，腿上着袜、吊袜带以及大而笨重的靴子。更有特点的还得数他的黑亮黑亮的雨衣，有时垂在臂弯，有时随意搭在肩头，像个斗篷。无疑，柴尔德很清楚他的这身打扮会引起什么样的反应，有时他似乎很享受因自己不合时宜的穿着而引起的权威们的那种狼狈反应。

柴尔德对自己的语言知识极其自豪，会利用每一个机会炫耀自己的语言技巧。问题是，尽管他可以熟练使用多种语言进行阅读，但说话的时候总是口齿不清。他讲任何语言都带有自己的口音，从不向正确的发音妥协，这倒是合乎丘吉尔的原则（Churchill principle）[18]。1936 年在奥斯陆召开第二届国际史前史暨史前人类学科学大会期间发生的一件事，很是让他的同伴们津津乐道。会议期间，有一天天气很热，包括柴尔德在内，十二名参会代表决定下午逃会，去品尝一下当地正当季的奶油覆盆子。一行人到了一家饭馆，落座，服务生走过来，柴尔德对大家说："我开始知道怎么说挪威语了，我知道覆盆子用挪威语怎么说。"在座的史前史学家们相视彼此，都有些担心。这时候柴尔德对服务生说："Bringebear."服务生点头离开，不大一会儿就端过来十二杯啤酒。Bringebear 的确是挪威语覆盆子的意思，但很明显，服务生把 bringebear 听成英文"bring a beer"（"来杯啤酒"）了。一个胆子小一点的人或许会意识到自己的挪威语不够流利，但柴尔德毫不畏惧，大声重复道："Bringebear!"不一会儿，桌子上的十二杯啤酒就变成了二十四杯。这时候，他们中的一位转身用英文对服务生说："我们要的是覆盆子。""噢，是这样啊，"服务生也用完美的英文回答说，"抱歉，我一会儿就拿过来。"

1935 年，柴尔德第一次访问苏联。这次访问使他恢复了对共产主义未来以及考古学在共产主义社会所扮演角色的兴趣。他陪同两位好友——爱丁堡大学美术教授大卫·塔尔伯特-里斯（David Talbot-Rice）和他的俄罗斯妻子塔玛拉（Tamara），花了十二天时间在列宁格勒和莫斯科参加一个关于波斯艺术的大会。柴尔德首先承认自己对视觉艺术一窍不通，他此行的主要目的是结识俄罗斯考古学家和参观博物馆。这个共产主义国家通过中央组织博物馆和考古发掘的做法，给他留下了深刻印象。他经常给人留下对苏联的认识有盲点的印象。毫无疑问，和很多人一样，他对苏联共产主义的早期保持乐观态度，会对从事考古工作的同行们因政治偏见而无视苏联考古的积极方面而感到愤愤不平。尽管如此，他对在苏联生活的危险性并非一无所知。1953 年出访苏联之前，他曾把所有东西都井井有条地摆放在桌子上，像他说的那样，以防自己"会决定留在苏维埃天堂"。尽管知道赞扬共产主义会惹恼一些同事，但他还是从没让他们失望，毫不犹豫地扮演自己"红色教授"的角色，不过私下里，他对苏联的看法可能比表面上看起来更有批判性。他对斯大林－希特勒条约（Stalin-Hitler pact）[19] 感到震惊，在二战开始的几年里曾打算宣布他是明确的反极权主义者。

柴尔德的很多同事和学生都搞不清楚怎么来看待柴尔德的信仰，因为毫无疑问，有时候他是故意用他的马克思主义信仰戏弄大家。《工人日报》于 1933 年创立，柴尔德想办法让所有人都知道他阅读这份共产主义报纸。斯图尔特·皮戈特告诉过大家这样一个经典的故事："有一次，我和他一起走进他在考古研究所的办公室，他看着自己

19　即《苏德互不侵犯条约》。——译者注

凌乱的办公桌笑嘻嘻地说:'我的《工人日报》摆得不够显眼啊!'然后在报纸堆里翻了半天,终于找到了他的《工人日报》,特意摆在醒目的位置,以等待下一位来访者。"[20]

当然,柴尔德很享受优越生活所带来的舒适,他曾自我解嘲似的对爱丁堡的一名学生说,工资越高,自己的政治激情就越消沉。他故意强调他是"红色"的这一事实,但他这样做,实际上是对自己根深蒂固的信念的保护:那些思想保守的同事们,如果能对他的"共产主义"倾向一笑置之,可能会更愿意接纳他。有一点很重要,当他充分利用他的红色领带和《工人日报》吸引大家眼球的时候,他的同事们可能就不会注意到他为左翼期刊和社团所做的事情。对很多人而言,他的马克思主义信仰,只不过是热爱俄罗斯再加上在做考古报告时偶尔提及"共产主义社会"这样的名词而已。

柴尔德一直希望,任何人都应该能得到自己想要的教育,这就是他积极支持工人教育协会(Workers Educational Association)工作的原因,也是他坚信铁幕(Iron Curtain)不应该成为国际知识交流的障碍的原因。他热衷于苏维埃组织展开的考古学,部分是因为苏联考古鼓励考古报告和新材料的迅速发表及核心所引,所以他成为《古物》一刊的坚定支持者并不奇怪。该杂志于1927年由他的左翼朋友O. G. S.克劳福德创刊,其创立满足了持续扩展的史前史研究的要求,使得史前史的研究不必去迎合过时的《古物杂志》(Antiquaries Journal)及其他刊物的要求。柴尔德曾经对克劳福德说,《古物》不但为史前史学家们提供了关于最新考古数据的材料和想法,而且对促进考古学的民主化都很有价值。

20　Piggott, S., *op. cit.*, 312.

　　1937 年 1 月,柴尔德的叔父加农·克里斯托弗·文恩·柴尔德
(Canon Christopher Venn Childe)去世,享年 90 岁。柴尔德从 1914 年
起就会不时地去看望一下他叔叔,两个人对一些事情的看法无疑存
在着广泛的分歧,但加农叔叔很佩服侄子的学问。他曾说,侄子的政
治观点,确切地说,虽然不是正红,至少也应该是深粉。柴尔德的父亲
斯蒂芬·柴尔德,到那时已经去世将近十年了。就这样,柴尔德与他
在澳大利亚的家庭教养和祖先的联系纽带终于断绝了。长时间以来,
尽管不是那么好辩,但他的确是一个理性主义者和无神论者;这或许
也导致他在最后结束生命之前,一直拒绝回澳大利亚探望亲属。在他
的考古学著作里,他很少说宗教的好话,不但如此,他还倾向于认为宗
教是阻碍人类在控制外在环境方面的进步的绊脚石。在他 1947 年出
版的《历史》(*History*)一书中,柴尔德将巫术和宗教进行了对比,他
说:"巫术是让人们相信他们将获得他们想要的东西的手段,而宗教
则是说服他们应该得到他们想要的东西的系统。"[21]

　　但柴尔德属于那种需要某种信仰的人。他在黑格尔和马克思的
哲学里寻找。虽然他经常被称作"马克思主义者",但他的信念从不
教条,总是具有独特的风格,而且终其一生都在持续变化着。当我们
试图评价马克思主义对他思想的影响时,很重要的一点就是,我们首
先要将马克思主义作为一种思想体系,以此与大众惯常理解的、在苏
联实验的共产主义的那种马克思主义区别开来。其次,"马克思主义
者"的标签也容易让人产生误解,因为没有一种所有的"马克思主义
者"都要恪守的统一教条。柴尔德所认为的马克思主义常常与当时
的"正统"("orthodox")马克思主义观点相冲突,或许部分原因是他早
在 1913 年就研究过黑格尔、马克思和恩格斯的著作,他始终倾向援引

79

21　(1947)*History*, 37.

原文而不是后来的解释，还有一部分原因在于他接受上述思想家的观点时是有选择而不是全盘吸收的。另外，对于柴尔德在澳洲和英国担任政治秘书那段时间的表现以及他后来参加的那些有政治目的的组织的会议，一位严格的马克思主义者能否同意这真正符合马克思主义理论与实践相结合的要求，其实是值得怀疑的。

柴尔德基本上接受马克思主义关于历史发展模式的观点，这一观点提供了以经济、社会和意识形态为基础的文化结构性分析，确立了以经济变化为基础的文化发展原则。与偏激的马克思主义者或极端传播论者不同，柴尔德同意外部发展与外在接触都能影响到文化的变化。不过，柴尔德只在 1949 年有一次明确地就马克思主义对史前史研究的价值陈述过他的观点。这篇文章是以驳论的形式对格林·丹尼尔发表在短命的《剑桥杂志》（*The Cambridge Journal*）上的一篇文章的回击，该文在完成三十年后才首次发表，在这里值得全文引述：

> 在其大作《史前史的辩护》（"Defence of Prehistory"）一文中，丹尼尔博士指名道姓，称我是马克思主义史前史的倡导者，但他并没有对什么是马克思主义史前史做出进一步解释，而只是暗示要将"马克思主义的"这一形容词理解成一个贬义词。但读者或许想要了解更多。无可否认，马克思主义的历史观和史前史观是物质决定主义和唯物主义的，但马克思主义的物质决定主义并不是机械主义，用马克思主义的术语说，应该叫作"辩证唯物主义"。说它是决定性的，意味着历史的进程不仅不是无法解释或者被解释成神秘事件的接连发生，而是所有的构成事件都相互联系并形成可被理解的模式。但对这些关系不应作机械主义的理解。这一进程既非机械地重复，也非提前决定，不像机器的

操作那样,无论如何复杂,都只能生产出它被建造来生产的东西而不是别的。这一进程依然产生一种模式,其未完成的部分必须与已然存在的模式保持和谐,虽然也许有各种不同的组合与这一模式竞争。

历史科学的使命就是去发现这些模式,即通过观察已完成或者已发生的事件来发现将这些事件联系起来的一般法则,这是因为马克思主义者将历史视为一门科学——至少潜在上是的。因为科学知识也是实践知识——这一观点也得到唯心主义者贝内代托·克罗齐(Benedetto Croce)的赞同——所以这些法则必须成为行动的准则。但是请注意,这里所说的"行动"包括对新知识的获取。从这个层面来说,格雷厄姆·克拉克博士(Dr. Grahame Clark)去年夏天在弗利克斯顿(Flixton)的发掘证明,史前史可以合理地宣称为一门科学。现在,至少欧洲史前史模式的某些部分已经足够清楚,允许我们合理预测何种文物属于何时何地的遗存。克拉克的发掘工作证实了这样一种预测的合理性,当然同时也在实质上丰富了我们对这一模式的认识。

我们之所以说马克思主义历史是唯物主义的,是因为它利用物质的、生物学意义上的事实为首要线索,去发现一般的、潜藏于表面的互不关联的事件所形成的混乱状态深处的模式。他源自一个显明的真理,即活人离不开食物。因此,一个社会要想得以生存,其成员必须得能获取足够的食物以维持生命以及人口的再生产。任何一个社会,如果赞同停止所有食物供应(例如,如果所有古埃及农民都认为必须成年劳作以建造一座超级金字塔)或者停止人口再生产(如某种普遍而疯狂的独身主义美德的信念所秉持的那样)这样的信仰或制度存在,那么这个社会很快就会走向灭亡。很明显,在这样的限定情况下,食物供应即使在决定信仰和思想方面也一定起到了最终的控制作用。更具体地说，据此可以推测，谋生的方法最终起到了类似的作用，从长远看来，人们借以生存的方式应被看作是"决定"他们信仰和制度的东西。

然而，人们借以谋生的方式反过来一方面由其生存环境——包括自然资源、气候等等——决定，另一方面也受科学技术——即该社会用以开发他们赖以生存的环境的知识——决定。人类对任何环境的开发和利用必然离不开合作，合作则总是有组织的。这种关系总是受到符号和信仰的刺激，而这些符号和信仰强化或者取代了所谓的养活自己及家人的内在动力。因为，即使在非常简单的社会中，今天必须完成的工作（比如清理玉米地块）和将要吃到的食物之间的联系，经常并不直接相关。马克思主义者想努力表明，在任何一种具有既定工具和知识装备的既定环境下，只有一种组织形式能确保最平稳最有效的开发，而其他任何一种组织形式都可能阻碍生产甚至导致生产瘫痪，而且一般来说，只有一种意识形态——制度、信仰和思想——会保持那种组织最平稳地发挥其功能。

因此，辩证唯物主义与巴克尔（Buckle）等人提出的环境论或地理决定论截然不同。并不是作为动物的人的个体调整自己适应环境，以便像一只兔子或者老鼠必须做的那样得以生存，他必须要调整自己去适应的是社会，而这种调整，准确地说，就是从泰勒（Tylor）开始的人类学家们所称的文化。作为个体的人自身由他所在的社会的文化所决定，从他所在的社会里，他学会了如何交谈，如何获取食物以及如何食用，如何使用——以及在简单社会里如何制造——他的工具，总之学会了如何像人那样生活。毫无疑问，社会由单个的人组成，如果一个社会所有的成员都消失了,这个社会也就灭绝了。真实的情况是,没有任何个体的人能够离开他所属的社会以及那个社会所支撑的文化,而且,从长远来看,这一文化必须通过利用环境满足社会的需要——首先是社会成员对食物的需求。

或许从抽象的理论上说,环境是保持稳定的。即便那样,知识得到积累,生产技术得到进步,当然,这也真正地改变了环境。这一点,即使被过时的政治-军事-宗教史书所忽略,也会由考古明白地显示出来。反过来说,社会组织必须调整自身以适应知识和技术的每一个进步,而调整过的组织一定要得到体制行为和信仰层面的相应革新的支持和认可。当然,在具体的实践中,事情极其复杂:生产设备、生产运作和产品分配(经济)所需组织,以及激励生产的法律、宗教、艺术制度和思想之间的关系不是单方面的,而是像社会及其成员之间的那种辩证的关系。

这些复杂性,在只有贫乏的技术装备的简单社会里是最不显眼的。而这正是史前考古所研究的社会的文化。自然地,因其对社会的强调甚于个体(正如丹尼尔所指出的,单靠考古学还无法探及个体),因其强调生产装备(在考古记录中数量庞大),所以辩证唯物主义就成为尤其适合将遗迹和文物的组合转变成历史数据的工具。

早在十八世纪,历史学家们就根据对新大陆(New World)尚未掌握文字的民族的考察,在想象中将人类依次划分成代表野蛮(savagery)、未开化(barbarism)和文明(civilization)三个等级。到十九世纪,民族志学者将这样的语汇用于描述假设的人类进化过程中的连续阶段,这样的进化过程是他们从比较研究中演绎而来的,正像拉马克(Lamarck)从对现存生物体的比较研究中推导出动物种类进化的序列一样。他们缺少只有考古学才能提供的证据,以将他们逻辑意义上的序列转变成时间上的序列,正像拉马克缺少所需的古生物学证据来证实他将物种等级顺序等同于历史发展进程一样。无可否认,即使像恩格斯利用考古数据来支持摩尔根提出的方案这样具有开创性的尝试,也需要根据越来越丰富、越来越准确的考古学和民族志学证据进行修改和校正。

今天,考古学告诉我们,如果以社会生存的方式为标准,那种逻辑意义上的从野蛮、未开化到文明的序列,与社会发展的时间序列是相吻合的。事实上,最初在整个旧石器时代,所有社群完全依靠采集或捕捉大自然所提供的食物生存,接着,到了新石器时代,有些社群开始通过培育可食植物或者饲养供食用的动物或者结合二者来生产食物,但仍然没有正常的分工,也不依赖与外界的贸易来获取生活必需品。最后,少数农村公社逐渐能够产出足够多的剩余食物以养活从事第二产业的全职专家(full time specialists),后者从事贸易,或者组织社会合作;这些人虽然不是直接地致力于食物的供给,但通过为初级生产者提供更好的设备、效率更高的技术,或者只是对劳力的更有效的刺激,他们的活动间接地增加了食物的供给。

马克思主义者坦诚地希望,哪怕只是在一般意义上而言,根据同样的标准所划分的现存的简单社会,可以被用来说明相应史前社群所赋予的制度、信仰和审美思想。但是,他们现在意识到,具体使用这些原则并没有听上去那么容易。(俄罗斯考古学家,近来大都成为马克思主义的信徒,在三十年代早期曾尝试把恩格斯的理论整个地应用于当地史前史的研究,但到1940年的时候,他们基本上都意识到那样做是行不通的。)

之前对未开化、野蛮和文明的定义非常抽象。对民族志学和考古学记录的进一步检视告诉我们，像"野生食物经济"（"wild food economy"）、"少有余粮的农耕经营"（"subsistence farming"）这样地毯式的宏大词汇，包含了范围广泛、多种多样的重要生产活动。将一个考古文化或者当代部落归入这头或那头并不难，难的是为这种归类找到存在的证据，比如，即使是从经济上而言，一个特定的旧石器时代的文化所对应的应该是哪一种当地狩猎族群呢？在欧洲，没有哪个旧石器时代族群会像澳洲人那样与环境抗争或者从环境中受益，澳洲人没有比有袋目哺乳动物更大的动物去猎取或者去逃避。但环境的不同也会造成狩猎武器、追赶猎物组织方式的不同以及据说是社会结构和"意识形态"的不同。

因此，与只根据生产设备的相似性就将爱斯基摩人（Esquimaux）视为典型的马格达林人（Magdalenians）的非马克思主义作者相比，当下使用马克思解释方法的史前史学家，在通过对比我们尚未使用文字的祖先和现代野蛮人或未开化的人来下具体结论的时候，很可能会更加谨慎。毫无疑问，有了关于史前公社经济的更详尽的知识，再加上对今天相关社群的整体理解，将会产生更加准确也更加可靠的结果。一位马克思主义史前史学家的目标，是从他称之为文化的集合里演绎出一幅关于有效经济组织的详细图景，而这样的经济组织可以与现存的尚未使用文字的社群进行逐条对比。

正如他会敏锐地从记录中细查稍纵即逝的巫术或宗教实践的描述以及战争头领[22]或神圣国王的描述，如果只是检查推论，这位马克思主义史前史学家可能会不由得在一个已经灭绝了的

22　原文为 ear-chiefs，ear 疑为 war 的讹写。——译者注

文化化石碎片和今天可以在新几内亚岛（New Guinea）或巴塔哥尼亚（Patagonia）观察到的活着的社会体之间进行对比。他这样做，至少比那些将史前史视为族群迁移的记录，而这些迁移又是通过墓穴形式、燧石箭头或者粘土石瓶等的相似性来描绘的人更接近史前史的书写。

83   俄国人把那些视史前史为族群迁移记录的人称作"文物学家"（reclicologists），因为一般来说这些人过于重视文物的形式，以至于忘记了这些文物是由人制造来满足人的需求这一点——比如，有一个纳粹学者不惜笔墨根据形状和部件对斧子（Beile）进行分类，却从来不问自己这些东西的用途——其实，他所列的这些"斧子"中，有一半属于锛（adze-blades），而锛是永远不能用作斧头的（axe-heads）。同时，没有马克思主义者否认传播作为文化变化中介的重要性，无论是通过迁移还是其他方式传播，而变化正是马克思主义者希望能够观察到的。这样的话，因为随意的相似性在形式上可以提供关于交往、关于传播机会的可靠指示，所以不存在形式上的不同会被忽略的危险。而且，即使在"物质文化"的领域，传播也总是意味着思想的传递；不知道如何制造使用而运输磨石，构不成手转磨"传播"的证据。所以，从马克思主义的意义上来说，史前史说到底应该是思想的历史，根据柯林伍德（Collingwood）的说法，所有的历史都应如此。[23]

柴尔德关于现实的性质与历史进程的哲学观点与马克思的观点非常一致。首先，他否认在历史进程之外存在任何现实的来源，所以，他像马克思一样，秉持唯物主义哲学传统。其次，他强调现实的可变

---

23 （1979）Prehistory and Marxism. *Antiquity*, 53, 93–95.

本质,这是导致他选择历史唯物主义和现实主义观念的重要因素。然而,在以下方面他又偏离了马克思主义:一是他并不总是运用辩证法来解释变化,二是他在分析历史进程时并不强调阶级的作用。在苏联那里他的这些观点存在很严重的问题:苏维埃学者将辩证法提到超越历史进程的高度,使得它们成为永恒不变的法则。但柴尔德哲学的重要原则是"不存在任何形式的超越",无论是宗教的还是非宗教的都不存在。

　　佩吉·伯基特(Peggy Burkitt)是剑桥大学史前史学家迈尔斯·伯基特(Miles Burkitt)的妻子,三十年代的时候,有一次她向柴尔德请教他的哲学。柴尔德回答说:"我想自己算是个金梯利‐克罗齐主义者(Gentile-Crocian)。"乔瓦尼·金梯利(Giovanni Gentile, 1875—1944)和贝内代托·克罗齐(1866—1952)都是意大利哲学家,信奉黑格尔哲学和马克思主义,二人都是意大利二十世纪空想主义运动的倡导者。克罗齐是意大利教育部长,但墨索里尼上台的时候他已经退休了,正是通过他的笔,哲学家维柯(Vico)的作品才被人们重新认识和研究。克罗齐自己的作品却比较晦涩。他把自己的哲学体系描述成思维或者精神的科学,拒绝任何形式的先验论(transcendentalism),而是代之以纯粹的内在主义(immanentism),不承认存在可成为真理标准的客观世界,也不承认存在可当作意志标准的道德原则。他认为,历史学吸收了哲学后,成为唯一的、真正的知识的形式。金梯利与克罗齐保持了十年的联系,但他拒绝接受克罗齐对理论和实践的区分,认为思维的本质即保持自我清晰的活动。金梯利后来成为墨索里尼的教育部长,最终被反法西斯主义者刺杀身亡。

　　柴尔德也是一位反先验论者:他1945年写给《理性主义者年鉴》(*The Rationalist Annual*)的一篇文章,与他1947年出版的《历史》和1956年出版的《社会与知识》(*Society and Knowledge*)一样,是他自己的哲学观点的重要陈述。这篇文章的题目是《历史中的理性秩序》（"Rational Order in History"），他在其中考察了关于历史秩序的理论，认为历史的秩序是有限的：历史学家能定义的只是趋势，而不是一致性；人作为历史进程的行动主体，难以在不完整的历史进程中看到秩序。但他始终坚决地反对任何形式的先验论和永恒法则，他在文中说：

> 黑格尔宏大观念中的甚无必要的超自然主义和先验论的陷阱，一方面被辩证唯物主义，另一方面被克罗齐和金梯利的空想主义，肃清了。[24]

虽然柴尔德的宗教观和政治观在他那个年代很不正统，但他发现当时英国当权派生活方式的某些方面对他来说有着难以抗拒的吸引力。1937年，他入选成为伦敦的雅典娜俱乐部的会员，尽管人有些古怪，但很快就成为该俱乐部有名的常客。他喜欢有人陪伴，经常在俱乐部吃饭，打桥牌。吃饭的时候他喜欢有好酒佐餐，认为自己颇有几分鉴赏家的味道，而且也会享用相当数量的威士忌。当时流行的谣言说他一天就能喝掉一瓶威士忌，这些说法当然有些夸大；真实的情况是，自从很多年前他牛津的同学恶作剧将他灌醉后，就再也没有人看到他喝成那样。他对高品质生活的喜爱，并没有把他的地位提高到像他的某些同事那样，而且对很多人来说似乎与他的社会主义思想相冲突，但并没有证据说明，他将禁欲主义看作马克思主义的一个重要部分：或许他认为生活的公平只属于无产阶级国家，而不属于帝国主义的英国吧。总之，他充分利用自己的工资，总是坐头等舱旅游，到

85

24　(1945) Rational Order in History. *Rationalist Ann.*, 24 – 25.

任何地方都住最好的宾馆。

柴尔德担任爱丁堡大学考古学教授的第二个十年,笼罩在希特勒的威胁和第二次世界大战的阴云里。柴尔德的社会主义信念依然强烈,与其他很多人一样,心中充满了对法西斯思想的厌恶。但在战争期间,他的哲学观点持续发展:有一点很清楚,即随着苏联共产主义实验的演变,他对共产主义的信仰也不再是那么不可动摇了。他一直密切关注着全世界政治事件的走向,随着1930年代希特勒掌权在德国造成的威胁一天天增大,他反法西斯主义的情绪也变得明朗起来。1933年5月,他在给玛丽·艾丽丝·伊瓦特的信中,描述了他前不久访问柏林的印象:"从表面上看,希特勒主义下的德国看起来欢乐而繁荣,看不到犹太人被打,也看不到共产主义者披枷戴锁,到处都是饭馆和林地,新建的博物馆都相当高级。但实际上事情糟糕极了:对一个连爱因斯坦、莱因哈特(Reinhart)和沃尔特(Walter)都能赶出去的国家,人们还能说什么呢!而通过对人类学和历史学的歪曲来为自己辩护,那就更糟!"

柴尔德对滥用历史以迎合政治目的的做法深恶痛绝。他在爱丁堡大学1933—1934学年课程的引言式演讲被当成一篇文章发表在《古物》杂志上,题目叫《史前史有用吗?》("Is Prehistory Practical?")。该演讲围绕考古的用处(这一主题贯穿他整个学术生涯)展开,他指出:

> 在当下的1933年,很难说史前史是无用的研究,很难说它完全脱离实际生活、与实际生活无关。至少在一个伟大的国度,对假定的史前史——经由一个未经训练的却无疑是天才的头脑错误地理解了的史前史——事实的解释,已经彻底改变了该国的

整个社会结构。凡是读过《我的奋斗》(*Mein Kampf*),或者即使只在《泰晤士报》读过该书的摘要,恐怕没有谁会看不出"雅利安人"种族优越感的理论对当代德国的深刻影响。在这些理论的名义下,有人被从公共生活中驱逐出去,有人则被关进集中营,书籍被焚毁,群言遭禁声,就好像是在宗教思想的幌子下重又回到了延续过十五个世纪之长的黑暗之中。[25]

在此,柴尔德一如既往地反对民族主义者对史前史的研究,提倡更为宽容的研究,就像他在自己的文章里所强调的那样:"客观研究的史前史,强调的反而是能生成文明共同传统的发展的宝贵性和重要性,而不是任何独立群体的乖离和特有气质——不管这样的群体有多好。"[26]

1936 年 5 月,他在《爱丁堡晚报》(*Edinburgh Evening News*)上读到一篇题为《你是雅利安人吗?》("Are You an Aryan?")的文章,同样感到不安。文中报道,一个新组织"国际民族学协会"(International Association of Ethnology)的第一次大会准备下一年在爱丁堡召开,而为这次大会顺利召开而举行的筹备会则刚刚召开,德国研究所(German Research Institute)为这一组织出了很多钱。柴尔德在《自然》(*Nature*)杂志表达了他的反对意见:

> 鉴于民族学和第三帝国(Third Reith)政治哲学的联系,人们不禁要问,[德国研究所的]这一慷慨之举是完全出于推进国际科学发展的无私愿望呢,还是想要得到"同源国家的认可",即同意"日

---

25 (1933) Is Prehistory Practical?. *Antiquity*, 7, 410.

26 同上,418。

耳曼民族(Nordic peoples)一定要认为自己是"帝国内政部长弗里克博士(Dr. Frick)想要的"一个社群(schicksalgemeinschaft)……"27

1939年夏季学期期间,柴尔德是美国加州大学的访问学者。虽然在此之前他曾多次访问美国,而且1936年在"哈佛艺术与科学三百周年纪念大会"(Harvard Tercentenary Conference of Arts and Science)上正式提出了史前考古学的概念,但他从未表示过自己对新大陆考古学有多少兴趣。的确,他在书中基本上忽略了来自美洲的考古学证据,这一点会遭人批评,但当问及此点时,他会毫不客气地回答说:"从没腾出工夫做相关阅读。"他忽略这些证据的原因不是很清楚,但这样做却是严重的疏漏,也降低了他作为一个客观学者的地位,因为这似乎在说他不愿意考虑可能会推翻他的假设的证据。他不喜欢美国式的生活。尽管有不少美国人都是他的好朋友,他还是在考古所的演讲中常常称美国人是"令人讨厌的法西斯鬣狗"。不过,不管他个人的感情怎样,事实确实是他忽略了欧洲和近东以外的考古学证据,即便是很多被忽略掉的证据关系到他非常关注的文明起源的问题。举例来说,多数史前史学家接受玛雅(Maya)和印加(Inca)文明是独立发生的说法,认为它们与近东诸文明没有关系。柴尔德在《历史上发生过什么》一书的第一章说得很清楚,美洲的史前史处于人类发展进程的"主流"之外,而后者才是他首先要关注的。当他美国的同事罗伯特·布雷德伍德(Robert Braidwood)就此事问起他的时候,他解释道:

27 (1936) International Congresses on the Science of Man. *Nature*, 137, 1074.

　　我一直清楚地知道玛雅人不适用于我提出的"［两次］革命"
理论。但在旧大陆(Old World)，城市化与金属、所需贸易以及间
接使得贸易成为可能的交通设施有密切关系。[28]

　　柴尔德在这里所说的"［两次］革命"，指的是他提出的"新石器时
代革命"和"城市革命"理论，他这样做是为了将人类发展进程分成不
同阶段。这样的思想，从1928年开始就能在他的著作里找到痕迹，最
终在他1936年出版的《人类创造自身》一书中得到了详尽阐述。关
于这一点，本书的下一章还会讨论。

　　1939年8月16日，柴尔德乘船驶离波士顿。等他在英国着陆的
时候，正值第二次世界大战爆发前夕的危机时刻。他对接下来几个月
的看法比较阴郁，在写给苏格兰史前史学家林赛·斯科特爵士的信
中，他说道："现在，我不相信自己在即将到来的灾难中能帮上什么，
与其跨越大西洋［到美国］，还不如退到大西洋里[29]看起来更合理
些。"他相信，在这第二次世界大战中，使用武力来反抗希特勒法西斯
主义的威胁是正确的，他也相信自己会被列入纳粹分子的黑名单，并
说如果法西斯军队入侵成功，他就会把自己淹死在运河里。柴尔德去
世以后，O.G.S.克劳福德曾写道："从性格上看，他倾向于悲观主义，
但他所具有的根深蒂固的善良，把他从愤世嫉俗中拯救出来。"[30]很自
然地，在战争开始的头些年里，这种悲观主义引领了他的生活：他在给
克劳福德的信中，有好几次都提到自杀的明智性。

　　逃避战争恐怖的方法之一是让自己沉浸在过去：1939—1945年

28　致罗伯特·布雷德伍德的信(1946)。
29　即投海自杀。——译者注
30　Crawford, O.G.S.(1957) Prof. V. Gordon. Childe. *The Times*, 5 November, 13.

间,柴尔德不仅写出了很多书很多文章,而且承担起了那些参军入伍的考古学家们的工作。除此之外,还有其他的任务:大战期间,皇家历史古迹委员会有个对轰炸或者军队训练可能危及的建筑物或地上文物进行拍照或快速进行地表调查的政策,柴尔德作为该委员会苏格兰部的会员,对于该计划涉及史前史方面的工作极其积极,而且全天候地进行过很多次探险。在这些探险旅途中,有好几次都是与安格斯·格雷厄姆一起完成的。安格斯·格雷厄姆1935年来到爱丁堡,一直在皇家历史古迹委员会苏格兰部任职。他后来回忆道:"我对他广博的学识和忍受身体疲劳的能力——这对一个体格较差的人来说就更引人注目——都怀有深深的敬意。"

有证据表明,战时生活必需品的匮乏在相对偏僻的苏格兰岛屿上并没有多么严重。1941年,他很高兴地为建筑工程部赴奥克尼群岛对那里的古文物进行视察。7月16日,他在从柯克沃尔的立石宾馆(Standing Stone Hotel)寄给自己同父异母的姐姐艾丽丝的信中写道:"我正在岛上,一共会住十天时间;这些岛屿我开始不喜欢,但后来变得喜欢得不得了。这里的气候真的不好,但这一次一直是出奇地安静祥和。鸟和花都棒极了。我从未见过这么好看的洋地黄花,即使在英格兰也没有;还有野玫瑰和黄色鸢尾花,含苞欲放;而三叶草的芳香令人陶醉。这里的人尤其可爱;我在斯卡拉布雷做过发掘工作,所以很受欢迎,我给他们做的广告给当地带来了很多观光者。我待在劳赛岛,宁静至极,可以无限享受黄油、奶油、奶酪、鸡蛋、自制烤饼和燕麦蛋糕、家酿麦芽酒、草莓、蜂蜜以及其他如今稀有的美味。"

柴尔德也是那些逃离希特勒统治的难民们的坚定支持者;他和O. G. S. 克劳福德为德国考古学家格哈德·伯苏和玛丽亚·伯苏(Maria Bersu)夫妇在财务和其他方面都提供了巨大的帮助。二人刚好在战前逃离祖国,被困在马恩岛(Isle of Man)上。他们承担了那里的发掘工作,柴尔德被指派汇报他们工作的进展。落在他身上的另外一件工作,是在爱德华兹(A. J. H. Edwards)应征入伍后,负责爱丁堡苏格兰国家文物博物馆(National Museum of Antiquities of Scotland in Edinburgh)的运转;爱德华兹当时是该博物馆的主任。柴尔德每周花三天时间做博物馆主任的工作,对自己的努力结果很满意。他认为自己在博物馆里的陈列,"无需征引斯大林或者恩格斯",就能让一般公众明白史前的故事。A. J. H. 爱德华兹没有来得及恢复从前的工作,就于1944年去世了;他是一位古物保护专家,从1912年起就是该博物馆的工作人员,只是1938年才接替J. G. 卡伦德成为博物馆的主任。

89　　　由于1939年爱丁堡大学聘用H. J. H. 德拉蒙德做兼职讲师,战争期间柴尔德得以从部分教学任务中解脱出来。德拉蒙德原本是受聘来讲授史前和体质人类学的,如果教授任课的那个学期在国外,他就代替教授来教所有的课。虽然战争破坏了柴尔德的旅行计划,但德拉蒙德仍然被留下来讲授史前史的课程,几乎持续到战争结束,不过这期间自1942年以后他又另外兼职做了学校图书馆馆员助理的工作。

这些年间,柴尔德对英国政府的政策持批评态度。1939年10月,《工人日报》刊登了一份讨论和平谈判的问卷,并附有著名左派人物对问卷问题的回答,这些人物包括萧伯纳、H. G. 威尔斯和J. B. S. 霍尔丹等人。柴尔德的回答清楚地说明他对英国首相张伯伦(Chamberlain)的不信任:在回答"你赞同和平谈判吗?"一问时,他说:"除非这不会再送给希特勒一个慕尼黑胜利。"他认为和平协定一定要有"一个经过矫正和强化了的国联(League of Nations)"的保证,"在创立这一组织的时候,苏联、斯堪的纳维亚民主国家、荷兰、瑞士等等——如果可能,再加上美国——应该在团中发挥领导作用"。[31] 他还主张废止殖民地,其行政由国际管理部门接管。不过,1938年,在一个于三一学院(Trinity College)举行的剑桥大学反战组织讨论科学与战争的人员拥挤的会议上,柴尔德却表示自己支持英国政府不计代价的和平政策。

　　大战开始的时候,柴尔德对苏联同样不持乐观态度。对于苏德互不侵犯条约的签订,他这样写道:"斯大林的行为无疑将有利于而且会加快共产主义的传播,但不管张伯伦过去的政策会多么有力地证明这种行动的合理性,它都没有使我摇摆的信念得到加强,而这种信念才是人类最好的希望……"[32] 尽管他继续在研究中使用历史唯物主义这样的概念,但在政治的世界里,此刻,他相信,法西斯的教条和马克思-列宁主义同样可能构成对人类的威胁。他在给O. G. S. 克劳福德的信中说,他觉得历史的脚步移动得太快了,"那些占有微弱多数的认为我们可以理性生活的人,为大众提供了某种工具,而这些工具却被多数大众的旧石器时代晚期的心智很糟糕地改造过了。但总的看来,会像美国佬说的那样,认为我们可以理性生活的人在兜售理性的生活方式方面,遭受了严重的(而且我认为是应遭受惩罚的)失败"[33]。

31　(1939) Answers to Questionnaire. *Daily Worker*, 14 October, 1 and 6.
32　致 W. 林赛・斯科特爵士的信(1939)。
33　致 O. G. S. 克劳福德的信(1940)。

06 爱丁堡时期的著作

柴尔德作为阿伯克龙比考古学教授在爱丁堡大学工作的 19 年间,发表了很多文章,也出版了一系列著作:不但包括像《欧洲文明的曙光》和《雅利安人》这样的通识性作品,还有为一般大众而写的书。这些书售量巨大,提高了史前史研究在很多国家的知名度。

在爱丁堡大学工作的早些年,柴尔德完成了一系列大部头综合性著作:从《欧洲文明的曙光》开始,之后又出版了《远古东方》《史前多瑙河》和《青铜时代》。这些著作对考古学来说非常新颖,也牢牢奠定了他的学术地位。在 1928 年出版的《远古东方》一书中,他为在爱丁堡大学开设的课程讲座收集了美索不达米亚和印度史前史的数据。每一年,近东和印度的发掘与发现都产生了大量的考古学证据,但在柴尔德之前没有人将这些数据汇聚到一起,没有人将它们与更宽更广的文明史观联系在一起。对柴尔德自己的研究来说,古老的东方,就其重要性而言,就好像是传播到欧洲的文明的摇篮:

　　一条清晰可见的线索穿过史前欧洲人那些混乱晦暗的传说,即东方的发明在西方的传播、采用和变化。[1]

1　(1928) *The Most Ancient East*, 1.

不过,《远古东方》没有清楚地讨论年代学的问题。但这的确是一个需要考虑的重要因素,因为,如果没有史前欧洲的绝对年代,无论是东方发明的重点还是传播的假设都不会被完全接受。

《史前多瑙河》于 1929 年出版,但相当一部分在柴尔德进入爱丁堡大学之前就已完成。还在写作《欧洲文明的曙光》的时候,柴尔德就意识到多瑙河构成了近东与欧洲之间的自然走廊。《史前多瑙河》一书的主题,在于它揭示了多瑙河作为新石器以及后来时期文明传播渠道的重要性。柴尔德对于最新考古证据的无人能及的熟练掌握,使得《史前多瑙河》成为另外一部非凡的综合性著作;为写作本书,他考察了很多博物馆的大量藏品,这些博物馆都列于书首,是他勤于科研的证明。他基于陶器风格而得出的多瑙河六期划分的年表也非常重要。

年代学是史前考古学的一个主要难题。汤姆森的三时代系统是将史前人工制品进行有序排列的首次尝试。在那之前,古物学家就已经认识到这些人工制品的"古老",甚至"非常古老",但还无法区分其中的哪一些制品更为古老。一旦设计好某一系统能够将文物按相对时间顺序进行排列,接下来就是回答这些文物"有多古老"的问题。现在有像放射性碳元素测年(radiocarbon dating)这样的现代科学测年技术,这就使得考古学家在很多情况下能够高度准确地回答"有多古老"的问题。在这样的技术发展出来之前,如果要得出一个年表,对照测年是史前史学家们最常用的方法;而绝对年代,只有将相对年代与历史记录相系联,才有可能得出。在柴尔德生活的年代及其之前,只能通过发现两个文化群体之间的联结来证明它们存在的共时性。柴尔德本人对史前史研究的伟大贡献,就是他在欧洲年代学建构方面全面详尽的工作,而他所建构的年代学,依靠的就是对照测年。柴尔德《史前多瑙河》所做的对多瑙河六期的划分,提供的是一个相对

年表。关于对照测年方法,还有一个柴尔德式的标准笑话——在一个
既定的礼拜,就欧洲新石器和青铜时代的长短而言,是采用一个长一
点的年表呢? 还是短一点的? 这个年表,因为缺少绝对年代,所以像
风箱一样,可以被拉长,也可以被缩短,以迎合不同文化的长短不同的
时间间隔,但相对的时间顺序可以仍然保持不变。"东方主义者"较
喜欢"短"年表,"西方主义者"则更喜欢"长"年表,尽管这两种倾向
都是基于文化在欧洲与东方之间(不同)流动方向的预设。

92   从某些方面来说,《史前多瑙河》一书的序言与正文同样重要。
在序言中,他对那些他(以及紧跟他领导的多数英国史前史学家)用
于解释史前史数据的概念做出了清晰的阐述:联系(associations)、同
步性(synchronisms)、年代学(chronologies),以及他最有名的、经常被
征引的文化(culture)定义:

> 我们发现某些类型的遗存——陶罐、工具、装饰、埋葬礼仪、
> 房屋形状——重复地一起出现。我们应该称这样一个有规律地
> 相关联的特征的复合体为"文化组群"(cultural group),或者干脆
> 称之为"文化"。我们假设这样一个复合体即今天被称作民族
> (people)的物质表达。[2]

这一定义是独创性的,是对德国人类学研究中"文化即民族"
(Kulturen sind Völker)这一概念的首次英文表述。这样的概念在今天
的考古学看来似乎平淡无奇,但在 1929 年,却是很具有革命性的。柴
尔德刚开始他的考古生涯时,学界通常都会把陶器等同于族群;从
1925 年到 1930 年的五年间,他越来越多地对数据进行经济学的解

---

2   (1929) *The Danube in Prehistory*, v–vi.

释,这当然符合马克思主义理论,而且,就像柴尔德指出的那样,某种程度上说,哪怕仅仅是从史前史研究的对象,即他们所要处理的都是人类过去的物质遗存的角度考虑,多数史前史学家都愿意以此为基础来讨论问题。在1930年出版的《青铜时代》一书中,他相信自己已经达到了把三时代系统这一术语看作具有经济含义的阶段:

> ……考古记录的每一章……都包含非常丰富的信息。如果采用的标准是经常(regular)把青铜甚或是红铜用作主要工具和武器的话,那就意味着经常性贸易和社会分工的存在。[3]

柴尔德阐释的中心点,在于他相信金属是最早的不可或缺的商品,而且金属工匠都是需要依靠社会剩余产品生活的专业人员:"金属工匠的手艺非常复杂,需要长时间的学徒训练才能够掌握,不但劳作时间极长,而且要求苛刻,所以不可能只是空闲的时候才临时来做的工作;从本质上说,这是一种全职工作。"[4] 这一假设主要建立在民族志学的证据之上,所以"青铜时代"这一术语的社会学含义,就没有它的经济学意义那么肯定。

1933年复活节假期期间,柴尔德亲自去近东和印度考察当地新近的考古发掘和大量的新发现,这些发现迅速地改变了那些地区史前史研究的面貌。回来后不久,他就在给玛丽·艾丽丝·伊瓦特的信中,表达了他对自己刚刚访问过的国家和地区的印象: 93

> 伊拉克很有意思。除了有令人振奋的考古遗存(在《圣经》

3　R, 71.
4　(1930) *The Bronze Age*, 4.

里提到的埃雷克[Erech]，你可以下到 60 英尺深的深坑，那里的
坑道完整地纵切了史前废弃物，一直达到以前的波斯湾底），那
里的土地和人民也令人愉快——在冬天，虽然天气很冷，天空却
总是晴朗。你可以驾车穿越沙漠到任何地方（如果不下雨的
话）。平坦的沙漠无限延伸，只是偶尔才会被古老的运河堤岸或
者古城的废墟打断。火车和宾馆的条件可以忍受，而且相当高
效。英语看起来很流行，门卫、火车站站长、警察和邮差彼此用英
文喋喋不休地交谈，坐在乌尔(Ur)叉口或吉德尔(Khidr)火车站
站长的屋子里听他们谈话，挺有戏剧性的……

我发现印度很令人厌恶。天气死热，而你不得不雇一个仆人
一路跟着你，好帮你拿着卧具。这个国家人口可怕地超载，到处
都挤满了悲惨可怜的穷人，但其中盘踞着一个狭隘自闭的欧洲
移民群体，他们有自己的高尔夫球场，夜夜身着晚礼服。孤立小
群体所有的缺点，他们都有。聪慧的印度人（如果有的话）之间，
没有正常的友好关系，也没有什么能激励他们让他们负起责任。
这种情况所导致的部分结果，就是即使当他们处于负有责任的
位置时，也是无用的，而且通常也很腐败。我看不到什么希望。
不过，这里的遗迹却非常令人兴奋，值得受苦来看。

随着新发现的涌现，1928 年出版的《远古东方》完全过时了。
1934 年，柴尔德又出版了《远古东方新探》(*New Light on the Most
Ancient East*)，书中扩展并加强了对证据的经济角度解释。在这本书
中，柴尔德第一次提出了他关于史前人类文化两个伟大革命的理论，
即从采集食物到生产食物经济的变化和工业与经济基础上的城市文
明的建立这两大革命。他在近东考察期间，看到埃雷克和乌尔地区的
农村逐步扩展为大的城镇，这就跟英国的农村经过工业革命成长为

城镇的过程是一样的。因为前面提到的两种变化在考古数据中显示出同样的人口变化特征，所以他认为使用"革命"一词是合理的。这种衡量物种成功的数字标准，是他从达尔文的进化论学说中拿来的。

  1934—1935 年间，柴尔德参与了将垂死的东英吉利史前史学会（Prehistoric Society of East Anglia）整改成全国规模的组织——史前史学会（Prehistoric Society）的工作。柴尔德、斯图尔特·皮戈特和剑桥 94 大学学者格雷厄姆·克拉克都进入了东英吉利学会（East Anglia Society）的委员会，在一个不受欢迎的日子召开了一次会议，并因此推动进行了一次多数投票；柴尔德倒是非常享受这些多少有点可疑的程序。1935 年 2 月，柴尔德被推举为学会会长，发表了慷慨激昂的题为《变化中的史前史研究方法与目的》（"Changing Methods and Aims in Prehistory"）的会长致辞。这篇重要文章包含了若干他会在后来的专著和文章里进一步阐述的思想萌芽，着重强调系统而重要的分类是迈向史前史科学研究的第一步。他认为，传统的旧石器时代、新石器时代、青铜时代和铁器时代的分类，标识的是人类进步的重要阶段，是"影响了人类生活所有部门的真正革命"。[5] 让传统的文物分类法充满经济学意义，是柴尔德对考古理论的一大贡献。文中说道：

>   那么，我想暂时提出将旧石器时代、新石器时代等术语看作是经济发展阶段的指示的观点。选择按经济发展阶段分类的方法，考古学就不会抛弃我所说的文化概念所赋予它的历史特征。我们应该继续区分不同文化，并在绝对年代的框架下分配给每个文化以相应的位置。只有到那时，我们才能在"功能经济"分类的基础上考虑一个文化所属的经济发展阶段。这后一步构成

---

5 (1935) Changing Methods and Aims in Prehistory. *Proc. Prehist. Soc.*, 1, 7.

了某个史前族群的物质设备、经济组织和科学知识与其他族群的这些东西的对比。[6]

与其他考古学家卓然不同的一点是,柴尔德能深刻地意识到自己思想的理论基础。他坚持认为,就为史前史提供研究框架而言,马克思主义是一种最好的方法。1935年访苏回国后,他在对考古数据的解释方面一步步引入了更多的马克思主义术语。一开始他采用了马克思主义的野蛮(savagery)、未开化(barbarism)和文明(civilization)等概念,这些术语原本由十九世纪人类学家摩尔根(L. H. Morgan)提出。柴尔德在《远古东方新探》以及后来在史前史学会的致辞里提到的新石器时代革命和城市革命,将这些阶段区分开来。1935年,他出版了《人类创造自身》这本既为考古学家也是为公众而写的著作,进一步澄清了这两次革命的概念。

95   1936年,《人类创造自身》出现在理性主义出版协会(Rationalist Press Association)的"科学文化文库"系列(Library of Science and Culture),O. G. S. 克劳福德发表在《古物》杂志上的书评称之为"我们所读过的关于文明史的最具有启发性、独创性和说服力的贡献"。[7]《人类创造自身》告诉读者,传统意义上区分史前史和历史的二分法是错误的,且确实具有误导性:"……要辨别和揭示人类进步的线索——如果有的话——贯穿历史需要具有一种非常不同于我们上学时所学的正式教科书上所说的那种历史观。首先,深远而广阔的视野是必不可少的。"[8]

---

6   (1935) Changing Methods and Aims in Prehistory. *Proc. Prehist. Soc.* , 1, 9.

7   Crawford, O. G. S. (1936) Human Progress: A Review. *Antiquity*, 10, 404.

8   (1936) *Man Makes Himself*, 4.

从深远的视角来看,历史就是一部人类对非人类的环境不停加强控制的记录,《人类创造自身》的目标就是要弄清楚这一过程,这一过程虽然并不连续,却是不断前进的:"本书的目的之一,就是想指出,从客观科学的立场来看,历史发展可能仍然证明进步的信念是合理的,这既适用于上个世纪繁荣发展的全盛时期,也适用于其萧条期。"[9] 人类的进步,即使在文字书写发明之前,也可以通过两次革命的考古学证据得到科学的证实:

> 从人口曲线的向上凸起的意义而言,它们[10]类似于"工业革命",因此也一定要以同样的标准来评判……希望我对于两次革命的思考(因为年代久远,所以不可能引起我们对它们的愤怒或热衷),能帮助证明进步的思想——而不是感伤主义者(sentimentalists)和神秘主义者(mystics)——是正确的。[11]

在那个时候,柴尔德的作品所集中讨论的,主要还是在史前欧洲人类进步的方面,但在《人类创造自身》中,他探讨了东方的衰落;他得出结论,认为古老东方的阶级结构作为城市化所需的剩余产品积累的结果,未能转变成经济的进一步发展;其主要的不良影响,就在于造成了理论与实践知识的分离:"科学发展使得城市革命成为可能,但革命成果却被迷信利用了。农民和市民的功绩的主要受益人是神父和国王;从此,是巫术而不是科学登上了王位,并得到了世俗权力的投入。"[12]

9　(1936)*Man Makes Himself*, 2.

10　指新石器时期革命和城市革命。——译者注

11　(1936)*Man Makes Himself*, 16.

12　同上,268。

96   柴尔德相信马克思主义的历史概念,再加上考古证据无法避免的不足,这让柴尔德在研究中强调社会经济的因素,使得他的《人类创造自身》一书在一定程度上显得有些技术决定论的色彩。在他自传式的《回顾》一文中,柴尔德解释说,"就未能在书中强调本身并不完全属于经济范畴,而只是作为生产运作的一种方式的科学是怎样适用于一个制度框架这一点而言",他认为《人类创造自身》还不符合马克思主义的要求。[13]

马克思认为历史不仅仅由"生产方式"决定,而且也是由"生产的社会关系"所决定的;这些决定因素中就包括像迁移或传播这样的刺激因素,但是柴尔德在《人类创造自身》中并没有强调这些因素,就好像人类的进步都是独立产生的。他觉得 1939 年出版的《欧洲文明的曙光》第三版更接近于马克思主义,这一版更强调外来刺激因素的作用:当环境的变化、内部经济因素和外部的刺激结合在一起,它们就成为人类进步的决定力量,使得人类的进步不但具有科学性,而且具有历史性。

在《欧洲文明的曙光》的第三版中,文化传播论依然扮演了重要角色。柴尔德强调,"文化分区"(cultural zoning)是文化传播的最好示范,他在 1936 年解释说:"对我来说,传播本质上意味着思想的汇合,即从许多方面建立起来的人类文化资本。"[14]他还根据文化分区的方法证明,尽管更长一点和更短一点的欧洲青铜时代时间表都有可能成立——因为奥尼提兹文化(Aunjetitz culture)文化的年代有 1000多年的变化,所以以此为依据的欧洲青铜时代的年表长短也会有

---

13   R, 72.

14   (1937) A Prehistorian's Interpretation of Diffusion. In *Independence*, *Convergence and Borrowing in Institutions*, *Thought and Art*, 4.

1000 多年的不同——就最早时期的情况而言,长一点的年表不再是那么可靠了。但是,这样别出心裁的证据绝不是决定性的,因为并没有科学的依据。1938 年,他在剑桥大学举行的不列颠科学促进会(British Association for the Advancement of Science)H 分会的会长致辞中,也表达了同样的观点:"从东方经过西北,我们从多面而丰富的城市文明逐渐降级到完全贫困、完全依赖外部自然的采集食物的游牧部落文明。"[15]这与他所持的"欧洲新石器文化是对东方的简单模仿"这一观点没有多大不同;他在《回顾》中解释,在这个时候,"对希特勒主义考古学支持的痛苦的敌意和恐惧,让我极不情愿去承认所有欧洲未开化状态的积极方面"。[16]

在正常的岁月里,对现实的认识其实让他对过度强调传播论的看法持反对态度。阿尔弗雷德·詹金(Alfred Jenkin)是英国共产党史团(British Communist Party History Group)的一名档案员,也是该组织多年的财务主管,他记得,约在 1935 年的时候,柴尔德为剑桥大学田野考古俱乐部(the Cambridge University Archaeological Field Club)做过一次演讲:

> 演讲中他让大家注意这样一个事实:在墨尔本,人们仍然觉得戴一种高礼帽是适宜的,而在英格兰,戴这种帽子则已经不再时兴了;同时,有点钱的澳洲人都愿意开一种美国牌子的汽车,但这种牌子还没有打入英国市场。假如文明一夜之间被毁坏,未来的考古学家可能会推断说,高帽子和汽车在澳洲发明,但只有高帽子传到了英格兰,只有汽车传到了北美。明斯(Minns)是一名

---

15 (1939) The Orient and Europe. *Amer. J. Arch.*, 43, 21–22.
16 R, 72.

思想保守的优秀考古学家,他在演讲讨论的时段评论说:"好像纳粹分子相信传播论,而激进左派分子不喜欢!"

战争导致了田野工作的中止、旅行计划的中断,再加上没有学生,这就给了柴尔德一个评估过去几十年里英国考古研究成果的机会。1940 年,他的又一部综述式著作《不列颠群岛的史前群落》(*Prehistoric Communities of the British Isles*)出版了。写这本书的原因之一,与他对战争结果的悲观估计有关:他想在战火毁掉图书馆和博物馆之前,把现有材料综合一下。但令他惊讶的是,他发现,尽管是在轰炸和灯火管制的背景之下,自己写这本书的时候仍然很享受。这本书的准备工作比较仓促,给出的也只是关于英国史前史的临时观点,但该书对英国史前史的考察是以更广阔的欧洲史前史为背景,因此展现了英国史前史在区域研究中的相关性。这样的综合研究早就该有了,不过令人惊讶的是,《不列颠群岛的史前群落》一书,至今仍是研究英国史前史的少数的几本教科书之一。《不列颠群岛的史前群落》和《苏格兰史前史》(*The Prehistory of Scotland*)都受到了入侵假说(invasionist hypothesis)很大的影响,这一理论从二十世纪初就统治了英国史前史的研究,而这两本书都记述了一连串的入侵事件以解释变化。

1942 年,怀着对国际政治的深度悲观情绪,柴尔德写作并出版了《历史上发生过什么》一书。当时,他确信"欧洲文明——资本家和斯大林主义者一样——不可挽回地走向一个类似中世纪的黑暗时代(Dark Age)"。[17] 不过,他在书中坚信这一黑暗时代只是人类发展进程中一个暂时的阶段:

98

---

17 R, 73.

尽管不连续,但进步确实是真实的。上升的曲线分解成一系列的峰和谷,但在那些考古和历史可以勘测的领域,后来的谷不会低于之前的谷,而每一个峰都高于之前的峰。[18]

伴随这种乐观而来的激情和意志使得本书非常具有可读性。《历史上发生过什么》这一题目,是柴尔德特意挑选来表明他对历史这一概念的理解的:历史和史前史是人类适应自然或者改变自然来满足人类需求的连续过程。本书的内容截至罗马帝国的灭亡,而很多人将罗马帝国看成是传统历史开始的地方。尽管柴尔德大量使用了海赫勒黑因(F. M. Heichelhein)1938 年出版的《从旧石器时代到德意志、斯拉夫和阿拉伯人古代移民经济史》(*Wirtschaftgeschichte des Altertums vom Paläolithikum Bis zur Vökerwanderung der Germanen, Slaven und Araber*)一书中的内容来书写他所熟知的史前社会到罗马帝国这一段时期的历史,他却没有在自己的书中对这位流亡剑桥的德国学者表示致谢,这一点柴尔德难辞其咎。确实,柴尔德在给 O. G. S. 克劳福德的信中明确说道,如果他能找到可与海赫勒黑因的《古代移民经济史》相比拟的作品(从中柴尔德可以收集到关于拜占庭和阿拉伯时期的细节材料),他计划将书中的内容延伸到资本主义的黎明时期。《历史上发生过什么》被看成是《人类创造自身》的姊妹篇,而且,在柴尔德看来,这是对考古学的成功贡献,"是面向报摊的读者大众的具体可读的证明,即一般人理解的历史可以从考古数据中去提取"。[19] 他谢绝了牛津大学出版社开出的可以让他获利更多的条

18　(1942) *What Happened in History*, 252.
19　R, 73.

件,而选择了企鹅出版集团(Penguin Books)来出版该书,就像他在给姐姐艾丽丝的信中所说的,是因为"企鹅出版社在各处的报摊都以6美元的价格出售,我觉得现在考古学家应该真正努力把自己的知识像美国佬说的那样'兜售'给大众,要么就破产"。

柴尔德也利用这个机会向读者澄清了"雅利安"一词的正确使用,以此在大战期间表达自己的反纳粹思想:"因为早期印度人和波斯人确实称他们自己为雅利安人,所以后来十九世纪的语文学家采用这个词来指称演讲者的'母语'。从科学的角度来说,这个词现在只用于印度人和伊朗人以及米坦尼(Mitanni)的统治者,因为他们的语言祖先使用相关的方言且崇拜共同的祖先。至于在纳粹分子和反犹主义者的口中,'雅利安'一词毫无意义,就像腐朽的托利党口中的'左翼'(Bolshie)和'红色'(Red)这样的词一样。"[20]很明显,在《历史上发生过什么》一书中,对纳粹主义的厌恶仍然使得柴尔德拒绝"西方主义者"的方法。同时,尽管书中使用了基本上属于马克思主义的变化模式来分析问题,但绝不属于当时的马克思主义,因为他在论述变化的主要机制时,强调的是传播,而不是内在经济发展。

1957年,柴尔德回顾式地批评了《历史上发生过什么》一书,认为它的观念框架没有在1936年出版的《人类创造自身》一书的基础上取得多少进步。不过,甚至早在1942年,他就能意识到并避开马克思主义的某些缺点:

> 历史唯物主义概念声称,经济决定意识形态。这样的陈述做以下修正会更严密更精确:从长远来看,某意识形态,只有当它促进经济的平稳而且有效运转的时候,才能够得以保存……过时

20　(1942) *What Happened in History*, 150.

的意识形态会比马克思主义者所承认的还要更长久地妨碍经济的发展并阻碍其变化。[21]

柴尔德一定是在《历史上发生过什么》一书中成功地说服了自己,认为一个像中世纪那样的黑暗时代并非"一个最终吞噬所有文化传统的无底洞",[22]因为他的下一本书,即1944年出版的《进步与考古学》(*Progress and Archaeology*),就是"一部描述生活各方面的进步的令人快乐的乐观研究"。[23] 这部篇幅不长的作品描述的是考古记录中能够识别的进步现象,在第二次世界大战如火如荼地进行的过程中,能够意识到战争本身的优越之处,的确显示这是一部乐观之作:"然而,战争在作为侵略和征服的条件和伴随物的同时,不仅刺激了发明,而且是充当了文化传播的催化剂,对人类进步也作出了贡献。"[24]

他认为,黑暗时代只意味着暂时性或区域性的退步,而"在考古学上所看到的历史中,邪恶只是一个负数,而考古学家确实可以将邪恶定义为非积累的力量"。[25] 把邪恶看成负数,这是柴尔德对贝内代托·克罗齐空想主义哲学的借鉴;克罗齐也是这样来解释讹误(error)的;但是,人类为进步所付出的代价,即从对自己物质环境不断增强的控制上而言,越来越多地依赖于他们的社会环境:

美国1931年的金融危机以及两次世界大战所产生的悲剧性 100
影响,是在至少自青铜时代开始的考古记录中就可以观察到的

21 (1942) *What Happened in History*, 16-17.

22 R,73.

23 Ravetz, A. (1959) Notes on the Work of V. Gordon Childe. *The New Reasoner*, 10, 60.

24 (1944) *Progress and Archaeology*, 73.

25 同上,109。

发展趋势渐进运行的逻辑结果。[26]

　　这种观点是典型的柴尔德式的长期人类历史观,即他坚信现代社会不可避免地扎根于史前人类的行动之中。这是柴尔德学术信仰的重要信条,他深深地渴望井然有序的文明,对探究塑造人类命运的力量有着浓厚的兴趣。

　　随着大战接近尾声,柴尔德的共产主义信仰似乎又得以恢复。1946 年,他在给美国学者罗伯特·布雷德伍德的信中说,他很高兴《历史上发生过什么》一书在新大陆也有一个版本,"因为苏联之外的旧大陆已经完结了"。他在大战期间一直保持与共产党团体的紧密联系,并写了一本叫作《工具简史》(*The Short Story of Tools*)的小册子,1944 年由科贝特出版社(Cobbett Press)出版。这本小册子为共产主义青年团而作,充满了马克思主义术语,对一般人来说读起来会感到很乏味。1945 年春天,马克思纪念图书馆(Marx Memorial Library)主席、柴尔德的老朋友罗宾·佩奇·阿诺特,邀请他在纪念马克思忌辰的周年游行结束后,在康威大厅(Conway Hall)作一次演讲。报告的内容来自他已经发表在《皇家人类学研究所学报》的一篇文章《作为技术发展阶段的考古学时代》(" Archaeological Ages as Technological Stages"),即他 1944 年为纪念赫胥黎(Huxley)而作的演讲。他在演讲中探讨了那种仅仅基于单个孤例因子而做出的考古学分类的局限性,并征引斯大林《苏联共产党(布尔什维克)史》(*History of the Communist Party of the Soviet Union* [*Bolsheivks*])一书中的一段话:

26　(1944) *Progress and Archaeology*, 114.

仅仅是青铜知识或者仅仅是锻工本身不会产生新的工具类型……也就是说，就像斯大林所说的那样，"生产关系构成一个与社会生产力同等重要的生产要素"，社会生产力即其生产工具和劳动者的传统技能。[27]

然而，根据工具使用的产权关系而做出的分类——苏联考古学家一直试图据此建立起一个系统——却没有获得理论上的优势，因为并没有多少关于史前社会组织的考古学证据。柴尔德总结说，使用传统的系统有其合理性，因为"它确实让我们发现马克思主义着重强调的物质生产力和生产关系之间的矛盾"。[28]

1944 年，柴尔德被选为赫胥黎讲师兼奖章获得者（Huxley Lecturer and Medallist），但在他看来，这只是学界倾向于将有影响力的荣誉和职位授予已过鼎盛时期的男女学者的惯常做法的又一个例子。他对这个话题很有感触，尽管很多人只是在他去世二十年后才意识到他的这一信念。他在 1957 年所写的那份拒不妥协的声明，其实在 1943 年 4 月写给姐姐艾丽丝的信中就已经有预兆了。在信中，他告诉艾丽丝自己被选为赫胥黎奖章的获得者："这一重要位置已被授予很多著名人类学家和考古学家，比如亚瑟·伊文思、A. H. 塞斯、J. L. 迈尔斯、伦纳德·伍利、亚瑟·基斯（Arthur Keith）等人，不过授予他们的时候，他们一般都过了 60 岁，已经没有什么新思想了。我想，若在 52 岁获此殊荣且还活着，我应该是这个名单里最年轻的一位了——虽然我希望由更年轻的学者获选来担任这个职位以及其他各

101

27　(1944) Archaeological Ages as Technological Stages. *J. Roy. Anthrop. Inst.*, 74, 21-23.

28　同上，23。

种职位。"像以往一样,他没有冒着冒犯自己年长朋友和同事的危险在大庭广众之下说这样的话;不过他似乎没有意识到艾丽丝本人当时也七十多岁了,因此照他这么说,显然也不再能产生独创性的思想了。

1945 年 6 月,欧洲的战争一结束,柴尔德就访问了苏联。这次机会是参加苏联科学院(Academy of Sciences of the USSR)年庆的国际会议,英国代表团包括朱利安·赫胥黎(Julian Huxley)、伍斯特(W. A. Wooster)和沃森(D. M. S. Watson),沃森曾在 1931 年为柴尔德的斯卡拉布雷考古发掘写过关于出土骨骼遗存的报告。这次会议有些名气是因为有六名英美物理学家一开始就没有获得许可离开他们自己的国家,后来大家才明白,不允许他们离开的原因是不久就要往日本投放第一颗原子弹。科学史学家 J. G. 克劳瑟回忆当时的情绪时说:"英国代表团是在特殊情况下前往苏联的:最后一刻,凡是可能与原子物理有任何关系的成员都没被允许出国参加这次会议。

"就在大家应当动身前往苏联之前,代表团所有成员都被聚集在皇家学会(Royal Society)的房间里,接着大家就得知,其中一名成员不能去了。代表团中的一个人让我去皇家学会和他会面,当我赶到那儿的时候,发现现场的气氛非常紧张。听说约翰·安德森爵士(Sir John Anderson)在另一个屋子里传达这一令人失望的消息。我看到一位著名物理学家正愤怒地大跨步走来走去,发誓明天就会加入共产党。"[29]

在柴尔德残缺的日记中,有一则是这一时期的,其中说在这次访苏的过程中,他在克里姆林宫赴过宴,而且其中的记述似乎暗示他可能在这个场合会见过斯大林。不过,还没有肯定的证据证明这次会见

29 Crowther, J. G. (1970) *Fifty Years with Science*, 246.

确实发生过。可以确定的是,这次会议增强了他的信念,他相信,今后,所有科学分支的有创造性的研究,都将发现俄语是必不可少的语言。柴尔德自己学会了用俄语阅读,认为国际学术交流是沟通俄罗斯与西方的极其重要的桥梁。他认为,"从伽利略和牛顿的时代一直到1945年,自然科学家都可以无政治边界地通过出版、通信和访问交换信息",[30] 从这个角度来看,铁幕的设置对自然科学家来说是严重的打击,严重阻碍了他们之间的交流。

作为阿伯克龙比考古学教授,柴尔德在爱丁堡大学工作的那些年没有忽略苏格兰的史前史研究。他研究苏格兰考古的方法,想必一定会赢得阿伯克龙比勋爵的赞同,但对大多数苏格兰古物学家自以为是的狭隘主义来说,则是直接的反对。不过,苏格兰古物学家们对这位"外来者"(outsider)的干预反应很冷淡。1935年《苏格兰史前史》的出版,展示了他宽广的研究视野和方法。在此之前的相关研究,只有安德森1883和1886年出版的《异教时代的苏格兰》(*Scotland in Pagan Times*)和芒罗(Munro)1889年出版的《史前苏格兰》(*Prehistoric Scotland*),所以此时急需一部包含最新信息的综合性著作。在《苏格兰史前史》一书的序言中,柴尔德宣称,写作此书的目的在于"刺激苏格兰大众对史前史的兴趣,为更集中更系统的研究提供线索,并向海外学者揭示苏格兰史前史的重要性"。[31] 尽管该书是否实现了以上目标尚有待讨论,但它确实包含了大量的材料,将苏格兰史前史的考察放在更大的欧洲背景下来考察,也很快成为考古学家们使用的标准教科书。

柴尔德的两本基于马克思主义理论的著作——《人类创造自身》

---

30 (1958) *The Prehistory of European Society*, 173.

31 (1935) *The Prehistory of Scotland*, xi.

和《历史上发生过什么》——的极度成功,比其他任何作品都更有效
地推进了史前史研究在各个地区的普及。战争期间,他继续钻研马克
103 思主义。1944 年,他在爱丁堡大学做的题为《苏格兰前罗马时代部落
社会的发展》("The Development of Tribal Society in Scotland in pre-
Roman Times")的林德系列讲座(Rhind Lectures),惹恼了很多同事,
他们都觉得柴尔德过于仰慕苏维埃学者的研究了。系列讲座的内容
于 1946 年出版成书,题为《苏格兰人之前的苏格兰》,是一本谨慎探
索马克思理论在多大程度上适用于事实分析的智力实验之作。1941
年德国入侵苏联之后,共产党的路线与英国政府政策有不少重叠之
处,这忽然导致了一阵对俄罗斯处境的同情。在这一时期,两国之间
思想和信息的交流变得相对容易,柴尔德利用这个机会重读了苏维
埃史前史学家的著作。随着公众对俄罗斯人民及其历史兴趣的高涨,
马克思主义组织在一段较短的流行期内吸引了人们的注意。柴尔德
在 1942 年 2 月给姐姐艾丽丝的信中说:

> 我随信寄给你一张我和市长的合影,是在一个旨在展示苏
> 联抗战努力及其文化背景展览的开幕式上拍摄的。多年以来,我
> 一直是对苏文化关系学会(Society for Cultural Relations with the
> U. S. S. R.)的分会长。在过去,这一职务根本得不到人们的尊
> 重,在苏芬战争(Finnish War)期间更是这样。但现在这个学会
> 突然之间成了香饽饽,极其受人尊重,部长和市长们都乐于协助
> 我们的工作。俄罗斯在当下成为战时的一个亮点,每个人都想知
> 道这是怎样以及为何发生的。因为一直相信苏联体制至少是一
> 个伟大而且充满希望的实验,我们能告诉大众一些更真实可靠
> 的东西,而不是到目前为止大部分作者和报纸成竞批发的谎
> 言——尽管也有一些可敬的预期,比如像坎特伯雷学院院长

（Dean of Canterbury）的作品，他写的关于苏联的著作是目前同类作品中最好的之一。与此同时，我也在阅读到目前为止所有与俄罗斯考古相关的文献，为一门关于苏联史前史的讲座课程做准备。尽管我并不赞成他们所有的理论，但苏联考古学家在过去的十年里的确做了一些出色的工作。

他在 1957 年的《回顾》中是这样写的：

> 在这样的氛围中，我变得更能赏识即使是歪曲马克思主义的学说的价值，并会随即将其标识为马尔主义（Marrism）。《苏格兰人之前的苏格兰》一书运用了马尔主义说的原则。[32]

马尔主义指的是马尔（N. Y. Marr）的雅弗理论（Japhetic theory），该理论认为，语言是不可避免地在一个独立的过程中发展出来的。柴尔德第一次意识到这一理论可能适用于史前史的研究是在 1935 年访问苏联的时候。长期以来，苏联共产党一直支持马尔主义，尤其是因为这一理论对欧洲科学原则所持的否定态度，但到 1950 年的时候，斯大林在他的《语言学的问题》（*Problems of Linguistics*）一书中否定了这一理论。

104

《苏格兰人之前的苏格兰》一书在史前史学家当中引发的反应，其部分原因是他们没有能力将马克思主义哲学及其理论的运用与苏维埃共产主义区分开来。丹尼尔（G. E. Daniel）把这本书称作"反当权派的奇思怪想"，[33]但他没有公平地看待自己的同事对科学工作假

32　R, 73.

33　Daniel, G. E. *A Hundred and Fifty Years of Archaeology*, 373.

说的运用。从另一方面来看,柴尔德无疑非常享受他的著作所引起的可预见的反应;即使最好心肠的评论者都倾向于用下面的语言来评价该书:"他一直用红色的笔写作,同时通过深玫瑰色的眼镜观察所见景观。"[34]作为理论家,柴尔德喜欢拿他对过去的解释来愉悦自己;《苏格兰人之前的苏格兰》就是他喜欢的一个试验,他经常告诉人们这是他最好的一部书。还有一次,在1948年,他应莫蒂默·惠勒的请求,为《古代印度》(*Ancient India*)杂志写过一篇题为《巨石》("Megaliths")的文章。这一次他摇摆到另一个极端,将传播论的思想发挥到了极致。他的恶作剧成功得令人叹服,因为惠勒完完全全相信了他的恶作剧。

在《苏格兰人之前的苏格兰》一书中,柴尔德解释说,他认为英国史前史学家过于习惯于援引迁移和入侵来轻易地解释变化,苏联史前史学家则不同,他们基于社会的内部发展提出解释,无需借助于没有记录的外部因素,反而产生了更多的历史叙事。从这个角度来看,柴尔德认为《苏格兰人之前的苏格兰》与他之前出版的《苏格兰史前史》相比,是一部更现实、更有历史性的作品。不过,无论多么喜欢用马克思主义和马尔主义的理论进行试验性研究,作为一个诚实的学者,他无法对事实加以否认。在后来的《回顾》中,他解释说,他发现自己"不得不承认迁移和外来文化的影响:苏格兰社会的内在发展'普遍规律'实在无法解释苏格兰的考古数据,来自欧洲大陆的数据恰恰记录了外来因素所起到的融合作用"。[35]

《苏格兰人之前的苏格兰》一书,表达的是柴尔德那种必定会激起苏格兰古物学会成员不满的姿态。经过史前史学界同行们近一年

---

34   Davidson, J. M. (1950) Review of Scotland Before the Scots. *Antiquity*, 24, 56.
35   R, 73.

的孤立,再加上苏格兰那令其饱受支气管炎困扰的糟糕天气,柴尔德
对他在爱丁堡大学的位置越来越不满了。就在战争接近尾声的时候,　　105
他发现伦敦考古研究所(London Institute of Archaeology)主任的职位
为他离开苏格兰提供了一种可能性。他太想离开爱丁堡,回到伦敦那
更令他感觉舒适的学术和政治圈子里了,所以他对自己的好朋友 O.
G. S. 克劳福德说,尽管他不同意政府的政策,但必须暂时保持沉默,
以避免错失这次工作机会。不过,对柴尔德来说,幸运的是伦敦大学
当局更看重他作为史前史学家那无可争辩的至高学术地位,而不是
他的政治见解。就这样,到 1946 年夏天的时候,他就开始把东西运往
伦敦,为他从秋天起担任伦敦考古研究所主任和史前欧洲考古学教
授一职做准备了。

106

07 考古研究所

　　无论是对他本人还是对他的学生来说,柴尔德在伦敦大学考古研究所的十年都可算非常快乐的十年。他发现伦敦在学术、政治和社会关系以及所提供的可能性等方面,较之相对闭塞的爱丁堡要更令人满意。对研究所的研究生来说,他也是更有感召力和启发性的导师,对柴尔德来说,他很高兴看到很多人既视他为朋友,又把他看作值得尊敬的学者。

　　伦敦大学考古研究所成立于 1937 年,主要是莫蒂默·惠勒和泰萨·惠勒夫妇努力的结果,但在 1946 年以前基本上靠由义工组成的讲师和研究人员运转,只是在战争结束之后才有足够的资金来补足教师和行政人员。柴尔德在那里工作期间,研究所在摄政公园内环的圣约翰旅馆(St John's Lodge)办公。宽敞的环境给那里的教学增添了轻松随意的气氛,有不少教师甚至在室外上课。那时候考古研究所是一个相对新鲜的事物,仍然充满了让人兴奋的先锋精神,老师们和学生一样,也发现这是一个既令人兴奋又富有刺激性的工作环境。

　　柴尔德担任考古所所长期间,身边有数位当时顶尖的考古学家。比如,德国出生的佐伊纳(F. E. Zeuner)1946 年与柴尔德同时进入考古所,被聘为环境考古学系的教授,该系后来又引进了骨骼考古专家伊恩·康威尔(Ian Cornwall),大大提升了那里的学术实力和学术声望。康威尔之前担任考古所的秘书一职;1951 年,爱德华·皮多克

（Edward Pyddoke）接替康威尔来做秘书工作。印度考古学的教授职位被科德林顿（K. de B. Codrington）取得。从 1947 年开始，西亚考古的教授是马克斯·马洛温（Max Mallowan），他在尼姆鲁兹（Nimrud）开展的考古发掘非常有名。马洛温教授的妻子阿加莎·克里斯蒂（Agatha Christie）是有名的侦探小说家，柴尔德经常跟她打桥牌。还有凯瑟琳·凯尼恩（Kathleen Kenyon），战争期间她是考古所的代理所长，她在中东尤其是耶利哥（Jericho）的工作很知名。她和柴尔德都是个性很强的人，所以二人之间的小摩擦在所难免，尽管他们都对彼此充满了尊敬。有个同事是这么评价凯瑟琳·凯尼恩的："虽然起冲突的时候她具有进攻性，但她在背后却总是说人的好话，隐藏在她偶尔的粗暴外表下的，其实是一颗非常善良的心，正因此，她专横的倾向也就很容易被忽略掉了。"[1]

107

　　柴尔德与凯瑟琳·凯尼恩的意见分歧中，有一件跟后者的狗有关。凯瑟琳·凯尼恩养了好几条狗，她会把它们带到考古所，而它们的叫声让柴尔德很烦。他虽然喜欢猫，却一直害怕狗，最后终于在考古所推行了一条禁狗令（但从未真正生效过）。有两位女生常常偷偷把她们的小狗带进考古所，为的是在工作的时候暖脚，因为在圣约翰旅馆里的图书馆冬天没有暖气。其中的一个女生回忆说，有一天，就在禁狗令强制执行期限前夕，"我正穿过院子，抱着我的狗（这样的话小狗就更不显眼了），这时候柴尔德出现了。他没有像往常那样说'早上好'或其他的问候语，而是径直走到我跟前，凝视着我臂弯里这毛茸茸的一堆——这是一条长着好看的胡子的小贵宾犬——伸出手在小狗鼻子底下弯曲着手指，说了两三遍'小傻狗，小傻狗'，接着就走开了，我们两个都哈哈大笑。好在我的小贵宾狗一直没有叫，对整

1　Mallowan, M.（1977）*Mallowan's Memoirs*, 239.

个过程都显出完全不屑一顾的样子"。

　　1948—1955 年间,另一位有着显著个性、大名鼎鼎的莫蒂默·惠勒爵士,也同柴尔德和凯尼恩一道加入伦敦考古研究所,成为罗马各省考古教授(Professor of Archaeology of the Roman Provinces)。很难想象还有比柴尔德更与众不同的人:从外表和举止来看,惠勒是个典型的摄政时期的花花公子,他与雅典娜俱乐部的风格如此般配,在里面如鱼得水,混得很开,无论他组织或干预什么项目,都展示出令人羡慕的高效。与柴尔德不同,他不能容忍别人的缺点,可以非常地霸道专横,也因此得罪了很多人。他喜欢出风头,做大家视线的焦点,这一点柴尔德从来没有能赶上惠勒,没能像惠勒那么有名;个性鲜明,再加上在电视上频频出镜,让惠勒成为一个家喻户晓的人物。追随弗林德斯·佩特里(Flinders Petrie)和皮特–里弗斯(Pitt-Rivers)的传统,惠勒发展出一套考古发掘的科学方法。这套方法,再加上出色的行政能力,使他成为英国二十世纪最有名的田野考古学家之一。1942—1948年间,他担任印度古物总干事(Director-General of Antiquities in India)时,领导重新发掘了印度西北部河谷文明规模宏大的城址哈拉帕(Harappa)和摩亨佐·达罗(Mohenjo-Daro)。1944 年以前,人们都认为,这两座城市防御工事的缺乏,表明它们属于一个与美索不达米亚、安纳托利亚(Anatolia)和埃及截然不同的社会。1933 年考察过印度之后,柴尔德自己也强调印度河西北河谷文明明显的和平性质:

　　　　看不到战争武器的增加,也看不到战斗激烈程度的加剧,这说明既没有像巴比伦城邦之间那样的冲突,也没有像埃及国王所拥有的那种军队,无须时刻准备着通过征服和驱逐嫉妒的游牧人群的方式带来内部的和平。我们甚至难以找到剩余资本财富积累的核心区域,看不到财富积累所引起的农村向城市的转

变……没有寺庙或宫殿支配着其他地方……参观这些遗迹的访
客难免会产生这里曾是民主的小资经济占统治地位的印象,更
像是克里特文明,而不像迄今所描述的很明显的中央神权政治
和君主政体。[2]

莫蒂默·惠勒的发掘工作所揭示的是一幅与上述观点截然不同
的图景。事实上,哈拉帕和摩亨佐·达罗都由众多的城堡控制,考古
还发现,那里的城墙高得惊人。惠勒马上给柴尔德写信,把自己的发
现告诉同事:"我坐下来给伦敦的戈登·柴尔德写信,告诉他印度西
北河谷文明那种资产阶级的沾沾自喜已然化作了灰尘,替代这一图
景的,是彻头彻尾穷兵黩武的帝国主义从废墟中探出自己丑陋的头
颅。值得赞扬的是,他立刻愉快地接受了这样的反例,不久后就重写
了书中的这一部分。"[3]

惠勒加入考古研究所后,发现柴尔德在处理日常行政事务上能
力的缺乏与自己讲求高效的本性相抵触,尽管其他很多人把柴尔德
行政能力的缺乏看成是一个优点,因为这让考古所的事情处理起来
省却了很多繁琐环节。惠勒后来这样评价柴尔德:"处理行政事务是
他的弱项,在他工作后尾的那些年,行政事务成堆地压向他,无可否认
地令他感到厌倦。"[4]事实上,柴尔德将科研和史前史研究的推广放在
工作首位,研究所日常的琐事都交由秘书处理。对他来说,人,尤其是
学生所代表的未来一代人,比什么都重要。毫无疑问,他把行政任务 109
看作是杂务,没有处理杂事的才能,尽管他也一直勤勤恳恳地参加管

2 (1934) *New Light on the Most Ancient East*, 207.
3 Wheeler, R. E. M. (1955) *Still Digging*, 192.
4 Wheeler, R. E. M. (1957) Prof. V. Gordon Childe. *The Times*, 23 October, 13.

理委员会的会议。考古所的一位秘书回忆起向大学管理处展示财政预算的那些令人不快的时刻时说:"对柴尔德来说,预算就是一个必须严格遵守的数字,在他眼里,花不到预算的额度和超过预算同样都是灾难性的。"

柴尔德的就职演说是在 1946 年秋季学期,他正式就任欧洲史前考古教授一职的仪式上发表的,其场合再一次展示了他那略显笨拙的幽默感。伊恩·康威尔回忆说:"我们都身着学术服,衣冠整齐,等着将由大学副校长或其他大人物把柴尔德介绍给大家。但柴尔德先是被大雾耽搁,接着又被一辆找不到摄政公园内环的出租车延误,一直没有出现。过了相当长一段时间后,他终于出现了,戴着他的考古所所长的'帽子',向大家介绍作为欧洲史前史教授的自己,然后开始自己的就职演说! 似乎除了当天的主角,在场的每个人都觉得特别尴尬。"

柴尔德的题为《作为社会科学的考古学》("Archaeology as a Social Science")的就职演说,即时向大家介绍了一种新的观点。很少有学生会想到把考古学归类进某个学科里,有些学生为将来会在这样的氛围中学习的想法感到担忧,柴尔德同样强调需要对学科进行整合,他说:

> 关于考古学需要自然科学的帮助以及考古学对社会科学的贡献,我已经讲了这么多,以至于让一个史前考古学家的就职演说听起来就像是关于社会学的讲话。不过,如果有助于澄清考古学研究的性质和目标,这样的讨论或许也并不是无关紧要的。[5]

---

5 (1946) Archaeology as a Social Science. *Inst. Arch. Ann. Rep.*, 3, 57.

柴尔德解释说，从自己的学术生涯开始至今的十九年间，他对历史的理解发生了变化。在他理解的"考古学研究的性质和目标"中，文化的定义和人群的移动不再扮演重要的角色，他说：

> 考古学能为我们提供关于文献史学家所不知道的人类历史事件过程的知识，尤其是实用的知识。事实上，我想说，考古学是社会科学不可或缺的组成部分，因为社会科学最近被不列颠协会委员会(British Association's Committee)定义为"人类制度的科学研究"。考古学能够而且必须为该委员会所称的"社会变化的动力"的研究提供所需的可靠基础，能够独自为"社会生活的长期发展趋势"提供证据……6

110

在考古研究所跟柴尔德学习过的史前史学家包括辛克莱·胡德、保罗·阿什比、汉弗莱·凯斯、南希·桑达斯、伊泽贝尔·史密斯(Isobel Smith)、彼得·盖瑟科尔、约翰·亚历山大(John Alexander)、亨利·霍奇斯(Henry Hodges)以及其他很多人。柴尔德成功地向学生们传达了史前史研究的一个要点，即大家所研究的过去的社会是由人组成的，这一事实永远都不要忘记。他的深邃的智慧和广博的知识，使他成为研究生们充满启发性的好老师。研究生们学习两年就可以拿到文凭；他是位勤勉的老师，不辞劳苦地为学生们讲授那些他自己没有多少兴趣的领域的课程，做的远比其他很多同事要多，这让他的学生很感动。他知道自己对史前史的阐释只是理论，随时愿意承认之前所犯的错误，而且总是平等地与学生交谈。这样一个伟大的人身上的这种学术上的谦逊态度非常有吸引力，几乎无一例外，他在这十

6　(1946) Archaeology as a Social Science. *Inst. Arch. Ann. Rep.*, 3, 50-51.

年里所教的学生都对这位看起来有些古怪的教授忠心耿耿。不过,有可能柴尔德从来也没有完全意识到自己的学生有多么赏识他。当马克斯·马洛温请玛乔丽·梅特兰-霍华德(Marjorie Maitland-Howard)为考古研究所制作一尊柴尔德的半身像时,只有当玛乔丽同意也为他的前任莫蒂默·惠勒做一个的时候,柴尔德才答应坐下来当模特儿。他的半身塑像如今摆放在考古研究所的图书馆,当年塑像完成的时候,他只评价说看起来像个尼安德特人(Neanderthal Man)!当他去一个摆放着他半身像复制品的学生家里时,他总是把他著名的帽子抛在自己塑像的头上,还不忘说句玩笑话。

　　作为老师,柴尔德经常让学生感觉跟不上他的思路,因为讲课的时候,他会习惯性地坐在那里,把头低到胸前喃喃自语,有时候还会踱步到另一个屋子里拿什么东西,一路讲个不停。他希望学生们能自己从他和其他人的研究里发现事实,但同学们都不愿错过他的任何一堂课,因为他的课在阐释方面是让人兴奋的练习。确实,上课的时候需要大家费劲地跟上他敏捷的思维,不过一旦他们有时间去思考,他们经常发现课上那些忽然转移的话题里包含着令人激动的思想。当然,尤其让学生们感觉难对付的是柴尔德本人对外语的熟悉,因为他的话中经常会冒出一些怪异的地名,对拼写也不加说明,结果在论文中就出现了这些地名的各种怪异的变体。更令人头疼的是,他在发表高论时不仅在提到东欧国家时会使用"人民民主共和……"这样的字眼,而且在谈到市镇名字的时候会使用斯拉夫而不是日耳曼语,比如他会把"Prague"(布拉格)说成"Praha",把"Pilsa"(皮尔萨)说成"Plzni",把"Breslau"(布雷斯劳)说成"Wroclaw",诸如此类,不胜枚举。另外,他从来不觉得为了阅读某些晦涩的参考资料而让学生学习丹麦语、罗马尼亚语或塞尔维亚-克罗地亚语有什么大不了的!

　　他的幽默感有时显得很僵硬,比如,如果谁的文章没有如期交上来,他会很无辜地询问是不是作者正遭受流感的折磨。通常他给学生论文的书面评论会被学生们保存谈论好几年,不过他的书法偶尔也会让学生不知所云,他之前的一位学生回忆说:"有一次他对我的文章进行了书面评论,可是我不得不去问他写的是什么。他把文章拿过去——盯着它看——把纸斜过来看——又倒过来看,总之,横看竖看一番,又把论文递给我,说:'已经很清楚了——写的是"字迹潦草"!'"他经常选择在下午 5 到 7 点钟上课,因为这样就可以无休止地絮叨下去,他的另一个学生回忆说:"这些课糟透了,经常是,如果中间打个瞌睡,半小时后醒来,会发现他不仅还在讲同一个多瑙河遗址,而且很显然仍停留在同一个时期或层位上。"不过,作为考古学家,柴尔德从未忽视过史前史研究中人的因素。有一次,他在课上讲旧石器时代晚期的时候,他提醒自己的学生:"但你们永远都不该忘记,一个旧石器时代的人生命里的一天,就像你生命中的一天一样,也充满了重要事件和意义。"像这样的评论,会给他的听众留下深刻的印象,一味努力地记下每一处发现及其出处,也可能是只见树木而不见森林。

柴尔德总是喜欢尝试着让理论来适合考古数据,亨利·霍奇斯还记得一次典型的柴尔德的课,是关于欧洲钟形大口杯的断代问题的:"他从一件我认为是出自西西里的克里特文明背景的大口杯开始,基于这条证据,他绘制了一个巨大的倒金字塔形的大口杯类型图;整个过程花费了一个小时二十分钟,而他最后却承认说,很多人对第一件器物的准确出土背景表示怀疑。当他离开屋子的时候,只听到有个声音弱弱地问:'我们该相信谁的呢?'答案是所长咯咯的笑声。" 112

柴尔德上课时使用大量的幻灯片,他的好几个学生都觉得他在教学中对马克思主义的使用仅限于指出"原始共产主义社会"这样的词汇,尽管在图片上能看到有的房子比其他的都大。像这样的评论,大家一般都不怎么认真对待,而他的确也经常会在课上用这些来逗大家。他对马克思主义的信仰更多是智力层面而不是情感层面的那种,而他也会更厉害地取笑苏联的宣传,他的学生大卫·凯利(David Kelly)还记得这样的场景:"有一次柴尔德给我们放映苏联在高加索(Caucasus)或黑海(Black Sea)地区的考古发掘,必要的时候他会给我们翻译。苏联考古学家们打开遗迹并对遗迹进行解释,认为记录的是被好战的领袖征服的土地以及土地上深受贪婪的资本主义剥削数个世纪的人民的悲惨生活;'但是现在,'柴尔德满脸容光焕发,高声叫道,'多亏了约瑟夫·维萨里奥诺维奇·斯大林(J. V. Stalin)……'。"

考古研究所的学位课程包括实习课,比如摄影和勘察、陶器修补和金属器清理等,实验考古学也是一个部分。柴尔德曾在圣约翰旅馆的花园里烧过"史前"陶器,几个学生尝试过制造石器工具和"青铜时代"金属器物。柴尔德曾用大个儿的土豆和锋利的刀演示过怎样取得燧石薄片;不过他对原始技术的演示并不总是带有成功的光环——有一次他尝试用以铸铅的铸模就以破碎告终。

柴尔德每年都会花时间继续在英国旅游,考察正在进行的考古发掘,也会经常去苏格兰高地远足度假。他在伦敦考古研究所工作的那些年里,唯一指导过的发掘是1954—1955年奥克尼郡斯滕内斯(Stenness)的梅斯豪(Maes Howe)大墓的考古工作。这一令人惊叹的巨石墓早在十二世纪就被北欧海盗盗掘过,在1861年被法勒(Farrer)发掘过,所以原来的随葬品或建筑物早已荡然无存。柴尔德在那里的发掘工作是代表建筑工程部开展的,目的是弄清楚那些异常坚固的石室周围及上方土木工程的建筑细节。他发现,梅斯豪的石室建在平整过的天然形成的山脊之上,与皇家古代和历史古迹委员会奥克尼库存清单(Royal Commission on Ancient and Historical Monuments' Orkney Inventory)的编写者所估计的不同,梅斯豪并不像其他奥尼克群岛室墓(比如阔艾尼斯[Quoyness])那样是由人工建造的固定墙支撑的。

作为老师,上辅导课和专题讨论课才是柴尔德最拿手的。他辛辛苦苦花了很多时间单独辅导学生。他的任何一个学生,不管能力怎样,都曾从他耐心而有启发性的教学中受益。他从没有像他的同事惠勒喜欢做的那样,单拎出那些不是那么聪明的学生作为奚落的对象。不过,他确实倾向于认为,他的学生,尤其是当他们读到第二年的时候,应当像他自己那样熟悉他对考古数据的解释。一个学生回忆一堂不愉快的辅导课时说,当时"他进来戏剧性地宣布他想撤回之前的一个说法(很明显不是他轻易做出的决定),接着他就沉浸在对来自奥克尼群岛的一把匕首的漫长故事的讲述之中,他之前认为这件器物是这样或那样的东西,但现在他发现它应该是别的什么东西——总之所有这些都极其重要,我们觉得肯定会在考试里出现,但因为我们都不知道他在滔滔不绝讲些什么,就没有记下名字,也没有记下一条笔记或是跟上他所说的任何一个词"。

在帮助有经济困难的学生方面,他总是不遗余力。有一名学生,在他的学位课程读到一半的时候,因为父亲突然去世,一下子失去了经济来源。回忆起柴尔德当时立刻全力从学校为他找钱以便能让他继续读书的事,这位学生满怀感激。这是一个柴尔德对自己学生无限关怀的典型例子。他也想着帮过去的学生找到合适的工作,做这样的事情时,他精于判断一个人的性格。尽管他的帮助有时有点古怪,但能帮忙的时候他总是尽力帮忙。对学生进行口试的时候,与早些年在爱丁堡工作时相比,他现在的技巧明显提高了。比如,有一次口试的时候,他在身边放了一大碗草莓,学生们逐个进来考试的时候,他给每个人都发一颗。他这样做明显是想让学生们放松,但实际上,用来使学生放松的草莓却成为导致学生尴尬的缘由,让那些紧张而不知所措的学生不知道是当时就在那儿吃掉它呢,还是拿在手里;如果是吃掉它,咀嚼的时候怎么说话呢? 吃剩下的草莓梗又扔到哪里?

尽管柴尔德担任着所长的职务,尽管他是一个高产的作者,他的学生总会在研究所那间宽敞的办公室里见到他。从柴尔德的办公室可以眺望到不远处的公园,办公室也就是他非同凡响的个人图书馆,巨大的书架上摆放着他包含多种语言的大量藏书,其中包括马克思《资本论》的英语和俄语版本。据柴尔德的继任者斯图尔特·皮戈特回忆:"有一次我问他,他是从哪些书商那里订购到那些国外考古学著作的,他带着惊讶的神情回答我说:'我不买这些书——我指望作者寄书给我!'"[7]当然是这些作者寄给他的,因为柴尔德在当时是世界上公认的史前史研究领头人物。

不过,柴尔德也是一个孤独的人,而且极其敏感。他喜欢和学生们在一起,并不只是因为他们对他非常敬重和仰慕,也因为他们信赖他,让他觉得自己是被需要和被爱戴的。这与他作为一个史前史学家所享有的国际学术声誉同等重要。柴尔德经常会和学生们像朋友一样坐在一起喝茶聊天,每当这个时候他都会无比喜悦:桌子上放的是他的被戏称为"柴氏白糖"(Childeish Sugar)的锡糖盒(那是个需要吃配给的年代,而他超喜欢吃甜食),他像往常一样搅着杯中的茶,满脸笑容地看着大家,说:"嗯,这个礼拜呢,我想我该用一个长一点的年表……"这一长期重复的玩笑也强调了一点:他一直很清楚,当时的考古证据还难以给出确切的年代。

柴尔德这位大名鼎鼎的教授其实很有幽默感,但并非所有的朋友都能欣赏他的幽默:有时,玩笑和恶作剧给他带来的快乐会稍稍有些孩子气。据说,他过去常常在兜里放半便士用来骗扒手,而且有一

---

7   Piggott, S. (1958) *Vere Gordon Childe*. *Proc. Brit. Acad.*, 44, 312.

次在西班牙确实派上了用场。还有一次,他故意在他的大手提箱里只放了点生活必需品——加上一个大枕头,只是为了惹西班牙海关不高兴。他痛恨西班牙的佛朗哥当局,总是称西班牙内战为革命,这一习惯使他无法和一些西班牙同事和睦相处。他的幽默感常常不只是玩笑中的讽刺意味,而且他讲的笑话又长又详细又一本正经,往往并不让人觉得好笑,因为他的听众没有意识到那是笑话。比如,五十年代召开的一次史前史学会的会议上,柴尔德提出一个理论,声称巨木柱(Woodhenge)其实是由某个资本家暴发户或部落酋长对史前巨石阵的仿制;不少听众都没有意识到这是个恶作剧。

这样的嘲讽反映的是典型的柴尔德式的超然自若,而终其一生,他的同事和学生都觉得难以真正地接近他。对他来说,处理人与人之间的关系一直很难。五十年代的时候,有一次他向一个朋友坦白,与人保持联系需要花费很多的精力。不过,他也激发了学生们对他的感情,他非常享受和学生们共处。他到伦敦大学工作的第一年,有一次,几个学生计划去埃夫伯里旅行,其中辛克莱·胡德忽然心血来潮,邀请柴尔德跟他们一起去。让他们大吃一惊(或者是近乎惊骇)的是,柴尔德说:"我很乐意去,我还可以开车带大家去。"结果,这次让大家头疼的坐在柴尔德宽敞的老福特车里完成的旅行,为以后考古研究所的固定活动开了一个头。在那年的夏季学期,所有同学都到埃夫伯里待过一个星期,参观周边地区的博物馆和遗址遗迹。当然,大家都尽量争取避免坐柴尔德的敞篷车,因为他的驾驶技术并没有随着年龄的增长而有任何提高。大家都很喜欢周末的远足,尽管要走很远的路,因为柴尔德还是那个不知疲倦的健走者,可以轻易地胜过那些比他小很多的年轻人。

在这些旅行中,学生们发现他们的先生也为他们提供了不少料,比如,当柴尔德闯到稀稀落落的队伍前头,异乎寻常地高声点下午茶

的时候,他们能注意到乡村旅店老板脸上那异样的表情。还有,不管
天气如何,柴尔德总是极少穿长裤,而是执意身着他著名的很短的短
裤,头戴大黑礼帽,身披雨衣。有时候他走在外边,会臂搭一件夹克挡
在前面,以防腿被晒伤。如果这也不管用,腿最终被晒伤,他会借用女
生最好的面霜涂抹止疼——尽管如此,第二天他还是一如既往,以同
一身打扮外出! 最令人难忘的是去少女城堡(Maiden Castle)的旅行,
一头奶牛非常喜欢他身穿的雨衣,在这一遗址整个的参观期间,这头
奶牛执拗地一直舔他的雨衣,无论他怎么阻挡(因为他很害怕奶牛)
也无济于事,这一奇观让他的学生在心里狂笑不止。

　　柴尔德一年到头都喜欢开车去唐斯(Downs),有时候为外国人讲
解威塞克斯(Wessex)地方的遗址,有时候周末带几个学生去做大运
116　动量的远足。当然,他也有其他不需要多少运动的休闲方式。他是一
家名叫团结剧场(Unity Theatre)的左翼剧院的常客,有时候由比较可
信的学生陪同。剧场会上演适宜观看、政治意义浓厚的戏剧,很多时
候,台下观众的热烈思想与台上所表演的相比有过之而无不及。柴尔
德也极其喜欢去听爱丁堡和伦敦的古典音乐会,尽管在他们家,他在
音乐方面没有其他家庭成员那样专业。他经常光顾节日音乐厅
(Festival Hall),既喜欢那里的建筑风格,又喜欢那里的音响效果;有
时候他还会邀请学生跟他一起去,因为在这种场合,他很享受别人的
陪同。无论听音乐会还是听歌剧,他的座位通常是在最好的位置,不
过他好像觉察不到别的人就没有他这么幸运。他的一个朋友还记得
当柴尔德听到她坦白说从没有去过节日音乐厅时那一脸错愕的样
子,他显然没法想象会有什么现实困难不允许她享受这样的奢侈。在
另外一个场合,当他听说一个学生说自己也从未去节日音乐厅听过
音乐会,他表现得相当震惊,告诉她是不应该在别人面前承认这样的
事的。结果,这一次她很快就去节日音乐厅听了一场音乐会,是贝多

芬的第九交响曲,由柴尔德教授和他所住公寓的一个朋友一起作陪。
1957年,离开英国赴澳大利亚前不久,他去科芬园皇家歌剧院(Covent
Garden)观看瓦格纳(Wagner)的《指环》("Ring")表演;他向一个朋
友描述演唱的成功程度时说,女主角离开舞台时,那里飞金如雨。对
这一不寻常的现象的解释是,柴尔德鼓掌鼓得太热烈了,以至于把自
己的图章戒指都甩到舞台上了。

1948年,他第一次遇到了自己同父异母哥哥劳伦斯的女儿玛丽
(Mary),她到伦敦进行为期三年的音乐学习。玛丽发现大名鼎鼎的
叔叔对自己好得甚至有些令人心痛,他们经常一起吃饭,一起看戏,一
起听音乐、听歌剧。他的羞涩有时使他显得唐突,但他对侄女总是非
常细心慷慨。有一次,他对玛丽说,他父亲老柴尔德的第三任妻子莫
妮卡,现在已住进精神病院,正在变卖柴尔德家族的银器;他给玛丽看
了一套带有柴尔德家族字母"C"的银质餐具,是他特意买来送给
她的。

柴尔德也经常慷慨大方地招待自己的同事和学生。他不喜欢一
个人做事情,所以经常会就近喊上一位学生陪着他。他过去的一位学 117
生回忆,有一次被教授从图书馆喊去看《波西米亚人》("La
Bohéme"),还有一次被教授请去摄政公园动物园的会员餐厅共进午
餐,为的是庆祝教授本人看牙顺利。柴尔德为自己1950年3月入选
为动物学会(Zoological Society)的会员而感到自豪,直到1956年底,
他一直是该组织的成员。他喜欢好吃的、好喝的,经常请朋友跟他一
起去雅典娜俱乐部餐厅、节日音乐厅餐厅或者很多别的他经常光顾
的饭馆吃饭。他在上欧洲史前史的课程期间,参观各处考古遗址的时
候,当然也不会错过品尝当地美食的建议。凡是吃的,他都喜欢,但尤
其喜欢又甜又稠的奶油蛋糕,只要看到就拔不动腿。如果哪位学生不
留神取走了盘子里被教授看上的那块蛋糕,那他(她)的不幸就降临

了！一次，柴尔德和一个朋友去威尔特郡一家收进波斯盖特所著《美食指南》的旅馆进餐时，发现那里的冻酥皮馅饼显然没有化好，地上跑着一群惹人怜爱的小狗；只听柴尔德高声尖叫："你们应该把心思更多地花在顾客的食物上，而不是花在你自己的小狗身上！"

与他作为阿伯克龙比教授的那些年相比，柴尔德发现，在伦敦，他和自己的很多研究生都保持着真正的友谊关系，自己也很高兴接受学生们的邀请参加他们的活动。在一个学生举办的派对上，他勇敢地参加了大家的游戏，甚至应大家的要求演唱了澳大利亚"非官方国歌"《丛林流浪》（"Waltzing Matilda"）。他的学生们也很高兴教授夏天外出旅行的时候还记着他们，给他们寄去签有熟悉的"戈登"字样的明信片。有一年的圣诞节，他寄出的贺卡是他在"铁幕"时期的一次旅游中所拍的，透过旅店窗户所见风景的照片的复制品，他对此事非常严肃认真，他写在贺卡上的问候和签字使用的都是西里尔文，一种让人们一看就会想起苏联的斯拉夫文字。

在伦敦的最后十年间，柴尔德住在靠近亨普斯特德（Hempstead）的草坪路公寓（Lawn Road Flats）。那里的公寓简朴而实用，当时因为住着各种各样的知识群体而颇能引领风潮。柴尔德之所以去那里住，很有可能是柴尔德同事的妻子阿加莎·克里斯蒂推荐的，她二战期间曾在那里居住。公寓里有一家为房客服务的小餐馆，柴尔德可以在那里吃得很好，可以喝酒，也可以招待客人。关于他自己住的房间，他没有留下任何能暴露屋主个性的痕迹：没有个人的照片或装饰，也没有书。只是在一个架子上，有少量破损的蓝色文件夹——里面装的却是他关于欧洲史前史的无可比拟的知识的总结。至于那些需要在图书馆里找参考资料的著作，他基本上都是在考古研究所自己那满是书的办公室里完成的。

柴尔德1927年就入选为古物学会的成员，但他对该学会的评价却一直不怎么高。1949年,他、O. G. S. 克劳福德和其他一些史前史学家,在关于学会成员的主体构成的问题上产生了分歧。事情与前任会长离任后的有争议性的选举有关。柴尔德和克劳福德等人强烈反对推选詹姆斯·曼(James Mann)为会长——后者是伦敦塔皇家军械博物馆的负责人;他们认为,史前史学家莫蒂默·惠勒才应该被选为会长,以提升正在发展的史前考古科学的地位。最终,柴尔德和克劳福德辞去了他们的会员身份,尽管他们仍继续订阅学会会刊以保持自己刊物收藏的完整。柴尔德相信,学会还是比较看重他们的名头的,所以他们公开辞去会员身份或许会有些影响;不过他希望年轻的同事能够仍然保留学会会员身份,因为他们更需要学会这样一个机构。

也是在1949年,美国物理学家利比(W. F. Libby)应邀到伦敦,在英国皇家学会发表演讲。在利比前往皇家协会演讲之前,柴尔德下午专门安排他到考古研究所做讲座,这是他第一次在英国谈论放射性碳元素测年这一革命性的研究方法;这一测年方法独立于主观的考古学方法,能让史前史学家根据公历年来修正他们的相对年表。放射性碳元素测年技术依据的是所有活质都存有一定少量碳-14这一放射性碳同位素的事实;碳-14与普通的碳元素碳-12有固定的比例,有机物死后,碳-14按一定的比率定期衰减,根据这样一个衰减的比率,有机体死后所经历的年代就可以测算出来。可靠的放射性碳元素测年刚一出现的时候,考古学家们深感震惊,这让他们小心翼翼建构起来的那些假说几乎在一夜之间化为泡影。格林·丹尼尔回忆使用新技术得到的年代刚出来时在学界所引发的问题时说:"在(二十世纪)五十和六十年代的很长一段时间里,考古学家们常常凑在一起,颇如知名的擅长讲黄色段子的证券所经营者,举出某个令人瞠目结舌的碳-

119

14 年代时,说:'听说过这个吗?'" 8 根据放射性碳技术所得年代——几乎所有的都出现在柴尔德去世之后——欧洲史前史的年表往前推进了很长时间, 比柴尔德和其他史前史学家们踵继蒙特留斯(Montelius)并利用与埃及和美索不达米亚文明对照测年的方法所得到的传统年表要提早很多。尽管如此,在柴尔德生活的那个年代,放射性碳测年技术还没有出现,唯一可能通过近东所记录的历史年代来解释欧洲史前事件的,确实就是传播论模式。文明起源于东南方,逐渐向外扩散,这一假说帮助大家建立起一个相当连续的史前欧洲年代框架,没有这样一个框架,就不可能对欧洲史前史做出任何解释。

柴尔德一直强调,史前研究最需要的一直是一个确切的时间表,而他也一直为此目标而努力。放射性碳测年技术成熟之前,通过此方法得出的结果甚至支持柴尔德给出的模式。一直到他去世之后,学界才弄明白,他之前所认为的理论上的相对测年实际上是错误的。柴尔德自己也很清楚地意识到,如果能够做到的话,独立而可靠的测年非常重要。在他去世之后才得以发表的《告别辞》中,他写道:"在通过对照测年方法将一个考古学的框架在欧洲和近东牢固地建立起来之前……应该通过放射性碳测年技术得到一个更为可信的、独立于考古和任何历史假设之外的年表。" 9

在伦敦考古研究所工作的十年里,柴尔德被公认为欧洲史前史研究的领袖,在全世界都享有盛誉。虽然如此,他对社会主义政治的兴趣在这一时期也没有降低过,只不过他所参与的左翼社团的活动极少为他的同事所知而已。他是深受马克思主义历史学家所尊重的研究人类发展史前阶段的专家,从战前就开始参加共产党史学家的

8　Daniel, G. E. (1975) *A Hundred and Fifty Years of Archaeology*, 356.
9　V, 1.

会议。柴尔德加入了由马克思主义史学家于 1952 年创立的期刊《古今》(*Past and Present*)杂志的编委会,因为他认为这是历史研究的一份进步而具有前瞻性的刊物。他是理性主义出版协会的成员,从 1941 年起一直到去世,他都是该协会的荣誉合伙人(Honorary Associates)小组成员,同时也是该协会的杰出作者之一。除了 1944 年出版的《进步与考古学》和 1951 年出版的《社会演化》(*Social Evolution*),他 1941 年出版的《人类创造自身》的修订版页是该出版协会"思想者文库"(Thinker's Library)系列最成功的著作之一[10]。理性主义出版协会以其提倡人文主义运动而闻名,以自由思想和世俗原则为创立基础,长期得到柴尔德的高度评价。

　　二十世纪五十年代早期,柴尔德还是《现代季刊》(*The Modern Quarterly*)的编委会成员。这份刊物后来被称为《马克思主义者季刊》(*The Marxist Quarterly*),但并不是共产党组织的正式机关刊物,尽管它实际上充当了这样的角色。有几年时间,这份刊物的编委会主席不是别人,正是拉贾尼·帕姆·达特,编委会会议也在国王大街(King Street)共产党的总部那里召开。无论在这儿还是在《古今》杂志的编委会上,由于天生不爱说话,柴尔德都不是讨论中的重要角色。就像在早些年一样,看起来他对左翼信念的超然和不严肃的态度,让他的同事们都觉得他对左翼思想不是很认真。不过,就他出现在《现代季刊》杂志编委会这一点而言,就足以说明他本人对待马克思主义思想的严肃性,而且其他马克思主义者也很严肃地对待他。帕姆·达特是一个格外坚定的共产党支持者和马克思主义学者,当然不会容忍编委会里的成员对待马克思主义的态度充其量只是反权威主义的姿态而已。

10　在本书第六章,作者称该书被收入"科学文化文库"系列。——译者注

柴尔德终生与帕姆·达特保持密切的联系,尽管他们职业生涯的轨道从 1925 年起就岔开了。关于柴尔德对马克思主义持续不减的兴趣,帕姆·达特后来这样写道:"在他的晚年,我们打算共同出版恩格斯《家庭[、私有制和国家]的起源》(*Origin of the Family* [, *Private Property, and the State*])的一个联合版本,在这个联合版本中,他负责加入考古学注解,以补充恩格斯当时所知的必然是有限的信息,而我负责写一个政治性的导言。虽然这项工作向前推进了一些,但不幸的是,我们两个都被时间打败了。"[11] 有意思的是,恩格斯的这本书给柴尔德的第一印象是"太过时了",而且"充斥着廉价的争论"。不过,最终他还是回心转意,认为此书对他自己的学科有些价值:"在考古学和民族志学领域,认识到恩格(Engel,原文如此)的《家庭、私有制和国家的起源》的价值会很有帮助……另外,恩格自己的贡献要远比他从摩尔根大块剽窃来的部分强很多,因为他真正懂得德国历史和考古学。"[12] 在有些方面,他相信,恩格斯"格外地有远见,比如,他坚信青铜没有正常地取代石器成为生产工具,这是一个被他同时代的人以及更多的近期研究者所忽略了的事实"。[13]

121

帕姆·达特 1921 年创立了一份左翼期刊,叫作《劳工月刊》,他本人担任了五十多年的编辑。柴尔德偶尔也会投稿。1956 年,受到动乱威胁的匈牙利共产主义领导得到了俄罗斯的援助。在紧随俄罗斯的这一行动以及赫鲁晓夫(Kruschev)对斯大林的攻击而来的强烈抗议中,共产党遭到了猛烈的批评。在英国,帕姆·达特好几个月中都是被攻击的对象,因为他在五月份出版的一期《劳工月刊》中,发表

11　Dutt, R. P. (1965) The Pre-Historical Childe. *Times Literary Supplement*, 539.
12　致罗伯特·布雷德伍德的信(1945)。
13　致 C. H. Desch 的信(1946)。

了那篇令他声名狼藉的文章,他在文中称斯大林的错误只是"太阳上的斑点","只会惊到太阳神(Mithras)的崇拜者"。柴尔德利用 1956 年 7 月庆祝《劳工月刊》创刊三十五周年的机会,来表示他自己与帕姆·达特持久的友谊。他主动提出一个帮助朋友摆脱困境的解决方案,即发表一篇贺词,也就是由他撰写一个表扬帕姆·达特的演讲稿,主要讲述他们早年在牛津的关系以及他的好友帕姆·达特后来为该月刊的编辑工作做出的贡献。

不过,柴尔德的演讲没有表示他可以容忍帕姆·达特对斯大林的辩护。1956 年苏联入侵匈牙利,此举对国际共产主义运动来说是天降灾难,导致大批党员脱党。《新政治家》(*New Statesman*)杂志发表了一封由英国共产主义者或支持共产主义者领袖人物签名的公开信,把他们自己与苏联的行动分离开来。柴尔德没有在这封信上签字。他后来解释说,自己没有签字是因为不想让他一辈子的敌人们太得意。但俄国人的行动让他非常难过,让他丧失了对苏联共产主义的信念,尽管丧失的不是共产主义信念本身,因为共产主义仍然是他的理想。唯其先前对苏俄都是仰慕,所以 1956 年匈牙利事件对他的震动也就更大。过去访问苏联的时候,他只想看到共产主义生活积极的一面,而作为俄国政府的官方客人,他被小心翼翼地引导着只看到积极的一面,虽然他对苏联的不足并非视而不见。他在 1956 年 11 月 20 日写给表弟亚历山大·戈登的信中说:

　　1956 年的世界局势确实令人不快——不过可能并不真的比公元前 1956 年更糟,比如说,不一定就比在乌尔的舒基(Shulgi of Ur)统治下还要坏。在晚近时期,人们不会期望看到一个对于无能蠢行的展览,比如封锁苏伊士让英国在印度和远东不得人心。尽管我热爱苏联,但我不会真的心平气和地看待匈牙利事件。

（我一年多以前还在那里，现在尤其担心我在匈牙利自然博物馆工作的那些可爱的同事们，以及博物馆里那些从科学意义上来说无法替代的珍宝的命运[大部分尚未发表]。）不过，当然，也一定不要相信读到的任何东西——即使《工人日报》上写的也不要相信！

柴尔德的政治活动不仅仅限于担任马克思主义者所办杂志的编委，在五十年代，他还是科学工作者协会执行委员会（Executive Committee of the Association of Scientific Workers）委员和该协会的副主席。科学工作者协会是一个贸易协会，如今隶属于科技管理职工协会（Association of Scientific, Technical and Managerial Staffs）。海曼·利维是该协会的创始人之一，是柴尔德在就餐俱乐部"陶岑阔"就认识的人物。柴尔德本人积极参与了该协会在爱丁堡分部的创建工作，并从1939年到1946年担任爱丁堡分部的主席。在伦敦，他对科学政策委员会（Science Policy Committee）的工作和出版都有过贡献，也在分部会议上做过演讲。

他还积极参与了对苏文化关系学会的工作，而且担任过该学会设在爱丁堡分部的会长，从1950年代早期到1957年他去世前，柴尔德都是该学会国家历史考古部门（National History and Archaeology Section）的会长。对苏文化关系学会名义上独立于共产党，但实际上是由共产党控制的卫星组织。学会的会长由著名左翼律师普里特（D. N. Pritt）担任，此人秘密共产党员的身份后来被人揭发。柴尔德与他的相识始于他参与该学会的一些委员会工作的时候。

柴尔德参与对苏文化关系学会的工作期间，该学会的主席是伦敦大学的一名古典学教授罗勃特·勃朗宁（Robert Browning）。他非常钦佩柴尔德所做的与苏联方面不断的通信联系和出版物交换；而

柴尔德认为这种国际合作是学术发展不可忽略的一个重要方面。柴
尔德在这方面贡献巨大,他从 1920 年代早期就开始频繁出国旅行,并
帮助皇家人类学研究所建立起在史前史领域的收藏。他是学者中少
有的至少能使用俄语以及其他东欧语言进行阅读的学者,并有意与　　123
"铁幕"背后的考古学家保持联系。他在 1945 年给朋友的信中写道:
"在所有的科学领域,有创见的研究人员会发现,俄语将同过去的德
语一样重要;学生们越早明白这一点就越好。"[14]

　　柴尔德至少访问过苏联三次,并经常出访其他共产主义国家。就
勃朗宁记忆所及,柴尔德确实能领会到"文化关系"的精神,他说:"有
一次,我很清楚地记得——因为我是那次会议的主席——柴尔德完
成文化交流出访返回英国时,在文化关系学会做了一个报告,我想他
刚访问过中亚的花剌子模(Khorezm)遗址,但他的报告是关于中亚国
家传统装束的。"

　　柴尔德最后一次访问苏联是在 1953 年,行程安排既包含学术也
包含文化交流。柴尔德于 8 月 22 日离开伦敦,经过布鲁塞尔、布拉格
和明斯克前往莫斯科。8 月 26 日的时候,他就抵达列宁格勒,并参观
了那里的阿斯托利亚酒店(Astoria)和艾尔米塔什博物馆(Hermitage
Museum)[15],观看了由明斯克剧团(Minsk Company)出品的《李尔王》
(*King Lear*)。很显然,他是俄国人愿意为之开放著名冬宫皇家收藏
的为数不多的贵宾之一,尽管像他后来说的那样,他只对其中一件保
存很好的公元前两千纪的红铜手斧感兴趣。回莫斯科稍微停驻,他继
续经乌拉尔(Urals)到塔什干(Tashkent),然后从那里又继续到附近的

14　致罗伯特·布雷德伍德的信(1945)。
15　亦称冬宫博物馆。——译者注

斯大林纳巴德(Stalinabad)[16]，并在那里的大学待了一段时间。9 月 5
日回到莫斯科的时候，他被带领去参观了那里的外文出版社、莫斯科
大学以及一个关于列宁的展览，还参观了一个马戏团，观看了《罗密
欧与朱丽叶》的演出。

　　对从世界各地来英国访问的同行们来说，柴尔德是一位非常好
客的主人。柴尔德去世一周年后，马克斯·马洛温在一档电台节目中
说，柴尔德国外的同行"在经过伦敦的时候，从未错过去见他的机会，
他们中的很多人都说他们非常想念柴尔德"。[17] 柴尔德是少数几个与
很多苏联学者保持个人联系的英国史前史学家之一，他非常积极地
组织了两位顶尖俄国考古学家托尔斯托夫(S. P. Tolstov)和阿特谢赫
夫斯基吉(A. V. Artsikhovskij)1956 年在英国的访问。S. P. 托尔斯托
夫的访问，为柴尔德提供了一个他没有错过的批评英国政府对俄政
策的机会。他在考古研究所为托尔斯托夫的演讲组织听众集会，只是
为了告诉大家，由于英国外交部所推行的愚民政策，托尔斯托夫教授
到不了了。不过实际上，托尔斯托夫教授的迟到是俄国人自己的原因
所致，而且他后来似乎也去做了演讲。

　　虽然各种各样的出版工作以及考古研究所的领导工作占用了柴
尔德大量时间，但他仍然喜欢旅行，而且利用假期参加了数不清的国
际会议。原定于 1940 年在布达佩斯举行的第三届史前史和史前人类
学科学大会，因为二战被推迟。柴尔德特别想通过这个大会将"铁
幕"两边的学者汇聚到一起，因此对匈牙利重申作为此次大会东道主
的提议表示热烈欢迎，他在给他匈牙利的朋友兼同事班纳
(J. Banner)的信中说：

16　现称杜尚别(Dushanbe)。——译者注
17　Mallowan, M., BBC 广播。

> 所有欧洲考古学家都知道匈牙利收集到的大量史前古物，并对匈牙利在全欧洲史前和历史早期文明发展中所扮演的角色表示赞赏……即使位于欧洲偏远地区的考古学家们，也怀着最急切的期盼，希望能收到 1949 年重开大会的邀请。[18]

然而，这次大会再次被推迟。柴尔德下一次对匈牙利的长期访问，是在 1955 年 9 月份他出席匈牙利科学院（Hungarian Academy of Sciences）考古学会议之际。柴尔德也很喜欢捷克斯洛伐克，尤其是布拉格，也就是他所说的"布拉哈"，他在二战之后的那几年里经常去那儿做短期停留。有一次他住在自己的同事兼好友简·菲利普（Jan Filip）乡下的住处。他尤其喜欢伊钦图尔诺夫（Jicín Turnov）地区的砂石构造，这让他想起自己年轻时看到的澳大利亚景观。

柴尔德很有语言天赋，在早年的旅行中自学了大多数欧洲语言，直到晚年还学习了俄语。他对自己的成就感觉很自豪，总是坚持和外国同事用对方所说的语言进行交流。这也会造成一些困难，比如，捷克考古学家伊里·诺伊斯图普尼（Jiri Neustupnỳ）回忆说："所有人都知道他烟斗不离口，即使说话时也是这样，所以，在他开始讲话的时候，我们总是要先弄清楚他讲的是哪国语言，但这并不是件容易的事，因为他经常出人意料地变换语言。"[19]即使弄明白他讲的是哪国语言，事情也并不总是一帆风顺。法国和德国的学者都恳求他讲英文而不是法文或者是德文，这样或许他们才有机会理解他讲的话。有一次，125

---

18 致 J. 班纳 的 信（1948），引 自 J. Banner（1958）Vere Gordon Childe. *Acta Archaeologica*，8，322。

19 Neustupny, J., BBC 广播。

柴尔德的波兰同事苏利米尔斯基教授（Professor Sulimirski）——他讲
一口流利的俄语——到伦敦，接到了柴尔德的一个电话。他通过那独
特的声音分辨出是柴尔德打来的电话，但至于柴尔德讲的是什么，他
连一个音节也听不懂。当他最终成功劝说柴尔德用英文对话时，电话
另一端的柴尔德相当不满地说，他认为自己是在讲俄语！尽管如此，
他在国外赢得了巨大的声誉，他的书被译成法文、俄文、捷克文、日文
以及其他很多国家的文字，在考古学思想方面对全世界都产生了影
响。他的古怪行为让他成为国际会议上的吉祥物一样的人物，他在世
界各地的同事都非常喜欢他。

　　1956 年，柴尔德的捷克朋友伊里·诺伊斯图普尼第一次访问英
国，柴尔德邀请他到考古研究所做了关于中欧红铜时代年表的报告。
在雅典娜俱乐部，柴尔德把他介绍给那里的杰出学者，又开车带着他
用两天时间考察了英国南部的考古遗址。与柴尔德开车进行长达两
天的旅行肯定是件极其令人头疼的事情，因为柴尔德的驾驶技术随
着年龄的增加反而越来越糟了。他不仅近视得厉害，而且色盲，分不
清红绿灯，更要命的是，他是如此心不在焉，以至于在开车的时候会认
为是他的乘客在驾驶。有一次，与柴尔德在雅典娜俱乐部一起用餐之
后，诺伊斯图普尼见证了这样的情况："当我们步入保罗购物中心
（Paul Mall），他发现自己的车很不方便地停在另外两辆车之间，没有
足够空间把车直接开出来，所以他坐上车，把车发动起来，就像开蒸汽
机那样，不是尝试着逐渐把车开出来，而是直接开车前进、倒退，硬是
在前后两辆车之间开辟出足够的空间把车开了出来。"[20]

　　尽管如此，诺伊斯图普尼在与柴尔德的旅行中得以幸存，二人还
一起参加了 1956 年 4 月 3 日的电视节目"动物，植物，矿物"

　20　Mallowan, M., BBC 广播。

（"Animal，Vegetable，Mineral"）的录制工作。柴尔德可能觉得该节目是向公众介绍考古学的良好渠道，之后他很高兴被人在大街上认出上过这个电视节目。但他一直强调，严肃的考古学研究"比轰动的发现甚至聪明的无线电节目"能为考古学"赢得更为牢固的地位"。[21]　126从他 1957 年《告别辞》的陈述中，我们或许能觉察到他对那些受电视和电台欢迎的同事的一<u>丝丝</u>嫉妒。

　　在英国访问期间，诺伊斯图普尼曾建议柴尔德重写他的名作《史前多瑙河》，以将 1927 年以来的新材料包含进去。柴尔德回答说，那样做的话就需要去很多国家和博物馆考察，但现在他觉得累了，不想再去做这样的旅行。另外，到 1956 年，进行大范围概括综述研究的时代也将近尾声，随着现有考古数据的大量增加，专业化不可避免地占据了主导地位。事实上，前一年他已经决定从伦敦大学考古研究所退休，这给他的捷克朋友留下了一个深刻的印象，他预感到柴尔德的学术生涯已接近终点，他已不打算再开始任何新的研究了。

21　V，8.

08　最后十年的著作

从 1946 年到 1957 年在伦敦的这些年间，柴尔德非常多产，发表了大量学术作品。1947 年出版的《历史》，证明了他在历史（对他来说包括史前史）研究理论方面持久的兴趣。到伦敦考古研究所上任之后的那些年里，柴尔德对文化传播论（diffusionism）和演化论（evolutionism）尤其感兴趣，并为此撰写了很多文章。这些文章，连同他的《史前迁徙》（*Prehistoric Migrations*），清楚地表明他是一个温和的文化传播论者。尽管如此，他却并不是进化论的反对者，在他看来，考古学和人类学联起手，对史前史的研究来说才是最好的。他对将有机物进化与社会进化之间进行类比的可能性的思考，在他那本虽然流行却在某些方面并不令人满意的《社会演化》一书中可以说是达到了极点。

柴尔德生命的最后几年见证了他自己哲学的重要发展，他也是在最后的这几年才得出了对欧洲史前史现象较为满意的符合事实的解释。1956 年出版的《社会与知识》，是一部纯粹的哲学著作，尤其有意思的是柴尔德对自己认识论理论的阐释。《重缀过去》（*Piecing Together the Past*）作为史前史领域少见的方法论研究，和《社会与知识》具有同等重要的地位。但是，柴尔德自己认为能成为对史前史研究最后的、最令人满意的贡献的一本书，却是《欧洲社会史前史》，出版于他从考古研究所退休两年之后。尽管后来的学者未必同意柴尔德对自己学术作品的评估,他在 1946—1958 年之间出版的书,无疑是史前考古学科的重要著作,这也驳斥了 J. G. D. 克拉克在第一次纪念柴尔德讲座中所说的"他基本上在二十世纪三十年代就已经得到了他以这种体裁所能达到的成就"。[1]

二战之后的那个十年对史前考古学整体而言非常重要。新一代 128 受柴尔德《欧洲文明的曙光》《史前多瑙河》和其他早期著作影响而成长起来的学者,不仅在进行考古发掘,而且还在产生新的方法和理论。克里斯托弗·霍克斯(Christopher Hawkes)就是一位柴尔德非常看重的史前史学家,他于 1946 年离开大英博物馆就任牛津大学欧洲考古教授一职,在接下来的三十年里,他会逐渐在那里建立起欧洲考古学的研究机构。霍克斯教授的妻子杰凯塔(Jacquetta),后来改嫁雅克塔·普里斯特利(J. B. Priestley),在考古学和古代史方面著述甚丰,也是柴尔德的朋友。

在剑桥大学,格雷厄姆·克拉克从 1952 年到 1974 年都是那里的迪斯尼考古学教授(Disney Professor of Archaeology);克拉克之后,继任这一位置的是格林·丹尼尔,克劳福德 1957 年突然离世之后,丹尼尔接替了他在《古物》杂志的编辑工作。格雷厄姆·克拉克和希格斯(E. S. Higgs)后来都因其倡导使用经济方法研究史前史而闻名。克拉克对约克郡斯塔卡尔(Star Carr)中石器遗址的发掘,很快就被认为是通过提取经济数据重建史前环境的典范,而他 1952 年出版的《史前欧洲:经济基础》(*Prehistoric Europe: The Economic Basis*)一书,也成为新一批集中研究史前社会经济和环境的专著和文章的先驱。柴尔德在《古物杂志》中为该书发表评论,对这一位年轻作者的方法表示赞赏,他说:"在此克拉克博士给出了对考古数据的新解释——或许应

---

[1] Clark, J. G. D. (1976) Prehistory Since Childe. *Bull. Lond. Inst. Arch.*, 13, 4.

该说是对上世纪人们熟知的解释模式的恢复,不过增加了更为丰富的材料、更广泛的技术来源以及更深刻的见解。其中心主题不是人类社会之间的互动,即体现在不同类型文化之间的互动,而是表现在物质文化上的社会与环境之间的互动。因此,我们的注意力就不应该集中在对生产工具形式特质的武断判断上——类型学家借助生产工具的特质来定义人群和年代——而是应该集中在工具的使用、生产和分配所反映出的活动上。因此文化就被认为是行动,而不是行动的僵化结果;当然,后者作为考古数据被单独保存了下来。"[2] 他还情不自禁地在书评中塞进了几个马克思主义术语,尽管他知道,这对政治上持右翼立场的格雷厄姆·克拉克来说,就好像是公牛眼里的红布:"虽然作者熟练地描述了房屋类型和居址样式,但书中却没有体现出作者对诸如'社会组织'或'生产关系'的思考。"[3]

129　　剑桥大学的埃里克·希格斯和其他一些学者还就遗址内集水区域的分析技术进行了探索,希望这种分析能为考古学家提供关于一个史前遗址或地区潜在的人口数量方面的信息。近来,有人倾向于批评柴尔德在解释史前社会时对环境证据的忽略,但实际上,他不仅在很多发掘报告里都无一例外地包含了专家对经济和环境证据的评估,而且在伦敦大学考古研究所工作期间,他首次将环境研究和史前史研究整合起来。同时,柴尔德在爱丁堡大学的继任者斯图尔特·皮戈特,逐渐在爱丁堡大学建立起他的前任未能建立起来的考古系,并继续将阿伯克龙比教授捐赠的精神发扬光大。

　　接受考古研究所所长的职位之前不久,柴尔德向未来将接替他在那里的工作的继任者格赖姆斯(W. F. Grimes)坦白,他即将去伦敦继续他的

2　(1952) Review of *Prehistoric Europe: the Economic Basis. Antiq. J.*, 32, 209.

3　同上,210。

研究。他就任头几年里所发表的成果,充分证明他当初所言不虚。1946年,柴尔德在《西南人类学杂志》(*Southwestern Journal of Anthropology*)上发表了《考古学和人类学》("Archaeology and Anthropology")一文,他在文中写道:"我的观点是,考古学和人类学(如果你愿意,也可以称作民族志学)属于人类科学两个互补的,并以同样方式相互关联的系别,就像生命科学中古生物学(palaeontology)和动物学(zoology)之间的关系那样,对彼此而言,二者均不可或缺。"[4]对此,马克思主义历史学家乔治·汤姆森(George Thomson)后来评论说:"作为马克思主义立场的陈述,这一观点无可挑剔";[5]根据一些马克思主义者的说法,对比较方法的否定反映的是"资产阶级"的态度。

在《考古学和人类学》一文中,柴尔德同样也对极端的"文化传播论"和"进化论"进行了严厉批评。就像他经常指出的那样,他在文中说,将这两种理论截然对立起来是不可能的。在他看来,考古学和人类学的联合,能够有效地对功能主义、文化传播论和进化论进行调和,也可以最有效地促进对文化发展阶段序列的校正。因为人类历史发展的大部分证据在史前史领域,所以柴尔德认为,这一方法最有希望帮助我们得出能够反映历史进程方向的一般规律。这一论证对史前史研究的目的做出了辩护,因为柴尔德把"'至少从某种程度上能够预测未来并引导我们走向这一未来'的历史或者文化科学"当作是"合理的典范"。[6]

担任伦敦大学考古研究所所长一职之后不久,柴尔德又出版了一部讨论历史学的著作,即1947年出版的《历史》一书。《历史》一书

130

4　(1946) Archaeology and Anthropology. *S. W. J. Anthrop.*, 2, no. 3, 243.

5　Thomson, G. (1949) Review of History. *The Modern Quarterly*, N. S. 4, 267.

6　(1946) Archaeology and Anthropology. *S. W. J. Anthrop.*, no. 3, 251.

批判性地讨论了人类在揭示自身事件序列的条理性方面所做的努力。他考察并摈弃了关于历史的若干理论——包括神学的、自然主义的和相对的——最后选择赞成马克思主义将历史看作是一个创造性的过程的看法。但是，根据芭芭拉·麦克奈恩(Barbara McNairn)的观察，柴尔德在《历史》一书中没有讨论辩证法的规律，相反，他是通过忽略辩证法规律以及它们作为外在规律的崇高位置——至少苏联马克思主义者将它们拔到那样的高度，才将"辩证唯物主义"描述成"摆脱了先验论和对外在规律依靠的历史观"。[7] 现实和历史的创造性是柴尔德信仰中的重要信条，这一点在他生命的晚期表达得很清楚；从这个角度看，考古学对知识的贡献很大：

> ……如果历史不是沿着既定的路线，而是在前进中开创着自己的路线，那么寻找历史的终点自然就是徒劳的。但是，关于已经走过的道路的知识，却是这条道路下一阶段可能走向的有用指南。[8]

尽管如此，柴尔德在秉持马克思主义是解释历史的最现实、最充分的方法这一观点的同时，对其使用却并不教条，他说："……马克思主义接着断言，所有制度、法律、宗教以及所有其他所谓的人类历史活动精神结果，从长远来看，都是由生产的物质力量——工具和机器——当然再加上自然资源以及开发自然资源所需要的技术来决定的。因此，唯物主义的观念为历史数据的分析提供了一条线索，也为将现象归纳成易于理解的条理性的东西开辟了一种可能性。但这条

7　(1947) *History*, 68.

8　同上,68。

线索一定不要被盲目地使用。"⁹ 柴尔德认为,有些马克思主义者曾盲目地使用唯物主义的观念,在人类进步的历程中恢复了预想的诸如世界共产主义这样的目标:

> 与其说马克思让"共产主义"这一概念的内容变得极其抽象而无力,由此使自己摆脱了这一偏见,还不如说他是通过智慧地宣称共产主义的实现并非标志着历史的终结,而是"人类社会史前阶段"的终结做到了这一点……历史学家所做的不是去想象可大致称之为"进步"的绝对价值,而是从历史中去发现这一进程所接近的价值。¹⁰

131

在《历史》一书的结尾,柴尔德因为其中表达的对斯大林的看法而遭人诟病,他说:"当今一位伟大的政治家已经成功地预见到世界历史的发展道路,我们刚刚引用他作为马克思主义史学的倡导者。"¹¹对此,一名书评人指出,众所周知,斯大林没有预见到1941年德国对俄国的入侵。《历史》一书也没有逃过共产主义学者的批评,这使得该书成为看待柴尔德颇有争议的学术地位的一个好例子:一方面,他因为自己非典型的马克思主义态度受到态度强硬的马克思主义者批评;另一方面,他又被右翼阵营的同事称为共产主义者。尽管他一直捍卫苏联考古学的地位,但他并没有从一些俄国考古学家那里赢得同样的赞扬。战后的苏联考古学研究有着尖锐的政治特征,蒙盖特(A. Mongait)1951年发表的《资产阶级考古学的危机》("The Crisis in

---

9　(1947) *History*, 72.
10　(1956) The Past, the Present and the Future: review article. *Past and Present*, 10, 4.
11　(1947) *History*, 83.

Bourgeois Archaeology")就是包含了这类批评的一个典型例子:

> 资产阶级学者当中不仅有我们意识形态上的敌人,他们当中也有一些进步学者,是我们国家的朋友,懂得我们的科学的普遍价值。比如,在英国考古学家中就有这样一位,他就是戈登·柴尔德。柴尔德还没有成功地克服资产阶级科学的很多错误,但他懂得真理在社会主义阵营,并不耻于称自己为苏联考古学家的小学生。[12]

四十年代晚期,在对文化传播论和进化论之间的冲突多加考虑的同时,柴尔德也开始探讨将有机物进化与社会进化进行类比的可能性,并开始考察社会所理解的"知识"的准确含义。这些主题,除了最终在他1951年出版的著作《社会演化》一书中形成长篇大论之外,他在1949—1950年间也就这些题目写过很多文章。

在1949年霍布豪斯纪念讲座(Hobhouse Memorial Lecture)上发表的演说《知识的社会世界》("Social Worlds of Knowledge")以及同年发表的《知识社会学》("The Sociology of Knowledge")一文中,柴尔德开始意识到,"一个社会实际上要适应的环境,并非自然科学所能够重建和观察的像外在物体那样的自然环境,而是那个环境的社会集体表达,即其文化的一部分"。[13]《知识社会学》则将这一讨论进一步引入认识论的领域以及马克思对这一领域的贡献:"……马克思在奠定一种新的社会科学时观察到,分类和'思想规律'既不是绝对的,

___

12　引自 Miller, M. (1956) *Archaeology in the U. S. S. R.*, 151。

13　(1952) Social Worlds of Knowledge: Hobhouse Memorial Lecture no. 19. *Hobhouse Memorial Lectures* 1941-50, 23.

也不是永恒的,而是以一个社会所采用的生产力为条件,必须要随着适当的生产关系的改变而改变。"14柴尔德认为,涂尔干(Durkheim)关于科学知识的理论,从他的社会学研究而来,是对马克思主义理论的补充,柴尔德在1956年出版的《社会与知识》里所阐述的自己的哲学,既受到涂尔干学说也受到了马克思主义的巨大影响。

柴尔德否认历史学家的作用是努力重新发现过去的社会里人们的思想和情感这样的说法。1949年11月,他在利物浦做了一场题为《巫术、手艺与科学》("Magic, Craftsmanship and Science")的弗雷泽讲座(Frazer Lecture),讲座中他着重强调,科学的进步不仅包括纯粹科学,而且包括应用科学,即技艺的进步;他认为,脱离错误与迷信也就是积累技巧与事实:

> 所以说,逻辑学的相应发展不仅与新范畴的出现和对新的"思想规律"的认识有关,而且也与对旧有范畴的超越和对思维习惯的修正有关。换句话说,科学的史前史表明它不是线性增加,而是一个辩证发展的过程,包含了对真理的获得,同样也包含了对错误的否定……生产的矛盾是理论与实践之间的矛盾,是离群索居的牧师的沉思或哲学家与农民、手工业者和实验主义者之间的矛盾。15

尽管直到1951年才出版,《社会演化》一书的主要内容却是以柴尔德1947—1948年间在伯明翰大学(University of Birmingham)所做的一系列报告为基础的。伯明翰大学的约西亚·梅森演讲(Josiah

---

14　(1949) The Sociology of Knowledge. *The Modern Quarterly*, N. S. 4, 303.

15　(1950) *Magic, Craftsmanship and Science*, 19.

Mason Lectureship）由理性主义出版协会于 1946 年开设，演讲内容有
意限定在社会科学领域，其目的在于通过讲座来说明如何通过科学
的方法解决文明社会所遇到的问题。《社会演化》是一部理论著作，
就像《人类创造自身》和《历史上发生过什么》一样，既是针对一般大
众，也是针对考古学家的。

在这本书中，柴尔德重申了他之前说过的考古学与人类学的相
关性的观点，即"考古学在人类学中所扮演的角色，就如同古生物学
在动物学中所扮演的角色"。[16]《社会演化》一书所记录的，是在相对
的自然环境中野蛮文化一路通往文明的连续步骤。书中通过检视证
据来考察它在多大程度上适合社会发展的抽象理论——比如斯宾塞
和摩尔根的理论，并判断能否将社会进化与生物进化进行类比。柴尔
德不得不承认，这样的类比得不到从考古学证据所收集来的事实的
支持。达尔文进化论中的变异与分化，可以与文化进化的类似过程相
比，即大的统一的文化分成众多特殊的地方文化，这在考古学上是有
证可查的。考古证据所显示的融合与同化现象也同样明显，但这样的
现象很难在有机物的进化中找到类比。

这引出了柴尔德的一个重要论点，即关于传播在社会进化中所
扮演的独特角色：

> 现在，就像融合现象将社会进化与有机物的进化区别开来，
> 传播对社会适应，即社会进化来说也很独特；所以说传播就是文
> 化。因为，当然，文化代表了社会适应它们所在的环境以求生存
> 和繁衍的手段……[17]

16　（1951）*Social Evolution*, 7.

17　同上，168—169。

他进而指出,有机物进化中变化机制的根源是变异,而社会变化的产生是通过对发明进行传播。但是,如果文化是社会改变自己"以求生存和繁衍"的手段,那么柴尔德一定认为文化从生物的角度而言是有利的,从社会的角度而言是可接受的。这也一直是他的观点:他所说的两个"革命"所举的都是可见于人口记录的此类"有利"的例子。不过,文化只需要是社会所能接受的,这一点就足够了,他在所有版本的《欧洲文明的曙光》里所描述的法国巨石文化就是一个好例子:

> ……迷信吸走了所有能量,对死者的崇拜笼罩着其他所有的活动;那些被他们阴郁的仪式所占据、被祭司的保守思想所束缚的信徒们,什么也没有创造。钟形大口杯的使用者的到来和商业文明浪潮的出现,都没有将西方的巨石建造者们从鬼魂的占有中唤醒去创造一个具有独创性的青铜时代……就这样,"太阳之子"所留下的遗产,只是阻碍进步的黑暗的迷信。[18]

上面这段话明确显示了此时此刻柴尔德思想上的不一致之处,因为根据柴尔德自己的说法,"阴郁的仪式"和"对死者的崇拜"都是完全无益的发明,他进而对发明及其社会接受做出假设却没有进行解释,而发明及其社会接受是他整个理论——"文化进化的概念作为一个合理而易懂的过程已被证实"——的基础。[19] 在《社会演化》一书中,他明确地摒弃了原先假设的社会进化和有机物进化之间的类比关系,但他认为,"文化变化是一个有序而理性的过程,而这一过程

134

18 (1925) *The Dawn of European Civilization*, 284-285.
19 (1951) *Social Evolution*, 179.

无需借助任何必要的不可预料的因素和奇迹就能为人类的智力所理解";[20]但他在使用证据对该理论进行表述的时候却是有选择性的。

柴尔德 1950 年在《欧洲的史前迁移》(*Prehistoric Migrations in Europe*)一书中明确表示了自己作为文化传播论者的立场。尽管《欧洲的史前迁移》出版于 1950 年,但书中包含了很多他二战以前的思想。该书内容基于他 1946 年在奥斯陆比较文化研究研究所(Institute for Sammenlignende Kulturforskning)所讲的一门课,包括 10 个讲座的内容,是由挪威人类文化比较研究研究所(Norwegian Institute for Comparative Research in Human Culture)从 1925 年就开始组织的系列讲座的一部分。该系列讲座与"大迁移对古代社会晚期和中世纪早期欧洲文化的重要性"有关。有这样一个陈述清晰的主题大纲,柴尔德放弃了他曾在《苏格兰人之前的苏格兰》(该书出版时间与柴尔德在奥斯陆讲课的时间为同一年)中所采用的马尔语言学理论模式,转而将注意力集中在传统英国文化传播论的观点上。他从《苏格兰人之前的苏格兰》一书的试验中得知,外部影响在欧洲史前史的写作中不能完全被忽略,他说:

> 在以下的意义上我是一个文化传播论者:我认为重要的技术发明和发现——比如轮式推车、陶轮、高级铜冶炼、手转推磨、长柄镰刀等——通常只能被产生一次并从一个中心向外传播。在史前考古学领域,这好像是一个有用的工作假说或者具有启发性的原则,除非有反对它的客观理由……作为一个文化传播论者,我还认为,如果较小但颇为随意的变化或装置在大致邻近的区域内几乎同时发生或出现,那么这样的变化或装置就不可

---

20 (1951) *Social Evolution*, 175.

能是独立发生或出现的,而是对传播的反映。[21]

这说明,柴尔德接受将传播论作为一种工作假说,但同时他也很清楚对文化变化的主观阐释可能带来的危险:"传播的机制可能会更 135 有争议。对于一个社会被另一个社会取代或征服,在多大程度上可以由两个独立社群之间的借用来解释?又在多大程度上可以由人口迁移来解释呢?"[22]

柴尔德没有忘记他最初对哲学的兴趣,所以他在《欧洲的史前迁移》中,也拿出一定篇幅对印欧语人群的考古学证据进行了讨论。对于这些任务,他在 1950 年的时候反而比他在 25 年前更拿不定主意。他意识到,尽管自 1926 年以来又积累了其他一些材料,但他却找不到更多能证明自己观点的材料。到了 1957 年,他确信,对考古学研究来说,寻找印欧语人群并非一个能有结果的问题,他说:"我不再认为这一问题可以根据现有材料从考古学途径得到解决,我也不认为严格的考古学研究甚至发掘,能够简单有效地指向该问题的答案。"[23]

柴尔德最后一次访问苏联是在 1953 年,而他继续保持着对俄国遗址和博物馆的兴趣。他 1952 年发表在《英苏杂志》(*Anglo-Soviet Journal*)上的文章《苏联考古组织》("Archaeological Organization in the U. S. S. R.")一文,有对"马尔主义"问题特别有意思的说明,该文写于斯大林对马尔主义进行强烈批评的仅仅两年之后。柴尔德提醒其读者:"马克思主义不是关于过去所发生事情的一套教条(这倒省却了通过发掘去发现的麻烦!),而是解释方法和价值体系。"[24]辩证唯物

21　(1950) *Prehistoric Migrations*, 9.
22　同上,9。
23　V, 2.
24　(1952) Archaeological Organization in the USSR. *Anglo-Soviet J.*, 13, no. 3, 25.

主义尽可能地根据内在发展去寻求对变化的解释。但是，

> ……革命胜利以后，前资产阶级史前史学家中最新皈依马克思主义的那些人与其说是深刻，还不如说是狂热。陶醉于成功但肤浅、机械地使用恩格斯的构想，他们炮制出比旧有的人群迁移的假设更令人满意的对考古数据的解释，但从来都没有费心去掌握这一方法的更深层的含义，N. Y. 马尔就尤其如此……[25]

柴尔德在《苏格兰人之前的苏格兰》一书中尝试告诉自己，作为促进文化发展的因素之一，外部刺激不能被忽略。虽然他一直在热情地支持俄国考古，但他也清楚地知道苏联考古学理论所受党的路线的影响。柴尔德不是个教条式的马克思主义者，并对任何国家违背事实说话的马克思主义同仁持批评态度。也正是他坚持以事实说话的基本要求，才使得他 1957 年拒绝为"古民古地"（*Ancient Peoples and Places*）丛书撰写关于俄国的那一册。他在给丛书编辑格林·丹尼尔的信中说：

> 即使能在偏远博物馆的刊物上找到没有发表的文物收藏……我也不能说已经有证据支持一个能说服我自己的关于俄国和俄国人的连续故事，因为我不相信这样的故事已经存在。我们不能只是根据旧有秩序罗列若干考古学"事实"，而是至少一定要将它们放进一个年表的框架内，但无论是相对的还是绝对的新旧金属发展阶段的年表，都是令人绝望的模糊。现有的关于俄罗斯的官方构架真的还只是猜测，还不能吸引我，更不能说服

25　（1952）Archaeological Organization in the USSR. *Anglo-Soviet J.*, 13, no. 3, 26.

我认为这样的构建是可靠的。[26]

　　在去世之前的最后几年里,柴尔德写了很多的新书。1956年出版的《重缀过去》就是其中之一。该书的副标题为"对考古数据的解释"("The Interpretation of Archaeological Data"),以之前十年间在考古研究所所做的隔年讲座为基础,内容以考古分类原则、隐含解释概念以及当下术语等为主。据柴尔德的一个学生回忆,开始的时候柴尔德拿不准是否要以书的形式来出版这些讲座,但作为当时对考古理论和方法的研究,《重缀过去》还是一本重要专著。柴尔德在书中定义了那些广泛用于考古学却没有做过明确表述的概念,诸如"文物"(artefact)和"文化期"的概念。然而,柴尔德却并没有进一步对解决所有考古学方法和理论问题做出积极贡献,正像发表在《古物》上的一篇书评所指出的,"虽然他对当下考古学术语的使用和考古学实践中的不一致现象进行了批评,指出它们可以多么让人困惑、多么模糊不清,但他却拒绝提出一个理想的分类和术语系统,理由是即使他这么做了也不会有人接受"。[27]

　　柴尔德在《重缀过去》中对"文化"一词的讨论有两点缺陷。首先,虽然他很清楚文化一词在诸多不同使用中存在的问题——包括一般民族志学意义上对该词的使用和他自己在1929年出版的《史前多瑙河》中所定义的文化概念——但他并没有努力解决这一问题。十年以前,在给美国史前史家罗伯特·布雷德伍德的信中,他对这个问题讨论得要更充分些:

26　引自 G. E. Daniel (1958) Editorial. *Antiquity*, 32, 66。

27　Addison, F. (1957) Review of *Piecing Together the Past. Antiquity*, 31, 52.

137　　　至于术语问题,我得承认,考古学家对"文化"一词的使用从很多方面而言都应该遭到反对,但我认为人类学家对"文化"的使用却不应该包含在反对之列;在我看来,这倒恰恰是人类学的一个主要优势。根据我的观点,虽然我们对大口杯文化或迪米尼(Dimini)文化并不完全了解,但它准确代表了与普莱恩斯(Plains)文化或毛利人(Maori)文化同样的一种整体。毛利人文化不仅是社会组织和迷信(关于这一点,考古学家实际上没什么可说的),它还包括木工工艺、扁斧和农业等等(对此,考古学家却能说上不少)。因此,考古学家的文化可与民族志学家的文化相比拟。当然,这并不能解答文化在其他很多方面的使用遭到反对的问题。但是,组合(assemblage)——虽然从描述上来说是正确的——倾向于支持拉德克利夫-布朗(R. B.)所说的"线与补丁理论"(threads and patches theory),即文化就是由历史偶然连接在一起的不同特征的集合[28]……考古学家现在努力像民族志学家那样从功能的角度对文化进行描述;使用"复合体"(complex)一词也许会更好些,但我想要用它来描述聚集在某一既定的文化物品周围,而且从功能的角度而言相互关联的那些特征,就像美洲民族志学中的"烟草复合体"(tobacco complex)或者埃及史前史中的"孔雀石复合体"(malachite complex)一样。因此,目前我还是倾向于坚持使用"文化"一词。[29]

28　柴尔德这里指的是结构-功能主义者拉德克利夫-布朗(A. R. Radcliff-Brown)1935年发表在《美洲人类学》杂志上的文章《论社会科学中的功能概念》("On the Concept of Function in Social Science"),见*American Anthropology*,37,394-402。文章批评了排他主义者或称"碎片与补丁"(*shreds* and patches)的文化理论,该理论最一开始由罗伯特·洛维(Robert Lowie)在1920年出版的《原始社会》(*Primitive Society*)一书中提出。

29　致罗伯特·布雷德伍德的信(1946)。

柴尔德在《重缀过去》一书中对"文化"一词讨论的第二个缺点，是他没有直面对考古学组织进行分类的主观性问题，尽管这个问题随着考古数据的积累变得越来越明显。在 1929 年出版的《史前多瑙河》中，他还认为文化就是一个确定的、等待被发现的实体；而在 1951 年出版的《社会演化》中，他就意识到问题比之前所认为的要更加复杂，他说：

> 文化与社会都是抽象概念。没有哪两件手工产品是完全相同的，每一个工匠家庭以及每个家庭里的每一个成员，都有他们自己风格的技巧，也没有哪两个村庄恰好产生同样的文物及特征的复合体。主观因素是用来决定什么样的特质应该在定义一个文化时被忽略，但是坦白地讲，很难说什么应该被当作纯粹个人的因素而不予以理会，什么又应该被当作社会特征来区分不同的文化。[30]

柴尔德考虑将科学的精确性带进考古学，而《重缀过去》一书讲的是与材料解释相关的复杂问题。这本书所预想的读者不是大众，而是考古学家及其学生。那些看起来很平淡的分章标题，其实并没有表面上那么简单，柴尔德也认为，对于像"'考古记录'是什么？""多久以前发生的？""史前史发生了什么？"这样的问题，并没有可以用一句话来总结的那种答案。书中最末一章的标题"考古学有什么用？"，也并不意味着他在向自己辩护考古学的有用性；他将一生奉献给对考古学的研究，明白考古学研究对历史知识的重要贡献。在此他认为，考古能够复原历史思想，只要这些思想能够转化成人的行动并在考古

138

30　（1951）*Social Evolution*, 40.

记录中留下物质性的表达；而那些没有留在考古记录中的，就是"意识形态的幻觉"。这样的幻觉在人类历史进程中不起什么作用，正因此，柴尔德认为，这些幻觉的消失与否也不重要。比如说，围绕建造巨石墓的某些方面——其经济、社会角色或者对实践科学的贡献——"根本不可能出现在建筑师和建造者的意识里，即'虚假的意识'里……他们的动机，正如他们的感情，都永久地消失了，就是因为这些都是幻觉"。[31]

柴尔德在 1956 年还出版了一本名为《考古学导论》(A Short Introduction to Archaeology)的小书。这本书是为一般大众而写，为的是向读者介绍考古学的局限性和可能性。书的开头两章是对他在《重缀过去》一书中展开论述的理论观点的概述，他努力地想向读者说明，作为历史的一个重要来源，考古学不同于物体的简单汇集："所有的考古数据都是人类思想和目的的表达，并因其相关性而受到重视，这一点也将考古学和集邮或者图片收集区别开来。"[32]

几乎所有柴尔德的著作都包含哲学内容，但 1956 年出版的《社会与知识》所处理的却独独是认识论的问题。自从 1911 年在悉尼大学开始被带进哲学的大门，他一直着迷于哲学。这本最初在美国出版的《社会与知识》，是对他个人信念的陈述。他很清楚这些信念不会被轻易地归入任何可接受的范畴，在给自己的表弟亚历山大·戈登的信中也是这么说的："我会给你寄去一本在美国出版的书（尽管有麦卡锡管着！），既不是关于考古的，也不是关于马克思主义的（尽管老马克思可能会接受它，但至少我的苏联同事们不会这么认为），所以应该不会拒人于千里之外。"

---

31   (1956) *Piecing Together the Past*, 177.

32   (1956) *A Short Introduction to Archaeology*, 11.

柴尔德在书中说，知识属于某种应与外在世界相联系的思想地图或思想模式，因为知识从经验中来，所以柴尔德相信，这种联系的程度会随着人类在历史长河中的进一步发展而增大："对已知世界的建构，即对外部世界的思想的再生产，是一个逐渐积累的过程，其结果在任何时候都代表着人类的集体经验。"[33] 不过，知识除了依赖社会，同时也必须要有用，即要"能够被转化为成功的行动"。[34]

从哲学的立场看，《社会与知识》可能会受到批评，但这没有什么奇怪的，因为柴尔德也承认，他毕竟是个史前史学家，而不是个"职业"哲学家。举个例子来说，他描述了"思想"的某些特征，但不能准确地对其进行定义或者清楚地将"思想"与"符号"区分开来。从另一方面来说，这本书的风格清新，没有多少术语，和大多数哲学著作比起来都更适合普通读者阅读。在《社会与知识》一书中，柴尔德通过一种动态的现实观来表达自己的信念：

> 从此我应该陈述我所相信的，而不是我声称自己所知道的，应当阐明可能并非真理的信念。我相信现实的模式——我确实知道现实是模式化的——至少有四个维度。现实即活动，它既不是一个不停地重复自己的过程，也不是一个近似于预先决定的目标或者近似于预想计划的实现的过程；正相反，现实真正地具有创造性，不断地推出过去没有产生的真正的新奇事物。[35]

随着他创造性现实的信念的形成，柴尔德现在终于可以把他在

33 （1956）*Society and Knowledge*, 61.

34 同上，4。

35 同上，123。

《回顾》里所说的那种需要——对"决定历史和机械原因（无论是经济的还是环境的）的、自动塑造其进程的先验法则"的需要—— 抛在身后了。[36] 现在，他对欧洲史前史的解释既是科学的，又是历史的。而且，他相信，一个社会所需要的全部，即能够使其成功行动、进步得足够多的知识。他说："如果将现实描述成一个过程的创造性活动，会让我们无法获得完美的知识和绝对的真理，我一点也不会感到不安。"[37] 在柴尔德即将走到生命尽头的时候，他的这一信念，与他坚信自己对史前史研究的贡献——不管自己的解释有多不完美——仍会对未来的考古学家们有实际帮助这一点，肯定是有联系的。

当柴尔德在 1956 年写作《欧洲文明的曙光》一书的第六版也是最后一版时，他说，他开始意识到"霍克斯 1940 年在他的《欧洲的史前基础》(*The Prehistoric Foundations of Europe*) 一书中所坚持的是多么正确，即到青铜时代的时候，欧洲已经形成了自己独特的文化"。[38] 到底为什么柴尔德将他对这一事实的领悟归功于霍克斯，这很令人费解，因为柴尔德 1925 年版的《欧洲文明的曙光》早已证明他在霍克斯之前就表达了这样的观点。或许是因为随着 1930 年代早期纳粹主义的抬头，柴尔德对自己在 1926 年出版的《雅利安人》中对欧洲文明的这一特殊性的解释是如此不满——因为这一解释可以和科西纳的种族主义信条联系在一起——以至于他在别人甚至是自己面前否认他曾经意识到这一独特文化的存在。然而，现在他找到了一种根本不同的解释，一种基于青铜时代社会经济结构的原因的解释："欧洲史前史中所记录的这种惊人的进步速度，不会根据欧洲血液和土地的

140

---

36   R, 73.

37   (1956) *Society and Knowledge*, 126.

38   R, 74.

神秘属性从种族的角度来进行解释,也不会只参考物质生存环境,而是可以从社会学和历史学的角度来进行解释。"[39]

　　现在,《欧洲文明的曙光》的传统形式,已不适合用来清楚地展示上面所提到的从社会学和历史学角度给出的解释。柴尔德在该书的第六版添加了从1950年版以来所收集的所有最新证据,但他又写了一本全新的书《欧洲社会史前史》,来"最后答复那些这样告诉我们的人:'欧洲史前史真正的序曲由埃及、美索不达米亚和巴勒斯坦的文字书写,而那时欧洲的土著还是目不识丁的野蛮人'"。[40]

　　因此,1958年出版的《欧洲社会史前史》就以下问题给出了答案:"欧洲的野蛮人是怎样像他们已经做到的那样超过了他们东方的老师呢?"柴尔德承认自己受益于霍克斯1940年著作的启发,书中说,欧洲青铜时代不是文明的衰退,而是展现了进步的、独特的欧洲的创新。但柴尔德认为,霍克斯没能解释清楚为什么会如此。1957年出版的《欧洲文明的曙光》第六版确实给出了一个解释,但这个解释被掩埋在成堆的数据和参考中不能自拔;相比而言,《欧洲社会史前史》试图给出更加简单的答案。1957年6月,在从澳大利亚寄给霍克斯的信中,柴尔德对自己的答案做出了以下总结:

　　　　由于城市革命的发生,冶金工业——即提取和分配金属的系统——产生的前提也就出现了。这发生在古代的东方(在那里单独就可以发生),而不是欧洲(在那里不可能发生),但是欧洲不需要积累所需的储备就可以从为东方市场创造的分配系统中获利。所以,欧洲的铜匠作为第一批全职专家,并未沦为下层　　141

39　(1973) *The Dawn of European Civilization*, 6th edition, 396.
40　R, 74.

社会,因为当时社会分层还没有发生,也没有必要发生。

柴尔德在《回顾》中明确地说,他相信《欧洲社会史前史》一书既科学又历史地解释了独特的欧洲文化。他写道:"我既没有借助观察到的数据之外的媒介,也没有依靠超越经验过程的外部规律,我凭借的只是将已为大家所接受的环境条件和同样广为人知的、合理地从考古结果推断出来的人类行为模式进行历史性的结合(conjunctures)[41]。"[42]外部刺激——比如环境条件或人群的移动——连同内部经济进步一起,让变化的过程变成"历史的";他的解释之所以也是"科学的",是因为它根据人类行为已知的普遍因素和一般规律对特殊事件做出了解释。柴尔德相信,现在欧洲文化的根基可以溯及遥远的欧洲青铜时代,他说:

> 最终出现的民族国家,的确比我们青铜时代的部落规模要大很多,数量要少很多,但它们所展示给我们的,都是在政策方面的彼此猜忌和经济方面的相互竞争的本性。它们都越来越依靠超国家的经济体系来获取原材料、卖出它们自己的产品……工匠作为应用科学的支持者,在超国家的经济体中保留了传统上活动的自由。希腊城邦中的外来侨民、中世纪徒步旅行的熟练工匠,以及十九世纪的移民行会,它们都是上面所说的青铜时代流动工匠的直系后裔。同样属于这种情况的还有古典希腊时代的

41　柴尔德原文作"conjectures",肯定是"conjuncture"印刷错误的结果。C. F. C. 霍克斯曾指出柴尔德是从尼尔·阿伯格(Nils Aberg)的五卷本著作《青铜时代和早期铁器时代年表》(*Bronzezeitliche und Früheisenzeitliche Chronologie*)(Stockholm, 1930—1935)中借用的(德语为 Konjunktur)。

42　R, 74.

自然哲学家和诡辩家、欧洲中世纪的流浪学者,以及从伽利略和
牛顿的时代到 1945 年以来,一直都是超越政治边界,通过出版、
通信和出访交换信息的自然科学家们。[43]

柴尔德最后的论点,主要落在这样一个信念上,即不像他们在东
方专制政权下的同行,欧洲青铜时代的工匠可以自由旅行、自由选择
雇主进行工作。不过,考古记录根本不能为柴尔德所说的那些工匠所
享有的特殊地位提供任何直接的证据。在这里,柴尔德所依赖的,事
实上是物质证据之外的假设。这是他最后一本书的主要缺点,因为这
是他整书论证的前提。

---

43 （1958）*The Prehistory of European Society*, 172 – 173.

09 回 家

考古研究所计划从 1956 年秋季学期开始,用一学年的时间来搬家。柴尔德决定 1956 年夏天就从所长的位置上退下来,比他正式退休的时间提前了一年,因为这样就可以让他的继任者 W. F. 格赖姆斯在位于戈登广场(Gordon Square)的考古所的新建筑里有一个新的开始。

柴尔德以别具一格的方式向大家介绍了他要在考古所上的最后一门课。与十年前他来到考古所发表就职演说时一样,做课程介绍的时候,他展示了同样风格的柴尔德式幽默。这门课所包含的系列讲座题为"欧洲文明曙光的再思考"("A reconsideration of the dawn of European civilization"),与他正在进行第五次改写的个人主要著作关系密切。1958 年,达里尔·福特在 BBC 广播电台的一个节目上回忆那门课的开场白时说:"他走上讲台,面对听众,台下基本上都是他研究所的学生和同事……他先是以研究所所长的身份讲话,说他很高兴向大家介绍柴尔德教授来做这门课的系列讲座主讲人,而且愿意在柴尔德教授发言之前,对柴尔德教授的研究做简短的评论。接着,他以所长的身份讲了一个小时,就柴尔德教授四分之一个世纪前发展出他关于欧洲文明的曙光这一观点的背景做出了批评,列举了柴尔德教授所犯的愚蠢错误,指出在哪些要点上他采用了不成熟的解释等等。整个过程非常成功——绝对可称得上是杰作,当然听众也非常高兴。"[1]

柴尔德在研究所任上的最后一天,《史前史学会会刊》(*Proceedings of the Prehistoric Society*)出了一期文集版,收有柴尔德来自世界各地的朋友们的投稿。柴尔德非常感动,并一一给投稿人回信以示谢忱。1956 年 4 月 23 日,古物学会向他颁发了金牌,对他在考古学领域的突出贡献给予表彰。毕竟柴尔德也不是没有一点虚荣心,因此尽管他对学会有不好的看法,但还是对学会授予的最高奖励表示了感谢。莫蒂默·惠勒作为古物学会会长致辞结尾的那几句话,颇能反映柴尔德享有的世界声誉:"很久以前,我应邀去芝加哥大学参加一个研讨会,大家对我提出的第一个要求是,'给我们讲讲柴尔德教授的情况'。在另外一所名校,有人向我保证,本科生在选课的时候首先会问:'戈登·柴尔德教授有没有相关著作?'他当然有。"[2]

考古研究所为柴尔德举办的告别派对令人难忘,出席者除了他的学生,还有从不同国家赶来的同事,那些不能前来参加的也寄来了礼物和问候。爱德华·皮多克当时是研究所的秘书,他回忆说:"他要退休的时候,学生们决定,他们一定要有额外的庆祝形式……他们联系了公园管理人员,那里有成堆的鲜花,大家用这些鲜花满满地装饰了整个入口大厅;大家还为他准备了各种各样适合他退休后生活的东西,包括航空旅行箱和梳头发的梳子等。"[3]还有一小群人,主要包括考古研究所的员工,大家安排在正式的告别仪式结束后带他出去吃晚餐。一切准备就绪,大家在圣约翰旅馆的大厅里等候,等了很久才看到柴尔德终于慢悠悠地出现了,衣着如旧,近乎褴褛,而且不怎

1 Forde, D. C. , BBC 广播。
2 Wheeler, R. E. M. (1956) Presidential Address. *Antiq. J.* , 36, 171.
3 Pyddoke, E. , BBC 广播。

么干净,虽然镇定自若,但显然颇为惊讶地发现大家都在等候他的
到来。

他的很多朋友都问他退休之后的打算。他回答说想回澳大利亚
再看看故土,探望一下两个仍然健在的姐姐以及老朋友。他还明明
白白地在不同的场合跟好几个人说过,他想找块合适的山崖从那里跳
下去。他近期看望过一位年老而博学的朋友,对方衰老的状况让他大
吃一惊。他想结束自己生命的一个重要原因,就是他对衰老、无用以
及晚年无人照料感到恐惧。他也害怕自己已得癌症但医生一直在向
他隐瞒真相。他对年老的厌恶,也不是什么在抑郁中产生的新想法:
十五年前,他就在写给 O. G. S. 克劳福德的信中说过,他觉得自杀可
能是了结自己生命的唯一办法。毫无疑问,柴尔德很害怕退休之后,
他在史前考古学学术领域的积极作用会减弱,同样会随之减弱的还
包括学生们的友情和陪伴,这些对他来说都很重要。作为一个无神论
者、一个理性主义者,柴尔德并不认为自杀行为应该受什么谴责;虽然
他那些信奉共产主义的朋友会反对他的想法,但他并没有告诉他们
自己的想法。他的个人哲学是,工作比他自己更重要,因为"社会是
不朽的,而其成员则有生有死,因此,任何被社会接受并加以客观化的
思想都有可能是不朽的。通过创造能被社会这样接受的思想,社会中
原本有生有死的成员就可以得到永生——即使他的名字随着他肉体
的消亡被完全忘却也是这样。我个人不希望得到更多"。[4]

紧接着退休之后的那几个月里,柴尔德把自己的文件做了整理,
并把他个人藏书的大部分都捐给了考古研究所;剩下的通过搜集文
物的书商——布赖顿(Brighton)的霍利曼(Holleyman)和特雷彻
(Treacher)——卖掉了。根据他 1953 年草拟的最后的遗嘱,他将自

144

4　(1956) *Society and Knowledge*, 130.

己所有的财产以及版税收入都留给考古研究所,只有一个例外,那就是拿出一笔年金给他终生住在昆士兰州的姐姐艾塞尔。当时考古研究所的秘书爱德华·皮多克,被指定为遗嘱的执行人,而剑桥大学的格雷厄姆·克拉克则为他遗稿的保管人。

1956 年 12 月,柴尔德退掉了他在草坪路的公寓,作为印度政府的客人乘飞机(因为苏伊士运河仍被关闭)前往印度过冬,去参加那里的一个科学大会。旅途的中间,他在雅典稍作停留,但在那里因为迟到所以没有按预定时间与自己先前的学生、时任雅典英国考古学校(British School of Archaeology at Athens)主任的辛克莱·胡德一起吃圣诞晚餐。回到英国以后,他住在雅典娜俱乐部,花很多时间打桥牌。《欧洲社会史前史》的计划也到了最后的阶段,尽管该书的主要部分最终是柴尔德在驶往澳洲的轮船上写完的,而结论是他在到达故土以后完成的。该书是由他以前的学生兼秘书伊泽贝尔·史密斯照看着在英国出版的,他的最后一本书的样书,是由出版社在他死后根据他之前寄给出版社的一份名单分发给他的朋友和同事们的。

1957 年 2 月 10 日,柴尔德出发去直布罗陀,与他在那里的学生西莉亚·托普待了两周时间,西莉亚的丈夫驻扎在那里。他们在离直布罗陀不远的西班牙参观了很多考古遗址,柴尔德还为当地的考古学会做了关于欧洲青铜时代的报告,报告体现了《欧洲社会史前史》一书的主要思想。访问直布罗陀之前,柴尔德曾写道:"请记住我耳聋得多厉害——这种耳聋导致我听不清楚别人在有很多人说话的场合比如火车、派对上或者委员会会议上跟我说的话……还有,请记住,我不会聊天。"[5] 不过,尽管他事先有过怀疑,但到达之后,他还是很享受在直布罗陀期间的社交生活,打了很多桥牌,还去过好几个派对。

145

5　致西莉亚·托普的信(1956)。

他在伦敦的朋友曾为他近几个月的心境感到担忧,爱德华·皮多克在 1 月份曾给西莉亚·托普写信说:

> 我估计戈登从印度返回的途中会顺道去看你,我想再给你悄悄地吹个风。他离开伦敦的那一刻,精神非常低落,一直在说他现在觉得退休之后自己很可怜,念念不忘所有那些长住养老院或者独居偏远村舍的朋友。他还说他不看好自己的前景,不如我这样结婚生子的人,将来一旦健康出了问题会有人照顾,而他则一筹莫展,诸如此类的话。
>
> 这一切都源于我问他的问题,即他从澳大利亚回来以后打算怎么安置自己——他已经退掉了他在亨普斯特德的公寓。他回答说,他恐怕不会再从澳洲回来了,很有可能自己会找个合适的山崖跳下去。
>
> 现在你能不能装作不知道他说过此类丧气的话,找些理由让他高兴起来呢?比如跟他说,他现在是伦敦大学的荣退教授,会在我们新建的楼里(正在飞速建造)有间办公室,而我们可能仍然需要他给我们上东欧考古的课程等等呢?

然而,柴尔德认为"老年无用"的想法不会被轻易推翻,他离开直布罗陀的时候,给人留下一种坚定的印象,那就是他不会再回来了。

1957 年 3 月 17 日,柴尔德再次乘坐东方航线公司的轮船——这一次是 SS 奥龙赛号(SS Oronsay)——沿着与他 1914 年从悉尼一路来到牛津时相同的航线,又从英国驶回澳大利亚。他的旅途很愉快,3 月 29 日他在从南非海岸寄给爱德华·皮多克的信中写道:"我们平安地穿过了赤道——事实上我睡着了:就像'铁幕'一样难以计划什么事情,有两天三夜的时间热得过分,幸亏餐厅和休息厅有空调,但温

度调得和冰岛一样低,快要把我的澳洲骨头关节都给冻住了。但明天 146
经过开普敦(Cape Town)以后这些就会过去。如果允许进入这个警
察国家,我希望能坐火车升到桌子山(Table Mountain)顶,在那里埋上
一把石锤和一把不怎么相关的牛角镰刀。"

　　1957 年 4 月 14 日,柴尔德在他 65 岁生日那天回到了悉尼。有意
思的是,1918 年那个急切地想将柴尔德赶走的悉尼大学,现在抢着要
授予他文学博士的荣誉学位。学位授予仪式那天,柴尔德身着鲜绿的
衬衫,以真正的"柴尔德式"风格出席了仪式。之后他又被选为悉尼
大学俱乐部的临时会员。他去世以后,圣安德鲁学院又给予他更多的
荣誉:著名法官勒·盖·布雷顿(Le Gay Brereton)以纪念柴尔德的名
义将一座古钟赠与校教师联谊活动室。在悉尼期间,柴尔德与 H. V.
伊瓦特和他的妻子玛丽·艾丽丝待过一段时间。柴尔德与玛丽多年
来一直保持联系,而且在英国还能不时见到她。伊瓦特是澳大利亚工
党领袖,但 1957 年时工党正在解体。从政治的角度看,这可能是柴尔
德选择重返故土最糟糕的时机了。伊瓦特所面临的政治形势的绝望
似乎也影响到了他的老朋友,为他对澳大利亚政治发展的印象着上
了悲观的色彩。柴尔德 8 月在给马克思主义刊物《古今》的编辑约
翰·莫里斯(John Morris)的信中说:

　　　　澳大利亚工党正处于危险的境地。伊瓦特是个大能人,对国
　　际事务有着非凡的见解,他现在清除了罗马天主教徒联邦党,我
　　从未想到他们能这么彻底地控制这个党派。不过,工党的前景根
　　本不乐观,国家的其他党派要么属于秘密的神职性质,要么就是
　　在分裂……

　　柴尔德待在澳大利亚的六个月中,去过澳大利亚东部的很多城镇,甚至去过塔斯马尼亚岛(Tasmania),但无论到哪里,他都因那些地方在他看来缺少文化和社会的发展而感到极度失望。柴尔德1921年离开澳大利亚,他显然希望经过一定时间社会福利方面的快速发展和创新变化,到1957年的时候,澳大利亚应该已取得长足的民主进步。不过,因为这些年他一直通过他的朋友,尤其是伊瓦特夫妇和威廉·麦凯尔,保持着对澳大利亚政治和文化发展的了解,所以应该不会有太高的期待。他发现人们普遍地对博物馆、澳大利亚史前史以及当下时事缺少兴趣,这让他既震惊又失望。此时,作为一个习惯了旅行中舒适和优渥的旅馆条件的老人,他对达不到自己标准的澳大利亚生活条件的方方面面都充满了批评:"澳大利亚比苏联更让人感到不适。公共服务的标准——旅馆、火车等的服务标准——过去是根据商业旅行者的要求而设,他们不喜欢臭虫,要求有热水、服务生、安静的候车室;现在的标准则是由剪羊毛工人和矿工设定的,我也不觉得他们喜欢臭虫,但他们用冷水刮脸(如果刮的话)、洗澡(倒是经常洗),不在意把行李胡乱堆放在楼上。不过他们要求要有带爵士乐队的宽敞酒吧,于是酒吧取代了先前舒适的商业套房。每个人都有他自己的小房子,一小块地,当然还有自己的汽车,自己做家务,做园艺,结果就是城郊吞噬了整个乡村,吞噬了过去我所认识的围绕悉尼延展开去的好几英里远的乡野风光,而这造成的交通阻塞比伦敦还要糟(尽管还不像伊斯坦布尔那么差)。在50英里开外,除了沿着新近电气化的铁路线修建的一条窄带似的平房区,蓝山大致免于破坏,就像我记忆中的那么好,对我来说,这里比得上苏格兰的西高地(West Highlands)和奥地利的蒂罗尔(Tyrol)……"[6]虽然他喜爱澳大利亚的

147

　　6　致西莉亚·托普的信(1957)。

风光,但根据他自己的说法,他对澳大利亚人的反应仍旧像 D. H. 劳伦斯笔下的《袋鼠》中所描述的那样。他绝望的心态让他的反应有些过度,在柴尔德看来,澳大利亚就是块文化沙漠,永远也不可能变成一个像英国那样能让有文化的人感到快乐的地方。他在给约翰·莫里斯的信中表达了自己的这种情绪:

> 今天的澳大利亚社会,被茨威格(Zweig)所说的典型的英国工人阶级的价值观所主宰:住在旅馆里的人们所需要的和恶俗报纸上的广告商所给予的,只是关于运动、啤酒以及新款汽车的信息。关于犯罪、离婚和事故的报道充斥着头版新闻。除此之外看不到别的,找不到可以让商务旅行者安静工作的旅馆,也看不到正经有文化水准的日报……滑稽的是,这里不见劳工的报纸,更少见共产主义的宣传,而只能看到极为反动的日报,它们所引用的欧洲报纸只有《每日快报》([*Daily*] *Express*)和《每日邮报》!

回到澳大利亚不久,柴尔德就去昆士兰州看望自己的两个仍然健在的姐姐艾丽丝和艾塞尔。另一个姐姐玛丽恩,也就是大家所知道的"梅"(May),后来成为一名职业护士,曾在悉尼和布里斯班的医院里任职,于 1948 年前后去世,终生未婚。柴尔德的哥哥克里斯托弗是一名职业钢琴家、风琴演奏家,娶了一位父亲认为不般配的女子为妻后,永远地离开了澳洲,成为美国加利福尼亚州帕萨迪纳(Pasadena)一家大的基督教科学家教会(Christian Scientist church)的风琴师。柴尔德的哥哥劳伦斯·柴尔德,也就是玛丽的父亲,相对来说去世过早:他在 1939 年 1 月因坠马而亡。在世的时候,他离开悉尼英国教会文法学校后成为一名银行职员,他对牧业很在行,后来做与检查和估价畜牧财产有关的生意。

148

艾丽丝和艾塞尔都与布里斯班的圣灵降临团体(Society of Sacred Advent)有联系,这是一个成立于 1892 年的宗教团体,创始人是两位英国教会修女。艾塞尔是一名颇有天赋的音乐家,在她所在的宗教团体里很有名,是一个由宗教团体主办、名叫"全圣徒"(All Saints)的学生宿舍音乐教师,地点在昆士兰州西南部的一个小镇查尔斯维尔(Charlesville)。艾塞尔温柔胆小,据说终生有残疾,她最幸福的回忆是小时候在教区长住宅的家中的生活。1957 年柴尔德去看她的时候,她住在布里斯班往西 85 英里远的图文巴(Toowoomba),侄女玛丽也住在那儿。柴尔德去图文巴看望他们两个,并带着他姐姐开车去很远的地方饱览当地美景。在亲人们关心的事情上,柴尔德总是一如既往地善良和体贴:他给了玛丽一笔钱,让她存起来,专门用在款待艾塞尔上——多带她出去游玩,多给她一些奶油蛋糕,这一点姐弟俩嗜好相同——他还给她买了一个油加热器,算是为她居住的家中增添了稍微奢侈点的日用品。

柴尔德另外一个同父异母的姐姐艾丽丝·弗农·柴尔德,在圣灵降临团体成立后不久就成为其中一员。她一生的大部分时间里都被人们称作弗农修女,但在弟弟戈登那里,他一直是艾丽丝或者拉拉(Lala),拉拉是弟弟给她的另一个特殊的爱称。艾丽丝有着非凡的个性,在教学方面很有天赋,对昆士兰州的教育有着相当大的影响。1917 年,弗农修女和圣灵降临团体的另一位修女被她们修道院的院长派往北昆士兰(North Queensland)创办英国教会学校(C of E schools)。弗农修女成为圣安妮教会学校(St Anne's)的校长,这是一所包括小学和中学、既可以寄宿也可以走读的学校,地点在汤斯维尔(Townsville)。她教的主要科目是英语文学,但也教圣经、历史、演讲术和法语,尤其在文学和历史方面,她是一位非常有启发性的老师。她在圣安妮英国教会学校执教的 21 年间,每年都在学校操场用天然

树板搭建的戏台上指导上演一部戏剧。这些剧目通常是莎士比亚的
戏剧,但有时候也上演谢里丹(Sheridan)和巴里(Barrie)的,演员包括
学校里的小学生、教职员工和大一点的孩子,演出远近闻名。后来她
离开汤斯维尔,去布里斯班位于克莱菲尔德(Clayfield)的圣米迦勒教
会(St Michael's)小学教英文和演说术。到 1957 年柴尔德去看望她
的时候,她已经 80 多岁了,由圣灵降临团体的另一位修女照顾她的起
居。也许这让她的弟弟意识到自己二十年后的可能处境——不同的
是他不像姐姐那样有宗教信仰的支撑。

　　除了自己的家人,柴尔德也看望了澳大利亚的好几位老朋友。他
在阿德莱德(Adelaide)稍作停留,拜访了自己多年的伙伴菲茨赫伯特
(J. Fitzherbert)。菲茨赫伯特是阿德莱德大学(Adelaide University)的
古典学教授,一战时期的飞行员,被誉为澳大利亚的国家英雄。柴尔
德还在阿德莱德与考古学家廷代尔(N. B. Tindale)一起用餐,他还记
得柴尔德开始就农业文明的远东起源问题进行思考:"他告诉我,发
现侧尖工具让他很吃惊,工具呈独特的东南亚特征,向西却能在高加
索山地区看到,由此能发现远东的早期和平文化(Hoabinhian)与澳洲
早期工具之间的明确关系。"

　　柴尔德早年在澳大利亚的另一位朋友是悉尼大学的考古学教授
詹姆斯·斯图尔特(James Stewart)。柴尔德去看望过詹姆斯和他的
妻子夏娃(Eve)好几次,其中有一次在普莱森特山(Mount Pleasant)他
们靠近巴瑟斯特(Bathurst)——位于蓝山的正西——的房子里待了一
星期左右。他在那里遇到了斯图尔特夫妇的另一位客人,一位学习古
典考古学的年轻女学生。他对她用烟斗吸烟这一点非常好奇。他执
意教她怎样用草叶这种最经济的方法清理烟管,结果让他感到很尴
尬的是,断裂的草叶卡在烟管里,最后不得不使用细金属丝来清除断
在里面的草叶。柴尔德也跟她谈起自己认为研究澳大利亚史前史具

149

有无尽可能性的想法,他觉得在这一被忽略的领域里,有很多事情可以做,他在 8 月给玛丽·艾丽丝·伊瓦特的信中说:

> 以我现在的年龄,我自己已不能培养起对这项研究的兴趣了,但我确信这值得研究和保持。现在毕竟只有 3 到 4 人在认真地研究这一问题,研究者没有足够的训练,研究资源也短缺得令人无望。应该有所大学——也许澳大利亚国立大学(ANU)——需要在澳大利亚或海洋考古学专业设一个教授职位,或者至少一个准教授职位。古迹也需要得到保护——特别是"土著"人创作的岩画作品。

柴尔德也访问了位于堪培拉的澳大利亚国立大学(Australian National University),并在那里发表过演说,组织过研讨。他的一个同事记得他"对自己所看到的澳大利亚社会深感沮丧,对他来说,澳大利亚社会显得营养过剩、文化贫乏、完全郊区化了。在某一点上,他评论说,现在人们意识中的社会主义思想比他三十多年前离开澳洲时还要少"。在堪培拉和英格兰大学阿米代尔分校(University of England at Armidale),柴尔德都强调他已经完成了自己的工作,写完了他打算为这一特殊领域而写的东西,对未来没有任何计划。8 月早些时候,他在阿米代尔与历史学教授拉塞尔·沃德(Russel Ward)待在一起。沃德教授和 1918 年那时的柴尔德一样,因为自己的左派言论,一两年前他的职业生涯曾遭受到一些挫折。两人讨论了冰岛、中国以及世界其他部分的共产主义国家,柴尔德好像对共产主义的进步非常感兴趣,尤其为冰岛人在对待北约美军基地问题上所坚持的成功立场感到高兴。他还从阿米代尔去了巨石阵车站,1914 年的时候,他在那里辅导过年轻的哈罗德·辛普森。这位如今举世闻名的大教授的来访,对他过去的学生来说确实是个大惊喜。

柴尔德1957年曾两度访问墨尔本,最后一次是在九月份,正好在他去世前一个月。他应邀去给一个称作澳大利亚图书学会(Australasian Book Society)的左翼文学团体做报告;史前史学家 D. J. 马尔瓦尼在柴尔德到达之前一星期听到了他即将来访的消息,他和读书学会的代表们一起在机场见到了柴尔德,双方都提出帮助解决他的住宿问题。马尔瓦尼设法在高档的墨尔本俱乐部(Melbourne Club)为柴尔德提供了一个房间,这对柴尔德来说相当诱人,因为回到澳洲后,他就失去了之前能在雅典娜俱乐部享受到的那种曾经习以为常的舒适。

柴尔德在墨尔本所做的两个关于史前史的报告属于临时安排,报告内容也和他在过去几个月里所讲的相似,基本上围绕他的新书《欧洲社会史前史》展开。不过,他在澳大利亚图书学会的讲座,可以看作他当时对阔别多年的故土印象的总结,则完全更有争议和讥讽的意味。报告中,他拿澳大利亚人取得的成就和冰岛人相比,得出的结论是,冰岛十世纪的文化比澳大利亚二十世纪的文化还要重要;比如,他指出,尽管澳大利亚的人口是冰岛的40倍,但冰岛获诺贝尔奖的人数比澳大利亚还多。澳大利亚唯一赢得他尊重的地方是断山(Broken Hill)。断山是新南威尔士的一个矿区小镇,柴尔德去过那里,认为镇上矿工的创业和文化精神要强过住在像悉尼、阿德莱德和堪培拉这样的大城市里的人。

在墨尔本,柴尔德不愿意与那里的左翼澳大利亚图书学会成员讨论国际政治。他给他们留下了强烈的印象,那就是他觉得自己作为一个学者,已经完成了自己的使命。布莱恩·菲茨帕特里克(Brian Fitzpatrick)听过柴尔德在图书学会所做的那场无情的演讲,他后来回忆说:"演讲结束后,他对我说,他想再过两个月就返回欧洲,说他已

151

经做完了他想在史前史领域所做的事……他说：'现在我想回到我最先喜爱的认识论领域……想看看我是否还有能力来思考与思考有关的事情。'"[7]

柴尔德在生命的最后一周时间里，还在澳大利亚电台"主宾"（Guest of Honor）一档节目中播出了一个演讲。这个演讲主要包括他在自己最后一本书中所包含的观点，但对澳大利亚听众而言，其目的是要揭示以下这种认识误区，即"澳大利亚历史的真正前奏写在英伦诸岛和欧洲大陆，而其土著文化则静止在蒙昧的野蛮人状态"。[8]

然而，柴尔德回到阔别三十五年的故土，目的并不是为澳大利亚历史研究的考古数据系统建设提出建议，而是回来重游记忆中的胜地美景，重访老友，他就以这种方式在此次居澳期间度过了大部分时光。对他来说，沿途阅读那些介绍他三十五年前所熟知、而今与所记大不相同的地方的小册子，一定会有种奇怪的感觉。8 月底，他重访温特沃斯瀑布，当时"科罗内尔"的房主带着他参观了柴尔德的父亲当年所建的房子周边，他在给侄女玛丽的信中说："说真的，我完全忘记了这所宅子，如果不是因为门上刻着的名字，我可能根本就认不出它……现在我忽然觉得这是一所豪华得有些可笑的房子，连同所有那些无用的地下室；我那可怜的好父亲从来不知道节俭。"

柴尔德在离温特沃斯瀑布不远的卡通巴（Katoomba）待了挺长时间，很高兴重新回到自打童年起就记得的蓝山地区。他重拾早年对地质学的兴趣，利用他尚未习惯的退休闲暇，在山脉的山峰和瞭望台处进行过数百次观测。在生命的最后几个月里三次探访卡通巴期间，柴

7　Fitzpatrick, B. (1958) In Memoriam: V. Gordon Childe. *Overland*, 11, 22.

8　(1957) Australian Broadcasting Commission 电台节目 "Guest of Honor", 13 October 播出。

尔德都住在卡灵顿宾馆,他认为那里的条件远胜过澳大利亚的大部
分旅馆。在那里,他给最亲近的朋友和以前的学生写了最后的几封
信,信中的口吻轻松闲适,比他平时的信件更多几分个人生活细节。　152
10月的早些时候,他在写给曾在伦敦考古研究所学习过的汉弗莱·
凯斯的信中说:

> 为了满足年轻时的渴望,我怀着巨大的热情,利用过去的两
> 个月时间去了解峭壁之上那些环绕着宽阔山谷的浅蓝色山脉的
> 复杂走向。在其中一处峭壁的顶端,我们家曾拥有一所避暑别
> 墅。现在,我已乘出租车去过大部分瞭望点,还亲自攀登过
> 几处。[9]

　　柴尔德的死亡方式,在当时就引起人们的猜测。一直到今天,在
认识他的人中间,这仍然是一个有争议的话题。在他赴死之前所做的
事情当中,有一件是寄给在他之后担任伦敦考古研究所所长的 W. F.
格赖姆斯教授一封信,信中陈述了他对年老——他自己以及其他人
的衰老——的看法。在随信寄出的另一封信中,他要求格赖姆斯到
1968年1月才能打开这封信,并解释说,这是因为信中包含了"随时
光推移可能对研究所具有历史意义的事情,但现在可能会导致某些
当事人的痛苦,甚至涉及诽谤之嫌;十年以后就不会这么有刺激性
了"。[10] 实际上,他在这封信中所陈述的内容,直到1980年3月才首
次公之于众,发表在《古物》杂志上,并附有编者按。看起来他的陈述

　　9　致汉弗莱·凯斯的信(1947),引自 H. Case (1957) Prof. Gordon Childe. *The
Times*, 13 November, 13。
　　10　致 W. F. 格赖姆斯的信(1847),引自 G. E. Daniel (1980) Editorial. *Antiquity*,
54, 1。

不但说明他确实死于自杀,而且也给出了这样做的一些理由。它不仅
仅是某些个人观点的表达,而且也是一篇对老年问题的深思熟虑的
文章,是柴尔德对自己内心情感的不同寻常的表露,也因之成为一份
感人至深,甚至多少有些令人不安的文件。[11]

  1957 年 10 月 19 日一大早,柴尔德出发去美丽的"新娘面纱"瀑
布(Bridal Veil Falls)附近散步,他从位于蓝山地区的布莱克希思
(Blackheath)一个名叫"戈维特飞跃"(Govett's Leap)、约 1000 英尺高
的山崖上坠落而亡。他早上 8 点乘出租车到达"戈维特飞跃"山崖,
下车的时候曾告诉这位经常接送他的司机哈利·纽斯特德(Harry
Newstead)先生,他会沿着崖顶步行考察山脉,然后中午回卡灵顿旅馆
吃午餐。将近中午的时候,不见柴尔德返回,纽斯特德先生有些担心,
便开始上山寻找。最终,一个从悉尼来"戈维特飞跃"山崖观光的游
客在崖顶发现了柴尔德的望远镜、雨衣、烟斗和眼镜,并立刻报告了布
莱克希思警察局。根据验尸官的判定,柴尔德死于"从崖顶坠落所遭
受"的创伤,人们通常认为他是在研究蓝山的山脉和岩石形成时失足
坠崖而死的。

  柴尔德的葬礼由他的表弟亚历山大·戈登和他的朋友 H. V. 伊
瓦特操持,地点选在柴尔德的父亲生前主持过的老教堂,即北悉尼的
圣托马斯大教堂(St Thomas's),时间是 1957 年 10 月 23 日。柴尔德
去世前在英国生活过很多年,享誉全世界,但他选择在澳大利亚他的
出生地附近结束了自己的生命。

---

  11 原文接下来全文引用了 1980 年发表在《古物》上的这封信,但为了保持叙事的
连贯,更重要的是为了突出柴氏临终前创作的这三个重要文件(即《回顾》《展望》[即《告
别辞》]以及该信),我将此信题为《告别》,与《回顾》和《展望》一并附于书后,称之为柴
氏"绝命三书"(李零先生语),以便于读者阅读、对照和检索。——译者按

尾 声

柴尔德在去世之前的几个星期里,将"四十年来英国考古所面临主要问题的主要结论"进行了总结。[1] 这篇文章在他去世后没几天就抵达了伦敦,由伦敦大学考古研究所以《回顾》为题发表。此文作为附录 1 全文收入本书,这是由一位即将走到生命尽头的学者,为自己所研究的学科提供的一份非同寻常的陈述。不过,柴尔德在离世之前的几个星期内,不仅对自己的研究做出了回顾,而且对所选择学科的未来也不乏考虑。1957 年 9 月份,他寄给 J. G. D. 克拉克一篇关于自己的自传性材料,介绍自己作为一名史前考古学家的学术生涯,这份材料以《回顾》为题发表在 1957 年的《古物》杂志上。这是柴尔德留下的唯一一份自传性陈述,因此特别重要,尽管也因属后见之明而理所当然地有它本身的局限性。以 65 岁高龄重归令他失望的澳大利亚故土,他将自己早年为工党首相约翰·斯托里工作的经历描述成"澳洲政治的感伤之旅"。[2] 不过,在 1921 年他 29 岁那时,他对自己努力在政治领域打造前途非常认真;同样,他说自己是在 1940 年时受霍克斯的《欧洲的史前基础》一书的启发,才得到"到青铜时代的时候,欧

1　V, 1.

2　R, 69.

洲已经形成了自己独特的文化"这一结论,[3]但事实上早在1925年版的《欧洲文明的曙光》中,他自己就很清楚地阐述过这一论点。

尽管如此,《回顾》仍然是一份很有启发性的材料,让我们明白在柴尔德眼里自己人生的各个阶段所受到的不同影响,还告诉我们他在1957年即将走到人生尽头时自我评估为人类所做出的最重要的贡献。其中谈到了他的《欧洲社会史前史》。在他看来,他的最后这本书完成了他在《告别辞》里所树立的目标:"本书比我所知的任何其他作品,都更好地证明怎样从考古发现中提取大家所接受的历史;不管提取到的特定信息能否被接受,这些信息应能帮助证实考古学在诸历史学科中的地位,同时,在我看来,也向我们描述了科学的考古学应有的样子。"[4]他认为史前现象应该在某种程度上被描述成一般熟悉原则的实例,但史学家不应忘记他们解释的应该是具体事件,如果将它们看作是一般熟悉过程和模式的历史接合点,这些事件就变得可以理解了:

> 考古数据被解释成人类行为模式的化石般的残留,这些行为模式一再被民族志学和文字材料证明;与非人类环境的相关特征相结合,考古数据就呈现为已知一般历史进程中的实例。所以,具体的事件就被解释成已知普遍因素中个别的,而且可能是独特的接合点。地质学家就是如此解释一个特别地点的特别之处的,比如,一个大坝应该修在哪里或是矿井应该打在哪里,这应由这一具体地点显示出来的当地矿物质所具有的一般特征以及与之相类的岩层折叠、断层、侵蚀等的一般过程所决定,因为自然

3　R, 74.

4　R, 74.

史和人类的历史一样,通过把细节描述成普遍规律的特例来解释细节,而这些规律不再被看成是从外界强加给自然的,而是被当成对内在观察的一般性描述;因此,"自然规律"并不意味着必然如此,而是意味着很有可能如此。同时,一个事件,一被看作与这样的规律一致,就会被当成是合理的而且逻辑上必然的,或者更简单地说,就被当成是被理解了的事实。无可否认,因为"法则"一词是描述性的,人类行为的法则远没有化学和物理意义上的法则那样高的可能性;它们属于或大致属于同类东西。[5]

柴尔德给未来考古学家的建议,是以他自己一生奉献给欧洲史前史研究的亲身经验为坚实基础的。毫无疑问,他的死,从这个世界上夺走了一个博学多能的人。根据柴尔德自己的观点,他对史前史最有用、最有开创性的贡献,"当然既不是通过卓越的发掘从地下抢救出来的新数据,也不是通过耐心研究从尘封的博物馆个案里翻找出来的新材料,既不是证据充分的年表方案,也不是最新定义的文化,而是阐释的概念和解释的方法"。[6] 尽管他对史前史的贡献一直被低估——他早期在欧洲博物馆的研究和他在相对年表方面的彻底考察都非常重要——但这一陈述所包含的真理,已由世界各地的史前考古学家仍然借助于柴尔德的很多基本原则展开研究这一点所证实。有一点极易被大家所忽略:现在用于史前史阐释的很多熟悉的概念——比如联系(associations)、文化(cultures)、同期性(synchronisms)等等,其实都是柴尔德首先使用并明确其含义的。这些概念如今如此广为人知,以至于大家会想当然地认为它们本就如此;但真实的情况

157

5　R, 74.

6　R, 69.

是,当柴尔德在二十世纪二十年代将这些概念引入类型学占统治地位的考古学界时,它们在考古学界所引起的反应是革命性的。同样是柴尔德,几乎凭一己之力,在两次世界大战之间带领英国考古学走出了偏狭的地方视野,进入更为广阔的欧洲学术框架。

尽管考古学在脱离十八世纪古物学家的业余方法方面已经取得了重要进步,但在二十世纪早期的那些年里,考古仍然被认为是门深奥晦涩的学问。在十九世纪观念和地质学优势的基础上,柴尔德让史前史研究成为国际认可的严肃科学,并在历史研究领域展示了考古学独特的重要作用。他意识到,物质文化遗留下来的部分,应该被解释成人类行为的化石一般的存在,史前史学家就是通过这些遗存来理解社群和社会,而他对马克思主义的研究,使得他以这种方式来处理考古学数据成为可能。柴尔德的很多作品,都旨在既向专家也向普通读者传递这样的信息,即史前史不只是陶器类型或者匕首的罗列,它所研究的应该是持续变化的人类生活模式。柴尔德深知考古学方法和目标的治学基础,这使他在与他同时代的人当中也显得非常独特。虽然直到五十年代中期他的这些观点才得以详细地阐发,但这些观点构成了他所有研究的基础,而且在某种程度上惊人地预示了六七十年代"新考古学"("New Archaeology")发展的诸多方面。

然而,人们悼念柴尔德,不单单因为他是位杰出的史前史学家,还因为他激起了那些熟悉他的人的敬佩和爱戴。柴尔德去世之后,很多他生前的朋友都后悔没能及时打破他们和柴尔德之间的隔阂,因为这阻碍了他与自己的同类走得更近。他个性复杂,虽然没能与他人建立起亲密的关系,但非常喜欢有他人的陪伴。不过,可能正是生活中亲密关系的缺少,才让柴尔德得以全身心地致力于学术,才让他为欧洲史前史的研究做出了无与伦比的贡献。

检视柴尔德的人生就会发现,尽管他的哲学思想从来就不是静止不变的,但马克思主义对他而言,绝不是用于研究的个人诡辩招牌,而是并不引人注目的谦卑信念。R. 帕姆·达特在柴尔德去世后不久写道:"他的马克思主义哲学高度,是他沿着经典的庄严之路通过黑格尔达到的,在我们这个时代的考古学家前沿,这成为他的长项。"[7] 帕姆·达特的说法是正确的:马克思主义作为一种思考方式,不仅指引他为问题寻找答案,而且指引了他对问题的选择。柴尔德的一位学生的妻子曾很有启发性地评论说,她从未特别注意到柴尔德书中的马克思主义,这是因为,虽然他的研究常常以马克思主义原则为基础,但从来就不是充满争论的;他与当时其他较为正统的马克思主义者不同,正因为没有蜕化为反资本主义的宣传,所以他的研究更能经得起时间的考验。

　　虽然马克思主义对考古学的主要贡献在解释领域,但柴尔德一直坚持对实证数据的基本要求,而他所描述的数据的范围也非常独特。除了柴尔德对二十世纪考古思想的无数影响之外,可以说单凭一个人的力量已不可能再写一本像《欧洲文明的曙光》那样包含详尽信息的高质量作品了。斯图尔特·皮戈特作于 1934—1935 年前后的《致一位伟大的史前史学家》三节连韵诗("Ballade to a Great Prehistorian"),表达的就是这样一种感情:

致一位伟大的史前史学家

当空气中弥漫争吵之声,

当考古学家们——人群中充满好奇的少数,

就某问题争辩或者依次准备

将整个文化系于细微的线索,

7　Dutt, R. P. (1957) Prof. V. Gordon Childe. *The Times*, 24 October, 14.

那么或早或晚会听到这发言者

对探索未知的新手说——羞涩，孤独

而踌躇——"我难以向你解释：

你会发现答案，就在《曙光》的一个脚注。"

关于厄洛斯德(Erösd)，法兰克福(Frankfort)的观点果真合理？

关于安盖卢-鲁尤的皮特(Peet of Anghelu Ruju)又怎么说？

米尼安人佩戴哪种项链？

布利根(Blegen)在科拉库(Korakou)发现了什么？

《捷克新石器时代研究》(*Studie o českém neolithu*)是不是一本

关于角质鱼叉头的著作？

塔尔格伦(Tallgren)的法蒂诺沃(Fatynovo)理论是不是真的？

你会发现答案，就在《曙光》的一个脚注。

过去的所有秘密，都在这里揭露——

使用大口杯的人们擅酿之清酤，

对劳西茨(Lausitz)少女祈祷的答复，

马格尔莫斯(Maglemose)鱼胶的秘谱，

米歇尔斯贝格人(Michelsbergers)独特的胡须，

他们收获谷麦时所唱的歌曲

在多瑙河文化二期的仓廪遗址——

你会发现所有这些秘密，散布在《曙光》的脚注。

跋

王子殿下——一切荣耀归于你的知识！

永恒会如何对待人类——它的人质？

离开过去,你会不会转身,并将
人的末日只看作是他黎明的脚注?

　　　　　　　　　　　　　　斯图尔特·皮戈特
　　　　　　　　　　　　　　(约 1934—1935 年)

附录 1　绝命三书

(之一) 回　顾 [1]

[原编者按]1957 年,柴尔德教授在澳大利亚意外去世,享年 65 岁。去世几周前,他寄给格雷厄姆·克拉克教授一篇文章,全文如下。他以自传体笔记的形式,在文中回顾了自己作为一名史前考古学家的职业生涯,记述了自己在不同时期所受到的影响,也对自己的学术成就作了自我评估。但是,正像此文之后皮戈特教授的评论以及本刊编者按语中所说的那样,[2] 柴尔德教授的这篇文章,以其特有的谦逊方式,严重低估了自己作为一名伟大的史前史学家的真正价值,严重低估了自 1915 年学术生涯开始以来自己的学识和观点对史前史以及史前史学家们的巨大影响。虽然柴尔德教授在本文中也提到了自己的一些学术著述,但如果要看他的全部作品,请参考伊泽贝尔·史密斯博士为他编写的书目,该书目发表于 1956 年《史前史学会会议记录》第 21

1　原题为"Retrospect"。本文作为柴尔德"绝命三书"(参见本书总序)之一,于 1958 年发表在《古物》第 32 期,见 V. Gordon Childe, *Antiquity* xxxii (1958), 69-74。——译者注

2　皮戈特教授的评论不包括在此文中。——译者注

期第 195 页。

　　我对史前史最有用、最具开创性的贡献,当然既不是通过卓越的考古发掘从地下抢救出来的新数据,也不是通过耐心的研究从尘封的博物馆个案里翻找出来的新材料,既不是证据充分的年表方案,也不是最新定义的文化类型,而是阐释的概念和解释的方法。所以,这篇自传性笔记就是为这些概念和方法的由起与发展而作的。像古斯塔夫·科西纳一样,我也是从比较语文学进入史前史领域的。我开始研究欧洲考古学时,是希望能够发现印欧人文明的摇篮,希望能辨识出他们最初的文化。在施拉德(Schrader)、杰文斯(Jevons)、齐默(Zimmer)和维拉莫维茨-莫伦多夫(Wilamowitz-Moellendorf)的指导下阅读《荷马史诗》和《吠陀经》时,我为伊文思在前希腊时期的克里特岛以及韦斯(Wace)和汤普森(Thompson)在史前塞萨利的发现甚感振奋。的确,我曾希望能找到史前塞萨利和巴尔干山脉北部地区之间考古学方面的联系,而那里的类似联系或许可以引申到伊朗和印度地区。这样的找寻自然不会有什么结果,却正是我在牛津大学文学学士论文的主题,它促使我努力在牛津和伦敦的图书馆里探究我所能找到的关于当时已经非常有名的乌克兰前迈锡尼瓷器,从而也包括在巴尔干山脉、特兰西瓦尼亚以及中欧发现的相似物;因为在那个时候,文化不仅由瓷器来识别,甚至等同于瓷器。我在牛津接受的学术训练属于古典学传统。对该传统而言,青铜器、陶俑、瓷器(至少是有画的)是受人尊重的,而石器和骨质工具则被认为是不上档次的。涉足澳洲政坛的伤感之旅结束之后,1922 年我再次从此出发,当时我至少对中欧的编年框架有了些想法,依据的是帕利亚尔迪根据南摩拉维亚的地层学证据建立起来的瓷器风格序列,而该序列又是根据伊文思的克里特文明九期说(Nine Minoan Periods)以及韦斯和汤普森的塞萨利四期（the four Thessalian periods）说类推出来的。这些想法先是为我在《大口杯的使用者何时来到?》（葡萄牙《考古学》1925 年第 74 期,159 页）和《欧洲文明的曙光》第一版（1925）采用的多瑙河文明四期说提供了框架,后来又在我 1929 年出版的《史前多瑙河》一书中扩展成六期说。而这些根据陶瓷确定的相对年代分期仍然主要从瓷器上反映出来,却会因来自爱琴文明的影响而被赋予绝对价值。

　　同时,那最初的追问诱惑着我北上日德兰半岛,最终到了苏格兰——有传言说阿伯克龙比教授的职位加快了我去往苏格兰的进程! 就这样,我累积起诸多不为英国史前史学家所熟知的事实和观点,因为这些人要么来自古典学派,要么属于莫尔蒂耶（Mortillet）的信徒,全都致力于对燧石的类型学研究,而阿伯克龙比和布赖斯的影响事实上仅仅局限在苏格兰。从欧洲大陆的文献中我接受了德国的文化观;这种文化观由特殊的陶瓷类型定义却并不由其构成,代表的是特定的人群。（这一观念,尽管阿伯克龙比和皮特里都懂得,却没有让英国考古学的负责人们也能领会。）我偶然间读到施利兹（Schliz）的文章《绳纹陶文化》,接着又分别看到了瓦勒（Wahle）和莱纳特（Reinerth）对此更为详细的解说;同时,尽管迈尔斯许久以来一直宣扬其地理研究方法,但很奇怪,在英国,黄土对于新时期聚落的意义和森林作为隔离屏障的意义却并不为人所熟悉。我偶然发现了加姆斯（Gams）和诺德哈根（Nordhagen）的研究,于是向英国读者介绍了后冰川气候变化的想法,而他们当然还没有注意到提出高原玄武岩说的盖基（Geikei）。所以,对于英国大众来说,1925 年出版的《欧洲文明的曙光》一书中所包含的想法是全新的,就像欧洲大陆各种类型的考古文化令人不安地戳破假想的新石器时代统一欧洲的版图那样——的确,戳破的其实是四张版图的叠加。

    不过,《欧洲文明的曙光》一书旨在从考古遗存中提炼出文字产生之前的证据,以替代传统政治军事史;在这一替代品中,迁徙取代了战斗,行动者是文化而非政治家。唯一统一的主题就是东方文明之光对欧洲野蛮主义的照耀。我相信,在英国,这一传统信条既得到了反对科西纳和休伯特·施密特(Hubert Schmidt)学说(二公的学说作为德国帝国主义的宣传口号,与二战梦幻破灭之后的时期相比,在一战德国胜利之后的日子里更易得到认可)者的支持,也得到了艾略特·史密斯和佩里(Perry)所持传播论思想的支持,这一思想曾一时在人类学家和史前史学家中激起过不少宗派情绪。然而,按照《欧洲文明的曙光》第一版(1925)第一章所说,将文化传播到英国和丹麦的航海者们(sea-voyagers)(在《曙光》的第二版[1927]中,他们的地位便降级为次要的),尽管不是来自埃及,却显然带有“太阳之子”的印记。

    从另一方面说,尽管受 J. L. 迈尔斯以及迈尔斯之后施拉德和杰文斯的启发,我极其轻信地在普里皮亚特河(Pripet)沼泽地努力寻找草原骑马者的足迹,但多瑙河通道已经成为传播的主渠道。不过,移民和传教士的足迹保留了相对孤立的文化痕迹,与其语境撕裂开来,而同时,即使是陶瓷方面类型学上的对等物也被看成是欧洲大陆范围内时间排序的基准。这是幼稚的(childish),但不是柴尔德式的(Childeish)。但毕竟,三个时代的时序框架已被明确地弃置不用了;它们不像更新世和全新世这一类词汇那样,仍然在被很多英德史前史学家用来标识恒星时间的分界,但它们被用作了地方性考古记录的标题。鲜明的柴尔德式特征即是通过指出食物生产与新石器之间的差异而使这些标签成为有效信息的尝试和努力。这样的表述至少从艾略特·史密斯时就有了,选择这一表述则是试图对其给予确认或是再次给予确认,因为本来食物生产的开始曾被说成是与石器的磨制同时发生的,而石器的磨制,从人的或至少从经济的意义上来说,则是便利的考古学记录类型学分界。在《青铜时代》(1930)一书中，我迈出了下一步。

到那时为止，我已经在《史前多瑙河》一书中对我的年表做出了详细的说明，而且也已经在爱丁堡任教了。因此我觉得有责任开设关于旧石器和铁器时代方面的课程，觉得有必要至少让学生们大概了解食物生产的源头、文明的兴起以及我所接受的假定的欧洲史前史绝对年代的基础。我必须将文化的概念应用于文化被看作定义全球时间的不同时期这样一个时代（门京[Menghin]和雷里尼[Rellini]已经在这样做了，但将奥里尼雅克期即法国旧石器时代前期和与其时间上部分重合的欧洲旧石器时代晚期佩里戈尔文化[Perigordian]、旧石器时代晚期的格拉维特时期[Gravettian]相比，要晚了五年或者更久）。另外我也必须自己对美索不达米亚和印度史前史的数据进行组合，因为对那些地区最早的科学发掘当时才刚刚展开，考古的结果仅见于《古物杂志》《英国皇家亚洲学会杂志》或者《插图伦敦新闻》一类杂志的简报。这些在我看来是必要的工作也成了我写作《远古东方：欧洲史前史的东方序曲》(1928)一书的理由。此书的编写也促成了《青铜时代》的写作，并让我得以熟悉被文本照亮，转而又照亮文本的考古数据。

在《青铜时代》，考古记录的每一章的标题也同样富有信息量。如果入选的标准为青铜或红铜被正常用来制作主要切割工具和武器，那么这一标准就意味着正常的贸易和劳力的社会分工。当时我尚未读过斯彭格勒(Spengler)的东西，但我认为金属是最早的不可或缺的商品（我说的商品是与奢侈品相对而言的；必要时，一个社会没有奢侈品也可以运行，而且坦白地说，即使早在旧石器时代，人们就已经在交换奢侈品了），而且一直都是专职的工匠对金属进行加工，他们不需要自己稼穑以获取食物。（我还没有意识到兼职专家和全职专家的不同,不过所幸库恩[C. S. Coon]已就此作过详细的解释)。我关于金属的假设是一必要的前提,它甚至与美拉尼西亚人的库拉(kula)圈的说法也不构成冲突;虽然我是根据民族志学证据提出了金属工匠的职业化,但一个苏美尔庙宇 – 城市的金属工匠和一个印度村社的金属工匠之间身份的差异,却不是那么轻易就可以根据这一假设解释开来的。尽管如此,(部落或者国家之间)贸易的正规化还是赋予了章题经济意义,即使其社会学的可能影响并不十分确定。

通过对青铜时代进行重新定义,我最终决心从经济的角度对考古数据进行解释,并据此加以适当推论。由于新发现出乎意料地产生,我觉得有必要重写《远古东方》;为此,我不仅阅读了美索不达米亚和印度地区的考古发掘报告,而且亲自去了那些地方。我亲眼见到了读写是如何在三大河流域开始的,而读写的产生又是与最早的巨冢大庙的修建和普通城市人口的增加同时出现的。的确,在乌尔和埃雷克,我目验了小村社是如何变成大乡镇的,它们就像英国的乡村变成手工业城镇那样;而后者面貌的改变被说成是拜"工业革命"所赐。从人口学的角度来看,古代东方读写能力的产生也是对一次革命——即城市革命——的回应。从历史的遗迹来看,人口增长曲线的向上弯曲,一定至少是部分地与(除了农民之外)专门职业者的新需求有关,而这些专门职业者不用亲自耕种来获取自己的食物。("城市"一词或许在数字的意义上过分夸大了这种新的需求;当然,在整个远古时期,主要生产者的数量占有绝对的优势;在旧王国时期的埃及,专门职业者是否聚居于城镇尚未得到证实,尽管法兰克福的反对观点并不能使人信服。)但是,如果说城市革命在农民的基础上增加了对专门职业者的需求,那么农民自己也属于一次革命的产物。采用食物生产必定会——而且从已知的信息来看,确实是——伴随着比前面的分析中所指出的人口增长的更大规模的扩张,而这也充分证明"新石器时代革命"一词的使用是合理的。所以,在《远古东方新探》(1934)一书中,尽管在边角处也会求助于未经证实的事件,但占据舞台中央的还是经济发展的历史大戏。

同一年,我第一次访问了苏联,并搜集到一些典型的俄语史前史著作。从克鲁格洛夫(Kruglov)和波德加耶茨基(Podgayetsky)、克里切夫斯基(Krichevskiǐ)和特雷蒂雅科夫(Tretyakov)那里我得知,在苏联,就连马尔主义对马克思主义的曲解邪说,也能无需借用未经证实的外在因素而对某些史前文化的发展做出漂亮的解释。因此我至少借用了马克思主义的词汇——事实上是从路易斯·亨利·摩尔根那里借来的——"蒙昧时代""野蛮时代""文明时代",并将这些词汇运用到对我的两次"革命"隔开的考古学年代或阶段的叙述中:旧石器和中石器时代对应蒙昧时代,整个新石器时代对应野蛮时代,青铜时代与文明时代同时存在,但只是在古代东方才如此。

大约也是在这个时候,有人让我负责计划写作马克思主义科学史中关于史前史和早期东方文明的一章。尽管我没有尝试去掌握象形文字或楔形文字,但《伊希斯》(Isis)里的文章我读了很多,也读了不少与古代科技有关的著作——首要的当属纽格鲍尔(Neugebauer)的作品,还包括从伊拉克埃雷克和杰姆代特纳斯尔(Jemdet Nasr)出土的象形文字记事板刚刚出现在考古报告时的那些材料。而且,我采用了一种令人肃然起敬的观点,即流传于工匠口中的传说对现代自然科学的贡献并不比大家胡乱猜测的受过教育的占星家、祭牲剖肝的占卜术士和炼金术士们少。所以说,考古学家能观察到的手工生产过程及其产品,可以与记录数学的字版和记录外科手术的纸莎草纸并列成为科学史研究的真正材料,而科学史也不再是只起始于书写的发明。(我的这一观点赢得了《伊希斯》杂志萨顿[Sarton]编辑的特别表扬。)

　　因为"生产资料"在考古记录中显得特别突出,我想至今大部分史前史学家都倾向于像马克思主义者那样,希望将生产资料看作是化石化的人类行为方式中起决定作用的因素。即使美国的史前史学家们也愿意这么做而不需要借助第五修正案,因为马克思在生产关系("资料"+"关系")理论方面有着决定性的影响力。到 1936 年的时候,我已经超越了这一认识,坚持承认将剩余产品集中起来完成城市革命的必要性,从而认可了黑格尔所说的古代东方国家特有的政治和宗教极权主义的合理性。(我后来采用海切尔海姆[Heichelheim]的极权主义[totalitarian]一词来描述印度河文明,这一描述直到 1945 年以后才被惠勒的发掘所证实。)

　　有了前面所提到的概念的帮助,《人类创造自身》将考古信息解释成对一种定向过程的记录,在这一过程中,人类通过对科学的运用,稳定提升对非人类的自然的控制,以使其自身物种增殖,并顺便带来法律与政治制度、宗教以及艺术。但就其失于强调科学只能以及怎样应用于自身不完全是经济性的机构框架、生产资料只能以及怎样运行于自身不完全是经济性的机构框架这一点而言,那还算不上马克思主义。不过,它仍然属于真正的历史,属于主要从非文字材料中提取出来的历史。

　　在 1939 年版的《欧洲文明的曙光》里,我只是在对文化的一般描述中仅仅口头提到了"马克思主义":首先是食物需求,第二位是工业和贸易,这之后才是推论和演绎出来的社会和宗教制度。尽管这样描述的文化应该是代表社会的,但它们不是独立发展出来的;事件同往常一样仍旧是外在的人群的移动,统一的主题仍然是东方和爱琴海文明的照耀,因此没有出现什么独特的欧洲的事物。(对支持希特勒主义考古学这样做法的令人不快的敌视和恐惧,使我在接受所有欧洲野蛮主义的积极方面时都更加犹豫不决。)我拿来马克思主义经济思想作为社会的整合力量,但我同样也受到马林诺夫斯基(Malinowski)功能主义的影响,试图根据考古发现的碎片在一个运行的有机体中的可能作用将它们拼接在一起。尽管简短,书中还是有些段落暗示了环境变化、内在经济进步和外在刺激之间真正的历史关联。当后来艾弗森(Iversen)的《处女地定居点》(*Landnam*)和格雷厄姆·克拉克的《新石器时代欧洲的农人和森林》("Farmers and Forests in Neolithic Europe")(《古物》,1945年,57页)清除了通往定居点的重重障碍、告诉我们即使史前时期的人类也是环境改变的媒介时,此类历史学的解释就有了更大的余地。

但是,只有当《历史上发生过什么》(1942)出版之后,我们才得以从地理决定论中解放出来,而该书也成为对考古学的真正贡献,作为为书摊读者设计的具体可读的证明,告诉大家一般意义上的历史是可以从考古学数据中提取出来的。我写作该书,也是想让自己相信,一个黑暗时代并不是最后吞噬了所有文化传统的无底深渊。(我让自己相信这一切,正是在欧洲文明——斯大林主义和资本主义一样——不可挽回地撞向一个黑暗时代的时刻。)所以,写作该书时我倾注了更多激情,也因此在文学形式上比我其他的作品带有更多自我标榜的成分。该书既依据考古数据,也依靠文献材料,呈现的是平稳连续的历史叙事;该书向读者证明:史前史和历史之间没有断层分隔,甚至不存在非一致性,因此确证了考古学能提供像文献材料那样翔实可靠的非文字历史材料。该书向一个远远超过一两千人的更广大的读者群体证明了这一点;其销量已经超过30万册。还有,自从《人类创造自身》出版以来,概念框架和解释机制几乎没有取得什么进步,因为《人类创造自身》和像"经济人"这样不足为据的虚构和想象仍然盘踞在书中挥之不去。

只是到了后来我才在一个短暂的间隙里重读了苏联史前史学家

的研究,在这一间隙中,对苏联的同情态度不但便于我们得到一个地区的考古学信息——这些信息对我自己的特殊研究兴趣至关重要,而且得到了国家和公众意见的许可。在这样一种氛围下,我对哪怕是曲解马克思主义的想法——后来这些理论被标识为马尔主义——也更能理解其价值。我在《苏格兰人之前的苏格兰》(1946)一书中就使用了马尔主义的原理。书中坦诚陈述但小心使用的工作假说确实描绘了苏格兰的发展,远比《苏格兰史前史》(1935)中使用的强调移民作用的假说下的结论要更有现实性和历史性。但关于迁移和外来文化冲击说,我得承认,根据"普遍规律"得出的苏格兰社会的内部发展的说法,根本无法解释来自苏格兰的考古材料,涉及欧洲大陆的数据事实上记录下了外来因素的溶媒作用。

《欧洲的遗产》(*The European Inheritance*,1954)中收录的我那糟糕透顶的一章,通篇充斥着对东方作用的过时的高估,彻底漏掉了史前欧洲的独特性;在《欧洲的史前迁移》(1950)中,我试图重返自己最初对印欧人种起源问题的追问,但寻找其文明摇篮的努力遭到了彻头彻尾的失败,书中将欧洲的印欧人种等同于瓮棺墓主的看似有理的说法,不到十年就被文特里斯-查德威克(Ventris-Chadwick)对迈锡尼书写系统的破译以及阿尔卑斯北部早期有轮马车的发现证明是难以成立的。

重拾早年对哲学的兴趣——从1913年起哲学就让我深为着迷,就像我对寻找印欧人发祥地问题那样深入但徒劳的着迷——将我引向通过社会学方法研究认识论、对涂尔干的发现以及对其老师马克思的更深入的了解。现在我终于去掉了思想中决定历史进程的先验法则以及能自动塑造其自身发展途径的经济的或者环境方面的机械原因。通过一个偶然的机会,我意识到,影响一个史前社会的环境,并不是由地质学家或者古植物学家重建的,而是由——或者能够

由——当时已经存在其物质和概念的装备的社会所知晓。(耕地和
矿藏都不包括在旧石器人群的历史环境中。)一个社会的科学知识相
应地受到其经济和社会组织的限制。(除非能够保证金属的供应是
足够的,否则将铸造青铜器的知识归因于一个社会就具有误导性,因
为退化成神话的记忆或者单个家庭的秘密都不值得使用"科学的"这
一形容词。)这就完成了我敢于重建历史的科学的欧洲史前史的准备
工作。

到 1954 年重写《远古东方新探》以及 1956 年重写《欧洲文明的
曙光》的过程中,我才开始意识到霍克斯 1940 年在《欧洲史前基础》
一书中所坚称的观点是多么正确:欧洲到青铜时代的时候就已经发
展出自己独特的文化。我不仅看到事实确实如此,而且明白了事实为
什么如此。对此,我没有借助自己所考察数据之外的媒介,也没有求
助于超越经验给予的过程,而是依赖建立在已为大家所接受的历史
环境和同样广为人知的根据考古结果合理推知的人类行为的基础上
的历史想象。考古数据被解释成一再被民族志和文字材料加以说明
的行为模式的化石般的遗迹。与非人类环境的相关特征一道,它们呈
现为已知的更为一般的过程的实例。所以,特定事件被解释成已知普
遍因素的个别或独特的形态。这样的解释既有科学性又有历史性。
一个地质学家就是这样解释一个特定地点的独特之处的,比如在那
里建设大坝或者开凿矿井,都是由那里所显示的矿物质的一般特征
和这一确切地点所暴露出的折叠、断裂、侵蚀等一般过程带来的必然
结果,因为自然历史和人类历史一样,通过将细节描述成普遍规律的
例证对这些细节加以解释;这些规律不再被看作是强加于自然的外
在力量,而被看成是对从内部观察到的力量的一般化描述;所以,"自
然规律"不仅是必要的,而且是极有可能的。同时,一旦一个事件被
看作与此规律保持一致,它就被理解成是合理的,在逻辑上是必要的,

或者,换句话来说,是被理解了的。诚然,就目前来说,人类行为的规律极不像物理和化学规律那样具有高度可能性,以至于这里所使用的"规律"一词都有些欺骗性,但这两种规律已经或者即将属于同类东西。

　　现在,我承认,我所说的所有这些都可能被证明有误,我给出的方案都可能存在不足,我作出的解释都可能缺少根据,我提供的年表框架——没有这样的年表框架就谈不上结合——坦白说也不是不可动摇的,但我还是认为这一研究结果值得发表。[3] 该成果可以看作是对以下观点的最后回应:"欧洲历史的真正序曲书写于埃及、美索不达米亚和巴勒斯坦,当时欧洲的土著还是尚未开化的蛮人。"据我所知,该成果比其他任何著作都更能向我们展示大家所接受的历史是如何从考古发现中提取出来的说法;不管细节的提取是否会被接受,这种提取有助于证实考古学在诸历史学科中的地位。同时,在我看来,这也告诉了我们科学的史学该有的样子。这也顺带再一次强调了确立一个可靠年表的紧迫性,因为大家争论的焦点很大程度上都系于乌涅蒂采(Unětice)文化起始的确切时间;目前而言,这一时间顶多可以算作完全有可能的估计中最有可能的估计,前后也存在五百多年的误差。

　　3　柴尔德教授在这里所指的是他的最后一本书《欧洲社会史前史》。《古物》杂志的编辑在原注中还提到之后有皮戈特教授就此书的讨论,兹不附,特记。——编者按

(之二) 展　望 [1]

到一个大学教授要退休的年龄,就英国考古所面临的主要任务这一问题,将过去四十年的结论作个小结,可能是有用的。

1. 首先要说的是一个不属于考古学任务的老生常谈:我们最紧迫的需要仍然是可靠的绝对年表,至少也应该是一个全球时间框架,在这一框架下,不同文化地区的事件可以进行比较,即分辨出哪些属于较早的、哪些是同时的、哪些属于较晚的。从理论上说,我们能够做到在几个相关的、通过不同地区分层确立的年表中实现相互关联,这样的话,那些对竖柱图进行分割的横线,就能连续地穿过整页图纸,真正将其分成不同的全球性时期。但可靠的相互关联只能由"交叉计年"来确定,即通过可见的标准化石——也就是每一件都包含独特的地区和时间信息的人工制品——来确定。这种方法本身就可以创立共时性(synchronisms);一定不能像那些把"奥里尼雅克旧石器前期"(Aurignacian)或"新石器时期"看作天文学意义上的恒星时间的人们长期以来所认为的那样,把器物类型排列的相似性(typological homotaxy)或者冰期消退阶段的对等关系(stadial equivalence)错误地等同于同期性(contemporaneity)。只要通过适当方式确立的时间关系能够与有文字记录地区的信息吻合,那么有些时间就会受到以年

<hr>

1　本文是在柴尔德教授去世后到达伦敦的,于1957年10月早些时候以平信的方式寄出。本文题目为后加,其余部分保留原文。(本文作为柴氏"绝命三书"之一,原作为附录载于萨利·格林书后。根据信的内容,此处从特里格和李零先生建议,将此信发表时所加"告别辞"["Valediction"]一题改为"展望",以更切合原信主旨。——译者按)

为单位的日期的限定,并因此提供了一定的期限。但在青铜时代以前,就考古学意义而言的有用的物品之间的交换一定极其稀少;事实上,公元前 3000 年之前的任何时期,都没有既定的"历史"期限。最后,从文字材料中得到的日期也常常难以令人满意。例如,对米纳("Mena")统治之下埃及的统一时间的各种估计之间,至少存在 300 年的差别;在美索不达米亚,所有阿加德的萨贡(Sargon of Agade)之前的日期都只能凭猜测,而对萨贡时期的判断,依据的是汉谟拉比(Hammurabi)的时代,但汉谟拉比的时代又介于公元前 2350 年到公元前 2270 年之间;更有甚者,在苏格兰,公元 400—800 年间,没有任何一种尺度或类型能够可靠而准确地对时间进行定位。事实上,在一个通过交叉计年得到的考古学框架在美洲和英国以外的欧洲得到牢固确证之前(sensu Americano et Europaeo sed non Anglico),放射性碳元素测年技术很可能已经为我们提供了一个独立于考古和历史学假设之外的较为可靠的年表;这一技术已经被用于核验埃及和美索不达米亚的历史年代了。换句话说,考古学家即将卸掉构建年表的负担,否则他们自己就得变成核物理学家。无论如何,每一个史前史学家都一定要掌握足够的数学、物理和化学知识,以便于理解后者所提供信息的有限性。

　　同样,我也不能将最初引导我步入考古学领域的那个问题,即确认印欧人的"原始文化"("primitive culture")并寻找其起源地(Urheimat),认作是立竿见影的研究方向。我仍然认为这是个合理的问题:一定存在过一个和印欧语言差不多的、能够通过考古手段加以识别的印欧文化,而且应该能够在印度、伊朗、希腊和意大利等地的某些文化中追索到其独特的特征。但是,我不再认为这一问题可以通过现有数据以考古的方式得到解决,也不认为任何严格的考古研究,甚至包括发掘,能为此问题找到一个简单的答案。或许一位有能力的动

167

物学家,能通过对遗址出土动物骨骼遗存进行全面研究,对探求这一问题的答案有所贡献;印欧人对马匹的熟悉是可以确定的,而且是独特的,但对安纳托利亚和希腊的阿瑙和西亚尔克(Anau and Sialk)出土马骨的判断——也常常包括对它们层位的判断——很不令人满意。不过,通常看来,这是动物学而不是考古学的任务。结论性的成果出来之前,在未来的考古发掘中,尤其是在印度、伊朗和近东地区的发掘,确实需要注意小心地收集动物的骨骼遗存。在博物馆的藏柜中,或许还有未被认出的轮式车辆模型或残片,虽然并不那么独特,但轮式车辆对印欧人来说绝对不陌生。不过,这些尚未被识别的例子一定很少,也没有必要只是为找到更多这样的例子而进行发掘,因为轮式车辆只是在非常特殊的环境中才能被保存下来,在发掘过程中会变成意外之喜而将发掘引入其他方向,就像我们在对斯托罗哲娃亚-莫吉拉(Storozhevaya Mogila)的发掘中所看到的那样。

我认为,从经济、社会以及最终从历史角度对考古数据进行解释,如今已变成一项对人类历史研究贡献巨大,且应能提高考古学地位的主要任务。

2. (i)对公认的文化的进一步深入分析和生态学描述,有利于揭示这些文化所保存下来的诸要素的功能整合,重构要素间的经济和社会联系,因此这些分析和描述很适合作为博士论文的研究主题,虽然即使这样也需要对食物残留做植物学和动物学的判断,需要对人工制品做岩石学和金相学方面的分析,需要在土壤学和古植物学的帮助下对环境进行重建。

一旦合理的文化序列得以建立(就像如今在欧洲和近东的大部分地区所看到的那样),当务之急就是要弄清楚各文化的经济制度和社会形态,或者更确切地说,弄清楚它们在考古记录中所代表社会的经济和社会状况。人们靠什么生存？要回答这个问题，就必须要取得关于食物残留的植物学和动物学报告。他们生活在什么样的环境下？要回答这个问题，就需要记住，这一有效的环境是该社会通过当时所有设备和应用科学所知所用的环境。土地是如何被使用的——单个的农场经营、分散的小庄寨还是聚居的大村落？英国铁器时代特有的单个农场经营模式有多古老？航拍照片显示，这种模式出现在"新石器时期的"阿普利亚区（Apulia）和设得兰群岛（Shetland）考尔德（Calder）的"新石器时期"农场，每一个都有自己大小不同的耕地，它们都属于单个农场经营模式，而不同于斯卡拉布雷、巴卡尔（Barkaer）、克隆－林登塔尔（Koln-Lindental）和其他村落。以上这些问题的答案，当然对解答与土地所有制有关的社会学问题很有启发，而且如果我们接受帕尔默（Palmer）的理论，这也将对解答前面所提到的印欧文化问题具有启发性。不过，如果不做些进一步的乃至在西北欧的全面发掘，上面提到的这些问题就很难得到解决。在巴尔干和安纳托利亚高原，所有相关的有启发性的发掘还有待展开；可以想象，土耳其地区的某些胡余克（*hüyüks*）聚落或塞萨利地区的图蒙巴社区（toumbas），有可能会转而代表单个农场经营模式。最后，每个村庄或自然单位面积内（一块低地或单块黄土覆盖的山坡或许比一定面积的混合地更利于估计?）有多少户呢？总之，需要按什么样的人口密度估算呢？解决这样的问题，一个完全发掘的墓地几乎与一个完全发掘的村庄一样有帮助，但在任何一种情况下，我们一定得能对全部坟墓或房子的数目做出估计，而在前一种情况下，我还需要知道死亡年龄以及墓地的使用期限。

169

要注意，考古证据不仅适用于史前阶段的研究，而且可以用来研究那些被文字材料断断续续加以说明的时期，来解释其经济、人口以及技术方面的问题。就连《英格兰土地财产清册》（Domesday Book）

也能通过对村落遗址的发掘得到补充,而不仅仅是被加以说明。单单是考古证据本身就能表明罗马时期英国水能的使用情况,而这些情况永远也不会从对古代作者或铭文的研究中猜得到。在奥林索斯(Olynthos)地区的考古发掘,比所有对文本和铭文的广博研究,都更能让我们对希腊这一公元前五世纪的城市的人口做出切近的估算。只要以上问题能够得到回答,我就可以对该文化(即该社会)的经济状况做出合理的描述;该文化可以被描述成一个正常运作的经济组织。

(ii)以此为基础,无论冒多大风险,也值得而且确实必须要尝试着做出某些社会学的推论。毕竟,产品的分配,也就是马克思主义者所说的生产关系,确实是经济发展不可分割的一环。根据墓地和完全发掘的居址,我们有希望不仅能识别出穷家与富户之间事实上的差别(如果从民族志的证据来看,这一点是不证自明的),而且能意识到社会被划分成穷与富两个阶级。巴纳博·布雷亚(Bernabó Brea)最近对波利欧科尼(Poliochni)的描述——那里的大房子和小房子无分别地并列——代表的是一个阶级产生之前(pre-class)的社会,而在哈拉帕文化(Harappa)中所见的"工匠""商人"和君主住址之间的差别,则可以肯定,这种差别体现的是阶级的划分。在葬礼的记录中也一样,阶级的划分应该体现在建筑、礼仪和陈设等方面质量和数量的差别上。"王室的坟墓"不但比同时期大部分的墓穴规模大、布置得豪华,而且在结构和礼仪方面(比如埃及砖室墓[mastaba]、古希腊圆顶墓[tholoi]、人殉、随船葬或随车葬)也展现出质的不同;但也可能这里展示的只是将国王的地位抬高到凌驾于社会之上的地步,而不是社会内部阶级的划分。但在区分这样的王与大家更为熟悉的野蛮人的酋长——尽管在财富和声望方面占有支配地位,但作为部落一员应有的习惯义务,酋长是所有人的臣仆——时,专家(experts)往往比

170

专业技术人员(professionals)更容易过度使用考古信息。我们或许只能肯定地从葬礼活动的比较中对墓主的阶级和地位作出推论,而这种比较既是数量上也是性质上的对比,因为古罗马火葬与土葬之间性质上的不同,与等级和财富毫无关系。运用这些标准,德夫拉克(Dvǒrak)可以在某些布莱尼(Bylany)墓葬中区分出三个阶级,但在迈锡尼文明的墓葬材料中,我们却找不到曾存在一个包含三个阶级的社会系统(据说某些文献显示,曾有这样一个系统存在)的证据,除非我们能找到除圆顶墓(tholos tombs)(当然被认为属于巴塞尔的神祇 *dioi basilees*)和室墓(chamber tombs)(可能属于帕尔默的高级地主 *telestai*)之外的第三种墓葬形式,里面埋葬的可能只是农民,就像科拉库(Korakou)和齐格利斯(Zyguries)那里的村民。同样,在能确定同时代普通人的墓葬的情况之前,我们也不能真确地把威塞克斯(Wessex)、布列塔尼(Brittany)和尤特兰(Jutland)地区随葬品丰富的青铜时代古坟的墓主说成是乡间贵族(pastoral aristocracy),即澳大利亚人所说的有钱有势的牧场主(squattocracy)。除非出现其他新石器时代的墓葬,长形古墓和巨石墓看起来极像是公共埋尸之所,即地方群落的所有成员死后的寄身之处——这样的推论与人口概念极不相合。葬礼材料中存在的此类缺陷,当然可以通过参考对聚落遗址的考察加以纠正,但目前我们在英国和丹麦还没有发现青铜时代中期的居址,在英格兰和苏格兰地区也没有与已知长形古墓有关的常见村落。

(iii)我认为,只有行动的结果才能在考古材料中保留下来,而任何试图重温引发公开行动的主观动机和情感的努力都注定要失败。考古学家差不多就像动物心理学学者,必须听从采取行为主义者的立场。我们再不能把二十世纪欧洲人或美国人的动机和价值观放进旧石器时代的狩猎者或新石器时期的农夫脑子里了,这样做并不比

把他们的动机和价值观放进鸟或蚂蚁的脑子里更合理。当然,我们能
意识到实用目的(未必是有意如此)是精致工具、武器、陷阱、田地系
171　统、居住房屋以及服饰等的基础,但我们无法获知启发了它们所用的
装饰和庙宇的建造、对死者的礼仪性埋葬,以及在无法进入的洞窟里
进行艺术创作的主观意图。如果我们认为这些都同样出于实用主义
的动机,那就是自欺欺人。在澳大利亚阿兰达人(Arunta)的护身符和
爱尔兰人的墓碑上都发现了同样的图案,这是一件很有意思的事,但
请不要试图通过参考在澳大利亚土著人那里同类图案所包含的意
义,徒然地浪费时间来解释墓碑上所刻的图案;这一类民族志学比较
的价值,只是展现了此种较为古怪的考古学数据可能具有的某种滑
稽的意义和动机。从这个意义上说,对母神(mother-goddesses)的收
集和解释,充其量只能是老男人性冲动的释放,对我们认识史前社会
的宗教甚至性行为没有任何帮助。诚然,品种与数量巨大的“礼”器
需要非常细致的研究,但只能从中发现其技术含量、科学知识和制作
者的审美价值。

　　(iv)如果我们将科学看作是系统的实际应用,即有效的社会经
验,那么考古也能为科学史提供可靠的材料。对用于取火、找矿、制
陶、冶炼、画方或者分圆等技术的重构,也就是我们对那个时代真正科
学的重建。现在,我们很有可能会在非常不科学的礼仪建筑中找到使
用精密科学的证据;同样很有可能的是,意识形态——而非实用主
义——是促使野蛮人设计出精准的角度、均匀地分割圆周的最初动
机。真正的几何结构可以从礼仪建筑的维度推断出来,或者作为包含
在其中的暂时的辅助特征,可以被确实地观察到。发现应用几何学而
非礼仪或神话的细节,证明对“礼仪建筑”(ritual monuments)细致入
微的观察、一丝不苟的发掘以及精确无比的测量都是有道理而且必
要的。

(v)意识形态至少有一个方面是直接——即使不完全地——记录在考古数据中的。陶器或武器上的装饰、绘画或者洞壁或裸露岩石上的刻画,以及小像的雕塑或铸造,都可能含有巫术意图,所以可以被解释成具有实用主义性质的。但这只是猜测。即使这种猜测是正确的,把这些东西当作是对艺术家所生活社会的审美标准以及思想的表达和模仿来解释或评估可能更有益处。

172

3. 没有史前史学家能满足于把自己研究的文化描述成——即便是在功能性的语境下——一个终结了的、静止的有机体;文化一定不仅仅是功能性的,一定是变化着的,这些可见的变化一定要得到描述和解释。这样做的时候,人们往往太易于借助外部因素,借助外来文化的影响甚至人口迁移来解释变化。一个史前史学家要记住使用奥卡姆剃刀原则[2],只有当具体的令人信服的证据让人不得不如此时,才可以援引外部因素来解释文化的变化。(根据螺旋图案的模糊相似性来推断迈锡尼文明对英国和丹麦的影响是非常不合理的,因为在英国或丹麦找不到任何从迈锡尼文明引进的东西,而在希腊甚至都不会想到会有丹麦或英国的制品。)只要可能,就要从内部的发展来解释变化,包括根据非人类的环境的变化而进行的调整。当然,在1950 年以前的思想中,社会发展的普遍法则与马尔主义的法则相比,不仅数量上不占优势,而且更不可靠。尽管只能很遗憾地求证于少数几个例子,但还是推出了描述社会发展方向的一般性概括。史前史研究的目标之一,应该就是检查这些一般性概括并推陈出新。

4. 为提高效率而改进工具和武器,以及为确保更高的生产率而

2　即论题简化原则。——译者注

调整乡村经济,可以暂时当作是所有进步社会的普遍发展趋势。因此,所有具有这种趋势的可见的变化,都可以被解释成独立发明的结果,只要这些假定的发明与该文化中可见的设备和技术一致即可。因此,考虑到谷物和家畜,就能解释从耕种到畜牧生活重心的转移;考虑到铸铜和接杆,就能解释銎斧的发展。即使这些条件都得到了满足,文化传播的可能性也不能而且不应被排除。多少自行发展的社会曾经或者现在是进步的? 有人争辩说,所有的进步,包括所有的变化,都是由与其他社会接触而产生的刺激,即不同传统的交融所致。的确,我们需要可靠的年代框架的理由之一,就是去看看一个社会变化的速度与它和其他社会的交往程度之间是否存在关联。史前史学家渴望找到任何外来影响的具体迹象,但并不将所有变化都归因于——比如说——偏远地区陶器的模糊相似性,也并不因此就将这些相似性看作证据。那种认为伊比利亚人(Iberic)的陶器是受希腊文化启发的观点,被证明是大错特错。援引文化传播论来解释创新发明之前,我们首先一定是在考古记录中发现存在这样一个社会:它的现有器具的发明要比受到影响的社会早——再一次证明需要一个可靠的全球时间表——接着再寻找其他与所建立文化相接触的相对确定的证据。如果接受把入侵当作文化接触机制的看法,那么侵略一方的文化一定要在其最初的起源之处被清晰地定义,而且一定要具有其独特的、相当数量的考古遗迹。

5. 史前史学家与其他历史学家一样,其目标不仅仅是描述,还要包括解释;历史描述同时也应该是解释性的。现象应该被描述成一般常见法则的例证。对发展最成功的自然科学来说,这样的法则就是一致性,是恒定的、普遍的,被称作自然法则。然而,在地质学领域,这些法则被一系列过程所代替,而这些过程则习见于折叠、断层、侵蚀等诸多现象以及矿物、岩石和土地等的特性之中。历史学家面对的则是一套更为严格的归纳。对所有社会来说那些常见的行为模式,实际上习见于所有哺乳动物;不管斯宾塞和摩尔根是怎么认为的,这些行为模式中,只有(如果有的话)极少数与文化进化的阶段有着必然的联系。不过,民族志学的研究确实显示,某些行为模式经常与具体的基本的经济发展相关,比如集体狩猎、锄耕林地、草场和草地畜牧、犁耕等等,因此,对这种模式的引用从某种程度来说也是解释性的。

6. 然而,只揭示人类行为的一致性还不够,历史学家还必须要解释个别的而且可能是特有的事件。马尔主义者所使用的"社会进化一致性"原则,尽管好像能把用于该原则的每一个个别的文化发展讲清楚,但完全不能解释一个文化与另外一个文化的不同,而是将所观察到的不同视为无关的东西抹杀或忽略掉。这就让史前史变成了非历史。要想恢复历史性,一方面,不需要也不应该诉诸无法证明的基因因素或非人类环境的机械决定,另一方面,不需要也不应该诉诸无法预测的伟大人物的天才或者神秘力量的介入。单个或独特的事件,可以被当作一般熟知的过程和模式的历史节点的表现而被认知。考虑到新石器时代农业经济的一般特点,加上对不同环境下相对生产率的认识,在河谷冲积地带能获得最高产量这一点就清楚了。由此立刻就能注意到这些河流所提供的交通便利,以及被认为具有超自然能力的酋长与有声望者明显的积敛财富的趋势,因此在埃及和苏美尔所见的财富积累现象,在逻辑上就显得不可避免。接着,当意识到经济前提在建立索取、分配和金属加工等规律性机制中的重要性,真正的青铜时代(这个时代才会运用这样的机制)首先出现在埃及、苏美尔地区也就没有什么奇怪的了。最后,人们发现,这种可见的对财富的相对极权主义的集中,就如实现了技术的进步那样理性和合理。

以上显示的是,一个考古学家不需要诉及任何文字材料就能给出真正历史的解释;当然这个解释还不完整,也可能并不正确,不过它确实告诉我们考古学对历史学的贡献。

7. 伦敦考古研究所异常适合为实现以上所有任务——甚至包括第一条里所说的——作出贡献,因为所有这些任务,都需要来自常规的课程和考古课程以外的学科的帮助,需要使用正常情况下考古机构所没有的植物学、地质学、化学、物理学和动物学等学科的设备才能完成。我们的环境系(Environmental Department)包含与以上所说的自然科学分支的独特联系,而考古研究所的一些学生也被要求掌握相关技术的基本原理。这样的要求也应该扩大到史前考古学生以外学习古典考古、印度考古、罗马考古和西亚考古的学生,因为,就像我在上面所坚持的,那些技术在将考古学的这些分支——以及其他像盎格鲁-撒克逊语这样没有包括在伦敦大学不同系里的其他分支——所提供的数据转化成历史学方面同样很重要。然而,我相信,考古学的未来在历史学,而不是在自然科学学科;考古学是历史学的一个来源,而不是为自然法则争取尊严的一般性概述。毫无疑问,考古学家一开始就有某种唯物主义的倾向,一个史前史学家可以合理地为自己注定无法重获"他的研究对象的思想和动机"找到托辞,其借口就是它们并不重要,因为是实际上达到的结果帮助揭示了导致史前人类行动的"客观意志",而正是这种实际达到的结果才需要被评判、被合理化。但所有史学家实际上也都面临同样的困境,或许更糟,因为他们可能还会被自己的研究对象甚至研究对象的朋友和敌人所背负的错误或者歪曲了的罪名所欺骗。更为严重的是,一个史前史学家必须得是个物质至上主义者,以至于须得为赤裸裸的神秘主义者通过自己肚脐的冥想所得到的关于现实的直觉知识进行排序,这样的直觉知识所具有的无比低下的历史价值,甚至比毕达哥拉斯的勾股定理或者其反面所具有的历史价值还要低。当一个史前史学家假设今天主导美国社会的价值体系至少也包含在每一个史前社会的价值体系中时,他还是一位唯物主义者。然而,从逻辑上说,他不可能是一位完全的唯物主义者,因为无机物的碎片只有成为人类思想和意志的表达符号,只有成为不仅超越每一个考古数据的具体体现,而且超越任一独立的行动者或者思想者——他们是社会的,因而显然又是非物质的——的观念和目的时,才能变成考古数据。考古学必须要通过把自己融入历史学科,来争取成为目前大学里还没有设置的一个学科,这样,考古学才能最终在公众的心目中获得比较稳定的地位,这比通过轰动的考古发现,甚至是机智幽默的电台节目所赢得的公共位置要稳固得多。

1957 年 10 月 1 日

(之三)告 别[1]

卡灵顿宾馆

卡通巴

蓝山, 新南威尔士

医学的进步产生了一大群寄生虫——食利者、养老金和抚恤金领取者, 以及其他需要社会支助甚至看护的退休人员, 他们成为社会的沉重负担, 剥削年轻人, 指望年轻人为他们生产甚至照料他们。他们当中有很多从体力上说还可以工作, 有些也确实还在工作, 但其他人则没有照顾自己的能力, 实际上不得不在年轻护理人员的努力下苟延残喘, 而那些护理他们的人则本可以去做更有益的工作。就那些确实还在工作的老人而言, 他们挡住了年轻人和更有能力的继任者的晋升之路, 因为所有超过 65 岁领养老金和抚恤金的老人——当然也有不少例外——在体力上远不如比他们年轻的人, 在心理上也没有比他们年轻的人警觉性高、适应性强; 他们的反应能力降低, 即使能适应新习惯、吸收新思想, 也只能是逐渐地适应、不情愿地去吸收; 我甚至怀疑他们还能产生出什么新的想法。从学术、法律和行政的位置上强迫退休, 当然从一定程度上把只对老年人的奖励机会向年纪轻的人开放, 也在一定程度上将学生和下属从不称职的老师和无能力

---

1   此信原本置于萨利·格林书中正文, 但为了保持原文叙事的连续以及突出柴氏"绝命三书"以便于读者阅读与检索, 特将原文引自 1980 年发表于《古物》的信移到此处。信的题目为译者根据李零先生的建议所加, 其他保持不变。——译者按

的行政长官那里拯救出来。在英国的大学里,我这一辈子所经历的旧教育制度下有一些令人警醒的教训,比如,杰出教授可以在十年的时间里一直咕哝过时的讲课内容,并浪费系里的经费购买过时的设备。这样的情况可能好过那些更广为人知的学者和科学家的情况,在其同事眼里,这些学者和科学家是"被逼从他们权力的顶峰退休"的。但即使他们已经退休了,他们的声望也可能大到阻碍进步思想的传播、损害创新者职业生涯的地步,只是因为后者不够世故地挑战了那些倒退到十或者十五年前或许还可以算是新颖有效的思想或程序(此时我脑海里想的是亚瑟·伊文思的例子)。

　　事实上,如果超龄老人运用"他们的知识、经验和技能服务社会",担任学术团体、公共机构、慈善机构或政治党派的荣誉官员或顾问,他们极易变成老人政治——那种最糟糕的领导形式。在一个变化的世界里,他们用以做出判断的智慧和成熟,无法弥补他们意识上根深蒂固的偏见和行为上刻板的例行公事所造成的危害。无疑,年龄超过65岁的老人有能力完成日常的调查,进行信息的编辑,并可能利用他们积累的知识在自己擅长的方面提供一定的帮助,但65岁以后,人的记忆力开始衰退,即使很系统化的信息也开始逐渐消失。我自己的经验以及我所观察到的年老同事们身上发生的事情,都证实了我前面的论断。到了一定年龄,新思想以及旧知识的新组合,即使会产生,也极为罕见。一般来说,老作者将继续重复那些老掉牙的观点,而且并不会选择更好的措辞。

　　我一直认为,一个健全的社会,会通过将安乐死视为至高荣誉,甚至在不好的情况下强迫推行安乐死的方式,让自己摆脱这些寄生虫,不过当然不要通过通货膨胀让他们陷入痛苦和饥饿的状态。

　　就我自己而言,我认为自己不能再为史前史作出更多的贡献。我开始忘掉自己过去费力所学的东西——不仅忘掉细节(我从来不靠记忆来掌握细节），甚至忘掉笔记里还有需要查阅的相关信息。如今我很少产生新的想法，看不到利用现有材料解决那些最令我着迷的问题——比如"雅利安人的摇篮"这样的问题——的前景；在有些情况下，我甚至担心对各种证据进行综合的结果会对我曾经赞同的理论不利，或者对我倾向于强烈反对的理论提供支持。但同时，我怀疑自己的这种担心也可能是来自我同样的非理性的、想要战胜自己偏见的愿望。（就历史学而言，我们不得不依据并不充分的证据做出推论，无论何时，当我面临这种必要性，就会意识到上面所说的对立倾向。）我不想作为受人尊重的顾问在学术团体或大学机构挂名，因为这些顾问身上的权威会影响学术的进步。而我本人也变得过于依赖物质享受——甚至是奢侈品——来完成那些还适合我来做的工作；我缺少意志力去面对在苏联或者中国旅行时可能引起的不适和不安；而且，事实上，虽然我从没觉得自己的健康状况好过，但我确实太容易生病了；每一次，头稍微着凉就会转成支气管炎，唯有采取精心的预防措施才能避免，但如果这样麻烦的话，我就变成了社会的一个负担。我从不存钱，即使存了，通货膨胀也会吃掉我的存款。当然，只靠退休金，我无法维持还算过得去的生活水平，而这样的生活水平可能确实是必要的，因为这可以防止我变成一个残废，从而变成更重的社会负担。我一直有意在那样的事情发生之前离开这个世界。

英国人对自杀的偏见属于极端的非理性。事实上，从容地结束自己的生命，比为死者举行符合仪式的葬礼更能将智人与其他动物区别开来。不过，我无意以蔑视对自杀的偏见来伤害我的朋友。山崖上随便的一个意外就可以轻而易举地让我发生不幸。我已重访故土，发现自己远不像喜欢欧洲社会那样喜欢澳洲，也不相信自己能为了让它变得更好而有所作为，因为我对过去所有的理想都已失去了信念。不过，我还是非常享受回来探索儿时萦绕在脑际的遐想，尤其是重访蓝山;我已为儿时那些令人着迷的问题找到了令自己满意的答案。如今我已见证过澳洲的春天,闻过波罗尼亚的花香,看过蛇和蜥蜴,也听过蝉鸣。这里已不再有我想做的事,也没有我该做和能做的事。我不喜欢[澳洲]即将来临的夏天,更不喜欢英伦冬天的雾雪。一个人的生命,最好在幸福强壮的时候结束。

1957 年 10 月 1 日

附录 2

柴尔德著作目录

该著作目录主要基于伊泽贝尔·F. 史密斯（Isobel F. Smith）编写、1955 年发表于《史前社会会议记录》总第 21 期（295—304 页）的一版。

按：为方便起见，除了《伦敦大学考古所年度报告》以外，刊登于其他期刊上的文章按杂志所提及的年份罗列，未必按杂志实际发表之年排列。另外，柴氏所写书评中，只有那些较为重要的才会收入该著作目录中。

杂志简称

Acta Arch.   *Acta Archaeologica*, Copenhagen.

A. J. A.   *American Journal of Archaeology.*

Ant. J.   *Antiquaries Journal*, London.

Arch.   *Archaeologia*, London.

B. S. A.   *Annual of the British School of Athens.*

D. A. J.   *Derbyshire Archaeological Journal*, Derby.

I. L. N.   *Illustrated London News.*

J. H. S.   *Journal of the Hellenic Society*, London.

J. R. A. I.   *Journal of the Royal Anthropological Institute*, London.

J. R. S. A. I.   *Journal of the Royal Society of Antiquaries of Ireland*, Dublin.

L. A. A. A.   *Liverpool Annals of Archaeology &Anthropology.*

M. A. G. W.   *Mitteilungen d. anthropologischen Gesellschaft in Wien.*

P. P. S.   *Proceedings of the Prehistoric Society*, Cambridge.

P. P. S. E. A.   *Proceedings of the Prehistoric Society of East Anglia*, Norwich.

P. S. A. S.   *Proceedings of the Society of Antiquaries of Scotland*, Edinburgh.

U. J. A.   *Ulster Journal of Archaeology*, Belfast.

W. P. Z.   *Wiener Prähistorische Zeitschrift.*

1915
《米尼安器年代与起源研究》

1922
《迪米尼文化的东欧联系》
《中欧考古研究的现状》

1923
《与特雷斯铜石并用时代文化近似的相关文化》
《劳工如何执政》

1924
《一个早期希腊铜器时代文化类型的金瓶》

《特洛伊石制战斧》

《工党州长会见其金主》

1925

《欧洲文明的曙光》

《大口杯的使用者何时来到?》

《弗埃仑茨·拉兹洛博士讣告》

《石器时代的国家艺术》(书评)

《希腊神话与迈锡尼文明真相》(书评)

1926

《雅利安人:印欧起源研究》

《多瑙河中游的雅利安人遗迹》

《欧洲文明的起源》(书评)

《论古青铜时代年表》

1927

《欧洲文明的曙光》(第二版)

《克里特文明对多瑙河青铜时代的影响》,收入《庆祝亚瑟·伊文思爵士75 岁华诞暨爱琴海考古学文集》

《多瑙河大道与欧洲文明的源起》

1928

《远古东方:欧洲史前史的东方序曲》

《斯基泰艺术》(译自德文)

《卡普萨人与巴达里人》,收入《古代埃及》

《拉乌西茨文化》

《奥克尼群岛人牲遗存》

《相关希腊铜器时代文化类型的起源》

《希腊的拉乌西茨文化元素》

《拉波斯哈龙的新发掘》

1929

《史前多瑙河》

《奥尼克群岛斯卡拉布雷史前村庄装饰艺术》

《斯卡拉布雷临时发掘报告暨 1927 和 1928 年考古发掘之发现》

1930

《青铜时代》

《爱琴海与北巴尔干山区关系新见》

《大口杯使用者的起源》

《第二届巴尔干考古学大会：里加，1930 年 8 月 18—23 日》

《希腊文化之根》

《苏格兰东北部的早期殖民》

《斯卡拉布雷 1929 年度发掘工作》

《对佩思郡克姆里附近肯德罗查特石室墓的发掘》

1931

《斯卡拉布雷：奥克尼群岛上的皮克特村落》

《斯卡拉布雷：奥克尼群岛上的"石器时代"村落》

《不列颠新石器时代陶器的洲际关联》

《北欧诸森林文化：演化与传播研究》

《俄罗斯南部草原墓葬在欧洲史前史中的年代位置》

《评 F. 埃尔吉〈约克郡东北部的早期人类〉》

《斯卡拉布雷考古发掘总结报告》

《佩思郡克姆里附近肯德罗查特长石室墓》

1932

《史前史年表》(与 M．C．伯基特合作)

《史前欧洲年表评论》

《来自达勒姆海岸的新石器时代丹麦陶器》

《东英格兰冰川地质学》(致编者)

《俄罗斯:新的人类学博物馆》

《大口杯使用者的入侵日期》(致编者)

《斯卡拉布雷的年代》

《拉恩地区系列新石器时期陶片信息校注》(与 S．皮戈特合作)

《苏格兰记》

《对科尔丁厄姆附近埃尔恩斯休两座铁器时代要塞的发掘》

《阿盖尔郡基尔菲南附近的石室墓》

1933

《斯卡拉布雷古代居址》

《印度和伊朗东部陶器记》

《史前史有用吗?》

《中洛锡安郡卡斯特勒劳塞以及不列颠北部小型要塞的发掘》

《史前欧洲种群、民族与文化》

《古苏美尔金属类型对欧洲青铜时代年表的影响》

《印度和伊朗绘有图画的丝织品》

《苏格兰 1933 年度发掘记》

《阿伯丁郡老基格石圈试掘》

《中洛锡安郡卡斯特勒劳赛的发掘》

《苏格兰巨石冢及其关联》

1934

《远古东方新探:欧洲史前史的东方序曲》

《苏格兰中石器时代的鹿角斧》

《欧亚柄孔斧》

《苏格兰室墓与西班牙和葡萄牙室墓的关系》

《苏格兰 1934 年度发掘记》

《阿伯丁郡老基格石圈发掘总结报告》

《苏格兰西部新石器时期居址》

1935

《远古东方新探》(第二版,修订版)

L'Orient préhistorique(《远古东方新探》法语译本)

《苏格兰史前史》

《斯莱夫娜卡利格陶片》

《人类战胜沙漠》(书评)

《变化中的史前史方法与目标:1935 年主席发言》

《苏格兰 1935 年度发掘记》

《安格斯菲纳冯玻璃化要塞的发掘》

《艾莱褐马记》

《苏格兰在大西洋史前文明中的作用》

1936

《人类创造自身》

《北欧文化的古典期》,收入《印欧人》

《安特里姆海岸的海角要塞》

《迈考普斧与高加索冶金》

《北欧文化的古典期》(1936 年 3 月 24 日提交给皇家人类学研究所的交流总结)

《国际人类科学大会》

《史前欧洲人类与森林》

《苏格兰 1936 年度发掘记》

《苏格兰凹槽石及其意义》

《(1)卡恩明诺要塞;(2)安格斯菲纳冯玻璃化要塞的补充发掘以及(3)安格斯青铜时代容器》

1937

《人类创造自身》(重印本)

《希腊与多瑙河新石器时代黑陶》

《后冰川时代欧亚平原北部森林地带的生存适应》,收入《早期人类》

《史前史学家对传播的解释》,收入《机构、思想和艺术之独立、融合与借鉴》

《不列颠青铜时代的古典期》

《印度河谷文明》

《早期人类研讨会,费城》

《时期陶器灰黑着色原因考论》

《费城早期人类研讨会印象》

《苏格兰 1937 年度发掘记》

《阿盖尔郡洛赫思维恩地区阿克纳马拉附近所见圆石冢》

1938

《东方与欧洲:不列颠协会人类学主席发言》

《欧洲科学之东方背景》

《苏格兰 1938 年度发掘记》

《阿盖尔郡莫文地区拉霍伊玻璃塞》(与 W. 桑尼克罗夫特合作)

《玻璃塞独特现象的试验产品》

《1937 年皇家建筑工程办公室在贾尔绍夫青铜时代层面的发掘》

《安特里姆县费尔角附近的杜昂摩尔城丘》

1939

《人类创造自身》(第三次印刷)

《欧洲文明的曙光》(第三版,修订重排)

《东方与欧洲》

《印度与大流士之前的西方》

《不列颠双环铜凿》

《苏格兰 1939 年度发掘记》

《奥克尼郡劳赛岛日尼欧的布拉埃斯石器时代居址(首度报告)》(与 W. G.格兰特合作)

《中洛锡安郡霍桑登地区的岩刻》

《东洛锡安郡因纳威克地区的大口杯墓》

《苏格兰考古研究成果(1932—1937)》

1940

《不列颠群岛史前社群》

《苏联考古》

《史前苏格兰》

1941

《人类创造自身》(微调修订版)

《文明史》

《马、车与战斧》

《苏格兰岩刻》

《亨格里本特利青铜匕首》

《史前铁器》（致编者）

《中洛锡安郡凯姆斯山塞的防御工事》

《拉纳克附近凯恩格利夫山史前要塞的发掘》

《早期人类与科学》

1942

《不列颠群岛史前社群》（第二次印刷）

《历史上发生过什么》鹈鹕丛书

《鹿角斧与锛的久远及功能》

《早期伊朗陶艺》（书评）

《苏联史前史 I . 旧石器与中石器时期：A. 高加索与克里米亚》

《苏联史前史 I . 旧石器与中石器时期：B. 俄罗斯平原》

《苏联史前史 II . 南俄罗斯红铜时代》

《法夫郡卢赫斯附近更多布拉克蒙特米尔骨灰瓮火葬墓》

《劳赛岛石室墓》

《苏联考古的重要性》

1943

《历史上发生过什么》（新印本）

《苏格兰东北部史前考古》，收入《巴肯之书》

《欧洲大陆与地中海盆地的旋转手磨》

《人类学研究》

《苏联考古学：林区》

《北欧中石器与新石器时代》

《五万年间墓葬方向的变化》

《作为科学的考古学》

《凯思内斯郡弗雷西克地区的又一处晚期海盗屋》

《近期由苏格兰古代历史纪念性建筑皇家委员会检查过的著名史前、中古纪念性建筑》(与 A. 格雷厄姆合作)

《阿盖尔郡科沃尔地区巴利莫尔窖藏青铜器》

《安格斯郡阿伯莱姆诺镶饰骨灰瓮》

1944

《工具的故事》

《帕帕罗洞窟与西班牙东南部旧石器时代前期》

《作为技术阶段的考古学年代：赫胥黎纪念讲座，1944》

《考古学的未来》

《苏联史前遗址近期发掘》

《考古学方法的历史分析》(书评)

《被忽略了的石室墓群》

《新见随葬大口杯的短石棺墓》

《比尤利附近的克雷格斯科里铜刀》

1945

《进步与考古》

《特里皮尔斯卡文化》(书评)

《五万年间墓葬方向的变化》(完整本)

《赫胥黎纪念讲座：作为技术阶段的考古学年代》(总结)

《苏联考古学与苏联人类学》

《苏格兰史前谷物》

《威格敦郡邓拉吉特附近的德罗杜尔罕见骨灰瓮》

《历史理性秩序》

《欧洲考古问题与展望会议介绍》

1946

Doqunun Prehistoryasi（译自柴氏 1935 年法文版《史前东方》）

《苏格兰人之前的苏格兰：1944 年林德系列讲座》

《历史上发生过什么》（新印本）

《绳纹钟形大口杯使用者的重要性》

《为适应环境而产生的人类文化》

《苏联人类科学》

《巨石文化的分布及其对古代和现代文明的影响》

《考古学分类三"时代"的社会内涵》

《因弗内斯博物馆新近入藏青铜匠人所用砧及其他工具》

《考古学与人类学》

1947

《欧洲文明的曙光》（第四版，修订重排版）

《不列颠群岛史前社群》（第二版，修订版）

《近东及欧洲温带地区青铜时代的最后阶段》

《大西洋欧洲史前史新年表》

《奥克尼郡劳赛岛日尼欧的布拉埃斯石器时代居址（再度报告）》（与特朗姆兰的 W. G. 格兰特合作）

《苏格兰与爱尔兰巨石冢》

《作为社会科学的考古学：就职演讲》

1948

《人类创造自身》（新印本）

《历史上发生过什么》(重排版)

《欧洲青铜时代交叉计年》,收入《奥托·楚米纪念文集》

《论从英伦三岛进口到波兰的物品之年代》

《巨石》

《史前金属加工技术:书评》

《美索不达米亚考古:书评》

《希腊旧石器时代人类》

《柯克艾尔顿骨灰瓮》(与 G. T. 沃里克和 G. S. 约翰逊合作)

《古代采矿与冶炼群体:初步报告 I》(考古学注释)

《北欧石器时代文化序列》

《近东及欧洲温带地区青铜时代的最后阶段》

《北欧石器时代文化序列:根据十二年研究所作修订版》

1949

《不列颠群岛史前社群》(第三版,修订版)

L'Aube de la civilisation européenne(《欧洲文明的曙光》法语版)

Clovek svym tvurcem(《人类创造自身》斯洛伐克语版)

Progress i Arkheologiya(《进步与考古》俄语版)

Il progresso nel mondo antico(《历史上发生过什么》意大利语版)

A Szerszámok Története(《工具的故事》匈牙利语版)

《知识的社会世界》

《中欧所造最早铜瓶》

《北欧新石器文化的起源》

《知识社会学》

《欧洲温带地区新石器时代住房类型》

《有机社会演化》

《伟大科学与伟大社会》(书评)

《马克思主义与阶级》(书评)

1950

《欧洲文明的曙光》(第五版,修订版)

《欧洲的史前迁移》

《奥克尼郡斯卡拉布雷》官方指南(新印本)

《历史上发生过什么》(新印本)

Jak Powstaly Narzędzia(《工具的故事》波兰语版)

《巫术,手艺与科学》

《肯特岩洞》

《塞纳河-瓦伊斯-马恩河文明》(法语,与 N. 桑德斯合作)

《穴居人的建筑》

《伦敦考古研究所》

《考古所见社会演化》

《考古测年与放射性碳测年比较》

《英国葡萄牙史前陶器比较》

《城市革命》

《斧与锛,弓与投石器:欧洲新石器时代早期对比》

1951

《人类创造自身:自古以来人类的进步》

《社会演化》

《平衡镰刀》,收入《英国及其他地区考古面貌:纪念 O. G. S. 克劳福德论文集》

《远东和中欧的青铜时代》

《史前史框架》

《康沃尔郡佩林特所见迈锡尼风格青铜匕首》

《康沃尔郡坎伯恩地区塔金磨坊所见奇异石锛》

《最早四轮马车与大车——从底格里斯到塞弗恩》

《评 T. S. 帕赛克作 < 特里波利居址的分期 >》

《红铜与石头战斧》

《30 岁生日问候》

1952

《远古东方新探》(第四版, 重写版)

《苏格兰》(建筑工程部所有或所管古代大型纪念物插图指南, 第六册)
(与 W. D. 辛普森合作)

《历史上发生过什么》(新印本)

U istokov evropeĭskoĭ tsivilizatsii(《欧洲文明的曙光》俄文版)

Stufen der Kultur, von der Urzeit zur Antike(《历史上发生过什么》德文版)

L'uomo crea se stesso(《人类创造自身》意大利语版)

Van Vuursteen tot Wereldijk(《历史上发生过什么》荷兰语版) 2

《欧洲野蛮时代至罗马时代的贸易与工业》, 收入《剑桥欧洲经济史 II : 中世纪的贸易与工业》

《波罗的海西部、不列颠以及南部: 新的关联》, 收入《致敬 C. A. 诺德曼考古论文集》

《新石器时代的古老世界》(温纳格伦人类学国际研讨会所列论文)

《埃及史前史术语》

《科研的目标》, 收入《古代采矿与冶炼委员会报告》

《文明的诞生》

《受建筑工程部委托于 1951—1952 年对桑迪地区库奥艾尼斯石室墓的发掘》

2　荷兰语题目与《历史上发生过什么》不符。

1953

L'Orient préhistorique(《远古东方新探》法语版)

Progresso e Archeologia(《进步与考古》意大利语版)

《什么是历史?》(《历史》美国版)

《中青铜时代》,收入《黎凡特纳史前档案馆Ⅳ卷Ⅰ:致敬 D. 伊西德罗·巴列斯特·托尔莫》

《希腊史前史投石器的重要性》,收入《致大卫·摩尔·罗宾逊文集》

《考古学作为科学的组成部分》,收入《科学、医学与历史:致敬查尔斯·辛格科学思想与医疗实践演化文集Ⅰ》

《无文字社会的科学与古代东方文明》

《石室墓的典型埃格蒙德豪》(与 J. D. 阿克雷多鲁合作)

1954

《历史上发生过什么》(第二版)

《历史》日文版

《人类创造自身》中文版

Människan skapar sig själv(《历史上发生过什么》瑞典语版)

Postep a Archeologia(《进步与考古》波兰语版)

Los orígenes de la civilización(《人类创造自身》西班牙语)

《工具的故事》中文版

《作为科学应用的史前人类手工制品》(1954 年 2 月人类科学史与文化发展国际委员会)

《史前史Ⅰ:人类及其文化》,3-10;2.《更新世欧洲社会》,11-27;3.《中石器时代》,28-38;收入《欧洲的遗产》

《社会早期形式》,38-57;《旋转运动》,187-215;收入《技术史Ⅰ》

《轮式车的传播》

《考古记录中的科学史前史(Ⅰ)》

《科学史前史记录(Ⅱ)》

《H.法兰克福教授讣告》

《英国农民的最早殖民》(书评)

《石器时代复活了》

《欧亚大陆北部的深目凯尔特人》

《苏联考古学记》

1955

《时期巨石柱的年代》

《湖居在史前史历史时期的重要性》

《迈锡尼文明碑的社会学》

1956

《重缀过去:对考古材料的阐释》

《考古学导论》

《社会与知识》

《科斯蒂恩基:"东格拉维蒂安"还是"梭鲁特文化"?》,收入《伦敦大学考古研究所第十二期年度报告》

《过去、现在与将来》(书评)

1957

《欧洲文明的曙光》(第六版)

《青铜时代》

1958

《欧洲社会史前史》

《回顾》

《告别辞》

1962

《欧洲社会史前史》

1963

《社会演化》（修订版）

1964

《劳工如何执政》（第二版）

1965

《人类创造自身》（第四版）

1970

《雅利安人》（重发版）

1973

《欧洲文明的曙光》（第六版）

《历史上发生过什么》（第三版）

1976

《历史上发生过什么》（修订版）

1979

《史前史与马克思主义》

索引

注:以下数字为原书页码,即本书边码

A

Abercromby, Lord, 阿伯克龙比勋爵, 56, 57, 58, 62, 102

Abercromby Chair, 阿伯克龙比讲席教授, xxi, 46, 56-57, 58, 59, 73, 129

Academy of Sciences of the USSR, 苏联科学院, 101

Aerial photography, 航空摄影, 49, 58

Agent-General, 总代表, 见 Coghlan, Sir Timothy, 蒂莫西·科格兰爵士

Alcohol, 酒精, 见 Childe, Vere Gordon: drink, 维尔·戈登·柴尔德:饮酒

Alexander, John, 约翰·亚历山大, 110

America, 美国, 86, 100

American archaeology, 美国考古学, xv, 81, 86-87

Anderson, Alan O. , 艾伦·O.安德森, 69

Anderson, Francis, 弗朗西斯·安德森, 10, 30

  prize, 获奖, 9, 11

And Then You Came, 《然后你来了》, 64

' Animal, Vegetable, Mineral ', "动物, 植物, 矿物", 125

Anthropology, 人类学, xv, 127, 129, 132-133, 170-171

Anti-conscriptionists, 反征兵者(亦见 Conscientious Objectors, 出于良心拒服兵役者), 22, 23-24, 27

Antiquity, 《古物》, 78, 128

Archaeology, 考古学:

  American, 美国~, xv, 81, 86-87

  environmental, 环境~, 见 Environmental archaeology, 环境考古学

  history of, ~的历史, 16-17, 58-59, 128-129

  in the USSR, 苏联的~, xxi, 77, 103, 104, 112, 135-136

  Irish, 爱尔兰~, 67-68

  Scottish, 苏格兰~, 见 Scotland: prehistory of, 苏格兰史前史

Armidale, NSW, 阿米代尔, 新南威士州, 149-150

Arnot, Robin Page, 罗宾·佩奇·阿诺特,

191

19, 22, 41, 100

Art, Childe's appreciation of, 柴尔德的艺术鉴赏, 44, 77

Aryans, 雅利安人(亦见 Aryans, The and Indo-Europeans,《雅利安人：印欧起源研究》), 85, 86, 98-99, 153

Aryans, The,《雅利安人》, 51, 52, 53-55, 90, 140

Ashbee, Paul, 保罗·阿什比, 110

Association of Scientific Workers, 科学工作者协会, 74, 122

Athenaeum Club, 雅典娜俱乐部, 84, 107, 117, 125, 150

Australasian Book Society, 澳大利亚图书学会, 150-151

Australia, 澳大利亚：

Labour Party, ~工党, 见 Labour Party, Australian, 澳大利亚工党

prehistory, ~史前史, 149, 151

society, ~社会, 146-147, 149-150, 154

Australian National University, Canberra, 澳大利亚国立大学, 堪培拉, 149

Australian Union of Democratic Control, 澳大利亚民主控制联盟, 27

Avebury, 埃夫伯里, 115

B

Baldwyn Childe, Frances C., 弗朗西斯·鲍德温·柴尔德, 20-21

Beazley, J. D., 比兹利, 14

Berlin, 柏林, 85

Bersu, Gerhard, 格哈德·伯苏, 63, 65, 88

Blelloch, David, 大卫·布莱洛赫, 19, 23, 37, 42-43

B, Litt., Childe's, 柴尔德的文学学士学位, 14, 15, 18, 54

Bloomsbury House Club, 布卢姆斯伯里家庭俱乐部, 40, 48, 51

Blue Mountains, 蓝山, xxii, 5-6, 147, 149, 151, 154

Braidwood, Robert, 罗伯特·布雷德伍德, 87, 100, 136

Brailsford, H. N., 布雷斯福德, 41, 43

Breuil, Abbé H., 布雷厄尔, 67

Bridge, 桥牌, 见 Childe, Vere Gordon：bridge-playing, 维尔·戈登·柴尔德：打桥牌

Brisbane, 布里斯班, xi, 31-33, 148

British Association for the Advancement of Science, 不列颠科学促进会, 96

Broken Hill, NSW, 断山, 新南威尔士州, 150

Bronze Age, The,《青铜时代》, 71, 90, 92

Browning, Robert, 罗勃特·勃朗宁, 122-123

Bryce, T. H., 布赖斯, 66, 67

Burkitt, Miles, 迈尔斯·伯基特, 56, 61

192

Burkitt, Peggy, 佩吉·伯基特, 83

Burns, J. H., 伯恩斯, 62, 72

Bust, of Childe, 柴尔德半身像, 110

C

Callender, J. G., 卡伦德, 59, 70, 88

Canberra, 堪培拉, 64, 149

Capital, 《资本论》, 114

Carrington Hotel, Katoomba, 卡灵顿宾馆, 卡通巴, 151, 152

Cars, Childe's, 柴尔德的汽车, 见 Driving, Childe's, 柴尔德的驾驶

Cartwright Gardens, 卡特赖特花园, 见 Bloomsbury House Club, 布卢姆斯伯里家庭俱乐部

Case, Humphrey, 汉弗莱·凯斯, 110, 152

Chalet Fontenelle, Wentworth Falls, 丰特内尔小屋, 温特沃斯瀑布, 5, 8

Childe, Alice Vernon, 艾丽丝·弗农·柴尔德, 4, 73, 88, 98, 101, 103, 147, 148

Childe, Ann, 安·柴尔德, 1, 3

Childe, Charles Frederick, 查尔斯·弗里德里克·柴尔德, 1-3, 21

Childe, Charles J. H., 查尔斯·J. H. 柴尔德, 1

Childe, Christopher Stephen, 克里斯托弗·斯蒂芬·柴尔德, 4, 7, 147

Childe, Christopher Venn, 克里斯托弗·芬·柴尔德, 3, 78

Childe, Ethel, 艾塞尔·柴尔德, 4, 7, 40, 144, 147, 148

Childe, Frances Anne, 弗朗西丝·安妮·柴尔德, 1-3

Childe, Frances C. Baldwyn, 弗朗西斯·鲍德温·柴尔德, 20-21

Childe, Gordon, 戈登·柴尔德, 见 Childe, Vere Gordon, 维尔·戈登·柴尔德

Childe, Harriet Eliza, 哈丽叶特·伊莉莎·柴尔德, 1, 4-5, 8, 13, 50

Childe, Laurence, 劳伦斯·柴尔德, 4, 7, 116, 147

Childe, Marion, 玛丽恩·柴尔德, 4, 147

Childe, Mary, 玛丽·柴尔德, 116, 147, 148, 151

Childe, Mary Ellen (née Garratt), 玛丽安·艾伦·柴尔德, 3-4

Childe, Monica, 莫妮卡·柴尔德, 8-9, 116

Childe, Ronald Gordon, 罗纳德·戈登·柴尔德, 1

Childe, Stephen Henry, 斯蒂芬·亨利·柴尔德, 1, 3-9, 40, 78, 151

Childe, Vere Gordon, 维尔·戈登·柴尔德:

administrative skill, 行政能力, 108-109

B, Litt., 文学学士学位, 14, 15, 18 54

bridge-playing, 打桥牌, 20, 41, 84, 107, 145

clothes, 着装, 11, 75-76, 115

death, 死亡, 154

drink, 饮酒, 22, 74, 84

driving, 驾驶, 72-73, 115, 125

excavation, 挖掘, 见 Excavation executors, 挖掘执行者, 144

food, 饮食, 114, 117, 148

health, 健康, 104, 143, 153-154

humour, 幽默, 109, 111, 114-115

journeys, 旅行, 见 Journeys, Childe's, 柴尔德的旅行

languages, 语言, 见 Languages, Childe's skill in, 柴尔德的语言技能

lectures, 讲座, 46, 62, 110-111, 113

literature, 文学, 73

Marxism, 马克思主义, 见 Marxism: Childe's, 柴尔德的马克思主义

music, 音乐, 7, 735 116

pessimism, 悲观主义, 87, 97

Philosophy, 哲学（亦见 Marxism: Childe's, 柴尔德的马克思主义）, 83-84

physical appearance, 外貌, 8, 19, 22, 23, 76

schooldays, 学生时代, 7-8

suicide, 自杀, 见 Suicide, 自杀

speech, 演说, 6, 62, 110

walking, 散步, xxii, 5, 33, 60, 72, 112, 115

wills, 愿望, 31, 144

Childe, William, 威廉·柴尔德, 1, 20-21

Childe Memorial Lecture, 柴尔德纪念讲座, 127

Childe's Scheme, 柴尔德的计划, 2

Children of the Sun, "太阳之子", 53, 133

Chorley, Robert, 罗伯特·乔利, 19, 40, 41, 45, 48, 51

Christie, Agatha, 阿加莎·克里斯蒂, 106, 117

Chronology, 年表, xix, 68, 90, 91, 157, 166-167, 173

'short' and 'long', "短期"和"长期", 50, 91, 96, 114.

Church Missionary Society, 教会宜教会, 3

Clark, J. G. D., 格雷厄姆·克拉克, 80, 94, 127, 128, 144, 155

Clarke, Louis, 路易斯·克拉克, 55

class structure, 阶级结构, 70-71, 83, 95, 169-170

Cleobury Mortimer, Shropshire, 克利伯里莫蒂默, 什罗普郡, 20

Clothes, Childe's, 柴尔德的着装, 11, 75-76, 115

Cocks, Sir Arthur, 亚瑟·考克斯爵士, 39

Codrington, K. de B., 科德林顿, 106

Coghlan, Sir Timothy, 蒂莫西·科格兰爵

193

士, 36, 39, 40

Childe's work for, 柴尔德为~工作, 36-40

Cole, G. D. H. , 科尔, 19, 43

Cole, Margaret, 玛格丽特·科尔, 19, 22, 43

Communism, 共产主义, 41, 71, 85, 89,
100, 121, 130, 150

Soviet, ~苏维埃, xx, 77, 103, 104,
121, 131, 135

Communist Party, 共产党, xx, xxi, 21,
41, 100, 102, 103, 120, 121, 122

Historians Group, 共产党史团, xvi, 97,
119

Conscription, 征兵, 见 Anti-conscriptionists,
反征兵者

Conscientious Objectors, 出于良心拒服兵
役者(亦见 Anti-conscriptionists, 反征兵
者), 23-24, 26, 29

Cornwall, Ian, 伊恩·康威尔, 106, 109

Coronel, Wentworth Falls, 科罗内尔, 温特
沃斯瀑布, 9, 40, 151

Crawford, 0. G. S. , 克劳福德, 49-50,
58, 87, 88, 89, 98, 105

editor of *Antiquity*, 《古物》编辑,
78, 128

resignation from Society of Antiquaries,
辞去古物学会职务, 118

review of *Man Makes Himself*, 《人类创
造自身》书评, 95

suicide, discussion of, 关于自杀的讨论,
143-144

Creativity in Marxism, 马克思主义的创造
性, 见 Marxism: creativity, 马克思主
义:创造性

Crichton Mitchell, Margaret, 玛格丽特·
克里顿·米切尔, 62, 66

Croce, Benedetto, 贝内代托·克罗齐,
80, 83-84, 99

Cross-dating, 交叉计年, xix, 16, 91,
166, 167

Crowther, J. G. , 克劳瑟, 42, 43, 74, 101

Cruden, Stewart, 斯图尔特·克鲁登, 62

Cullen, Sir William, 威廉·卡伦爵
士, 30-31

Culture, 文化, 82, 128, 172

concept of, ~的概念, 52, 925 94

definition of, ~的定义, 80-81, 92,
133-134

usage of the term, ~术语的使用, 136-137

Curle, Alexander, 亚历山大·柯尔, 59

Cyrillic, 西里尔文(亦见 Russian language,
俄罗斯语言), xxi, 117

D

Daily Life in Roman Egypt, 《罗马埃及的
日常生活》, xvi, 33

Daily Worker, 《工人日报》, xxi, 77, 89, 122

Daniel, Glyn E. , 格林·丹尼尔, 104,
118, 128

Danube in Prehistory, *The*,《史前多瑙河》
71, 90–92, 126, 128, 136, 137

Danube, River, 多瑙河, 53, 91

Danubian periods, 多瑙河分期, 45, 91

Danubian sites, 多瑙河遗址, 44

Dark Ages, 黑暗时代, 98, 99

Darkness at Noon,《正午的黑暗》, 73

Darwin, Charles G., 查尔斯·达尔文, 60

Dating, 计年, 见 Chronology, 年表; Cross-
dating and Radiocarbon dating, 交叉计
年和碳元素测年

Dawn of European Civilization, *The*,《欧洲
文明的曙光》, 45, 48, 50, 51–53, 71,
90, 91, 96, 128, 133, 139–140, 142,
155, 158–159

Déchelette, J., 德切莱特, 51, 63

Determinism, 决定论, 79, 80, 96

Dialectical materialism, 辩证唯物主义,
79–83, 84, 130, 135

Dialectics, laws of, 辩证法规律, 81, 83,
130, 132

Diffusion, 扩散, 52–53, 83, 90, 96, 99,
119, 133, 134–135, 172–173
and evolution, ~ 和演化, xv, 53, 55,
127, 129, 131
hyper-diffusion, 超扩散, 53, 97, 104

Diploma in Classical Archaeology, Oxford,
牛津大学古典考古学文凭, 14

Dogs, and Childe, 柴尔德与狗, 107, 117

Domesday Book,《英格兰土地财产清册》,
60, 169

Dooley, James, 詹姆斯·杜利, 37, 38,
39, 42

Driving, Childe's, 柴尔德的驾驶, 72–73,
115, 125

Drummond, H. J. H., 德拉蒙德, 89

Durkheim, E., 涂尔干, 132

Dutt, Clemens, 克莱门斯·达特, 43

Dutt, Rajani Palme, 拉贾尼·帕姆·达
特, 见 Palme Dutt, Rajani, 拉贾尼·帕
姆·达特

E

Economic significance of archaeological
classification, 考古学分类的经济学意
义, 81–82, 94

Edinburgh, 爱丁堡:
Archaeology Department, ~ 考古系, 61–62
University, ~ 大学, xxi, 60

Edinburgh League of Prehistorians, 爱丁堡
史前史学家联合会, 67

Edwards, A. J. H., 爱德华兹, 88

Elliot Smith, Sir Grafton, 格拉夫顿·艾略
特·史密斯爵士, 53, 74

Emotions of past societies, recovery of, 重新
发现过去社会的情感, 132, 138, 170–
171, 175

Engels, F., 恩格斯, xiii, xv, xx, 10, 81,

82, 120-121, 135

Environmental archaeology, 环境考古学, 58, 106, 128, 129, 168, 174

Epistemology, 认识论, xiv, 127, 131-132, 138-139, 151

Erech, 埃雷克, 93

Ethnology, 人种学, 见 Anthropology, 人类学

European civilization, uniqueness of, 欧洲文明的独特性, xix, 52, 54, 55, 127, 139-141, 155

Evans, Sir Arthur, 亚瑟·伊文思爵士, 9, 14, 15-16, 52, 61, 101, 153,

Evans, Joan, 琼·伊文思, 14, 15

Evatt, Herbert Vere, 赫伯特·维尔·伊瓦特, xii, 11-12, 27, 30, 35, 47, 64, 146, 154

Evatt, Mary Alice, 玛丽·艾丽丝·伊瓦特, 11, 41, 64, 85, 93, 146

Evil, as a negation, 把邪恶看成负数, 99

Evolution, 演化:
  and diffusion, ~和传播, 见 Diffusion: and evolution, 传播:~和演化
  organic, 有机的~, 131, 133
  Social, 社会~, 131, 133-134

Ewing, Sir Alfred, 阿尔弗雷德·尤因爵士, 60

Examiner, Childe's technique as, 柴尔德作为考官的技能, 61, 113

Excavation, 挖掘(亦见 Skara Brae, 斯卡拉布雷), xi, 63, 64-71, 112-113, 168, 169

Experimental archaeology, 实验考古(亦见 Vitrified forts, 玻璃化要塞), 62-63, 112

F

Fabian Society, 费边社, 19

Facism, 法西斯主义, 见 Hitler, A., 希特勒

'False consciousiess', "虚假的意识", 见 Emotions of past societies, recovery of, 重新发现过去社会的情感

Festival Hall, 节日音乐厅, 116, 117

Festschrift, 文集, 142

Finavon, Angus, 安格斯的菲纳文, 63

'Flying Childe', the, "飞人柴尔德", 见 Childe, William, 威廉·柴尔德

Food, and Childe, 柴尔德与饮食, 114, 117, 148

Forde, C. Daryll, 达里尔·福特, 40-41, 55-56, 66-67, 74, 142

Forts, 要塞:
  hill-forts, 山地要塞, 62, 66-67
  vitrified, 玻璃化~, 63-64

Frazer, J. G., 弗雷泽, xv

Fuller, Sir George, 乔治·富勒爵士, 39, 40

Functionalism, 功能主义, 94, 129, 137, 164

G

Galbraith, Vivian H., 维维安·H. 加尔布
雷思, 60

Gardiner, Monica, 莫妮卡·加德纳, 8-
9, 116

Gardner, Percy, 珀西·加德纳, 14

Garratt, Mary Ellen, 玛丽·艾伦·格拉
特, 见 Childe, Mary Ellen, 玛丽·艾
伦·柴尔德

Gathercole, Peter, 彼得·盖瑟科尔, 110

Gentile, Giovanni, 乔万尼·金梯利,
83, 84

Glen Innes, NSW, 格伦因尼斯, 新南威尔
195   士州, 12

Good Food Guide, The,《美食指南》,
19, 117

Gordon, Alexander, 亚历山大·戈登, 5,
11, 121, 138, 154

Gordon, Sir Alexander, 亚历山大·戈登爵
士, 4-5, 64

Gordon, Anne, 安妮·戈登, 4-5

Gordon, Harriet E., 哈丽叶特·戈登, 见
Childe, Harriet Eliza, 哈丽叶特·伊莉
莎·柴尔德

Govet's Leap, Blackheath, 戈维特飞跃, 布
莱克希思, 154

Graham, Angus, 安格斯·格雷厄姆,
64, 88

Grant, Walter, 沃尔特·格兰特, 59, 70

Gray, Frank, MP, 弗兰克·格雷议员, 45

Grimes, W. F., 格赖姆斯, 129, 142, 152

Guido, Margaret, 玛格丽特·吉多, 74

Guild Socialism, 行会社会主义, 19, 34

H

Haldane, J. B. S., 霍尔丹, 74, 75, 89

Hats, Childe's, 柴尔德的帽子, xxi, 11, 76

Hawkes, C. F. C., 克里斯托弗·霍克
斯, 128, 139-140, 155

Hawkes, Jacquetta, 杰凯塔·霍克斯, 128

Health, Childe's, 柴尔德的健康, 104,
143, 153-154

Hegel, G. W. F., 黑格尔, xx, 10, 21,
22, 78, 79, 83, 84, 158

Heichelheim, F. M., 海赫勒黑因, 98

Hermitage Museum, Leningrad, 赫米蒂奇
博物馆, 列宁格勒, 46, 123

Higgs, E. S., 希格斯, 128, 129

Hill-forts, 山地要塞(亦见 Vitrified forts,
玻璃化要塞), 62, 66-67

Historiography, 历史学(亦见 *History*,《历
史》), 84, 127

History,《历史》, 78, 84, 127, 130-131

History, 历史:

    and prehistory, ~和史前史, xi, 95, 98

    explanation of, ~的解释, 96, 104,
    139, 141, 156, 173-174

History of the Communist Party of the Soviet Union（Bolsheviks）,《苏联共产党（布尔什维克）史》, 100

Hitler, A., 希特勒（亦见 Nazism, 纳粹主义）, 77, 85, 87, 89, 97

Hodges, Henry, 亨利·霍奇斯, 110, 111

Hood, Sinclair, 辛克莱·胡德, 110, 115, 144

Holman, W. A., 霍尔曼, 35

Hope-Simpson, John, MP, 霍普-辛普森议员, 45

Hotel de Vere, Edinburgh, 德维尔酒店, 爱丁堡, 73

How Labour Governs,《劳工如何执政》, xi, xx, 35, 36, 42, 46-48

Hughes, W., 威廉·休斯, 27, 34

Humour, Childe's, 柴尔德的幽默, 109, 111, 114-115

Hungary, Russian invasion of, 苏联入侵匈牙利, 121-122

Huxley, Julian, 朱利安·赫胥黎, xiv, 101

Huxley Medallist, 赫胥黎奖章获得者, 101

Hyper-diffusion, 超扩散, 53, 97, 104

I

Iceland, 冰岛, 150

Ideas, Childe's definitions of, 柴尔德对思想的定义, xiii, 139

Indo-Europeans, 印欧语（亦见 Aryans, 雅利安人, 以及 Aryans, *The*,《雅利安人》）, 18, 53, 54, 55, 135, 167, 168

Indus civilization, 印度河文明, 108

Industrial Revolution, 工业革命, 93, 95

Industrial Workers of the World, 世界产业工人联合会（亦见 One Big Union, 大一统工会）, xi, 12, 35, 43

Institute of Archaeology, London University, 伦敦大学考古研究所, 124, 125, 127, 136, 152, 155

Childe's appointment as Director, 柴尔德的所长任命, xxi, 105, 129

during Childe's Directorship, 柴尔德担任所长期间, 106-119

foundation of, ~的创立, 50, 106

future of, ~的未来, 174-175

inaugural lecture, 就职演讲, 109

retirement from, 从~退休, 126, 142-144

staff, ~, 106-108

students, ~的学生, 110

International Congresses of Prehistoric and Protohistoric Sciences, 国际史前史暨史前人类学科学大会, 75, 76, 124

International exchange of scholarship, 国际学术交流, 15, 75, 78, 102, 122-123

International Labour Office, Geneva, 国际劳工局, 日内瓦, 37, 43

Invasions, 入侵, 见 Migrations, 迁移

Irish archaeology, 爱尔兰考古, 67-68

IWW，见 Industrial Workers of the World，
世界产业工人联合会

J

Jenkin, Alfred, 阿尔弗雷德·詹金, 97

Journeys, Childe's, 柴尔德的旅行：

between Australia and Britain, 澳大利亚
和英国之间, 13, 17, 37-38, 145

in Europe, 在欧洲, xx-xxi, 17, 43, 44,
48, 55-56, 124

in India, 在印度, 93, 108, 144

in the Near East, 在近东, 93

to the USSR, 到苏联, xii, 76-77, 94,
101, 103, 121, 123, 135

K

Kangaroo,《袋鼠》, 73, 147

Katoomba, NSW, 卡通巴, 新南威尔士州,
151, 152

Kaye, Alan, 艾伦·卡耶, 19

Keith, Arthur Berriedale, 亚瑟·贝瑞代
尔·基斯, 60, 101

Kelly, David, 大卫·凯利, 112

Kendrick, Thomas, 托马斯·肯德里
克, 50

Kenmure, Lords, 肯穆尔勋爵, 5

Kenyon, Kathleen, 凯瑟琳·凯尼恩, 107

Kinlet, Shropshire, 金莱特, 什洛普郡,
1, 20

Knossos, 克诺索斯, 9, 15-16

Knowledge, 知识, 见 Epistemology, 认
识论

Kossinna, Gustav, 古斯塔夫·科西纳,
53, 54, 55, 140

Kremlin, Moscow, 克里姆林宫, 莫斯科,
xii, 102

Kruschev, N., 赫鲁晓夫, xvii, 121

Kyre Park, Worcestershire, 凯雷公园, 伍
斯特郡, 20-21

L

Labour Monthly,《劳工月刊》, 49, 121

Labour Party, Australian, 澳大利亚工党, xx,
7, 27, 31, 34, 35, 37, 49, 73, 146

Childe's work for, 柴尔德为～工作,
xx, 31, 33-40, 155

Labour Party, British, 英国工党, 46, 47

Labour Research Department, 劳工研究部,
19, 41, 43, 47

Lang, J. T., 朗, 35, 64

Languages, Childe's skill in, 柴尔德的语言
技能（亦见 Russian language, 俄语）,
xx, 37, 45, 76, 111, 122-123, 124-125

Lansbury, George, 乔治·兰斯伯里, 25, 69

Larriban, Co. Antrim, 安特里姆的拉里
班, 65, 68

Lawn Road Flats, 草坪路公寓, xv, 117-
118, 144

196

Lawrence, D. H., 劳伦斯, 73, 147

Leakey, Louis, 路易斯·李基, xix

Lectures, Childe's, 柴尔德的讲座, 见 Childe, Vere Gordon: lectures, 维尔·戈登·柴尔德:讲座

Leninism, 列宁主义, 89

Levy, Hyman, 海曼·利维, 74, 122

Lewis, John, 约翰·刘易斯 xiv, xvi

Libby, W. F., 利比, 118

Lindsay, Jack, 杰克·林赛, 31-33, 48

Literature, and Childe, 柴尔德与文学, 见 Childe, Vere Gordon: literature, 维尔·戈登·柴尔德:文学

London School of Economics, 伦敦大学经济学院, 46

'Long' chronology, "长"年表, 见 Chronology: 'short' and 'long', 年表: "短期"和"长期"

M

MacDonald, Ramsay, 拉姆齐·麦克唐纳德, 25, 41

McKell, William, 威廉·麦凯尔, 29, 30, 31, 39, 64, 146

McNamara, Bertha, 伯莎·麦克纳马拉, 11-12

Maes Howe, 梅斯豪, 112-113

Magic, 巫术, 71, 78, 85, 132, 171

Mallowan, Max, 马克斯·马洛温, 106, 110, 123, 125

Man Makes Himself,《人类创造自身》, x, xxi, 87, 95-96, 98, 102, 120, 132

Marrism, 马尔主义, 103, 104, 134, 1353172, 174

Marx, K. H., 马克思, 100, 138

quotations from, 引自~, xiii, 96

works of, ~的作品, xx, 10-11, 21, 114, 130-131, 132

Marxism, 马克思主义, xii, xiv, 18, 36, 48, 50, 54, 70, 79, 89, 96, 99, 100-101, 119, 129, 158

Childe's, 柴尔德的~, xiv, xxi, 41, 77-78, 78-83, 84, 112, 135, 157, 158

in Childe's works, 柴尔德作品中的~, 70, 102-104, 128, 158

creativity, ~创造性, x, 130, 139

and (pre)history, ~和史前史, 79-83, 92, 94, 130-131, 135

Marxist Quarterly,《马克思主义者季刊》, 见 *Modern Quarterly*,《现代季刊》

Maryborough Grammar School, 玛丽伯勒文法学校, 26-27

Materialism, dialectical,《辩证唯物主义》, 79-83, 84, 130, 135

Materialist conception of history, 唯物史观, 22, 79, 89, 96, 99, 130-131

Megaliths, 巨石阵, 16, 66, 67, 104, 170

Mein Kampf,《我的奋斗》, 85

Melbourne，墨尔本，4，150

Mellor，William，威廉·梅勒，19

Members of Parliament，Childe's work for，柴尔德为议员所做工作，见 Gray，Frank，弗兰克·格雷；Hope-Simpson，John，约翰·霍普－辛普森，Storey，John，约翰·斯托里

197　Migration，迁移，82，83，96，97，104，134，135，141，172，173

Ministry of Works，建筑工程部，69，88，112

Minns，E. H.，明斯，97

Mitchell，Margaret Crichton，玛格丽特·克里顿·米切尔，62，66

Modern Quarterly，《现代季刊》，xii，xv，120

Mongait，A.，蒙盖特，131

Morgan，L. H.，摩尔根（亦见 Savagery，barbarism and civilization，野蛮、未开化和文明），xv，81，94，121，133，173

Morris，John，约翰，莫里斯，146，147

Most Ancient East，The，《远古东方》，71，90

Motives of past societies，recovery of，重新发现过去社会的情感，132，138，170－171，175

Mount Tambourine，Queensland，铃鼓山，昆士兰州，xvi，32

Mulvaney，D. J.，马尔瓦尼，150

Murus gallicus，凯撒式高卢墙，63-64

Music，and Childe，柴尔德和音乐，7，73，116

Myres，J. L.，迈尔斯，14，15，49，52，64，75，101

N

National Museum of Antiquities of Scotland，苏格兰国家文物博物馆，88

National Party，Australian，澳大利亚国家党，27，34，35

Nazism，纳粹主义（亦见 Hitler，A.，希特勒），55，87，97，98，99，140

Neustupný，Jiri，伊里·诺伊斯图普尼，124，125-126

'New Archaeology'，"新考古学"，157

New England Grammar School，Glen Innes，新英格兰文法学校，格伦因尼斯 12-13

New Light on the Most Ancient East，《远古东方新探》，93，94

New Statesman letter，《新政治家》刊信，121

New World，新世界，见 America 1917 Club，美国 1917 俱乐部，41-42

O

Occidentalists，西方主义者，53，55，91，99

Ogden，C. K.，奥格登，51

Old age, 老年, 101, 152-154

One Big Union, 大一统工会（亦见 Industrial Workers of the World, 世界产业工人联合会）, xi, 36, 43, 47

Orientalists, 东方主义者, 53, 55, 91

Origin of the Family, Private Property and the State,《家庭、私有制和国家的起源》, xv, 120-121

O'Riordain, S., 肖恩·奥里奥丹, 66, 68

Orkney, 奥克尼（亦见 Maes Howe and Skara Brae, 梅斯豪和斯卡拉布雷）, xiv, 68, 69, 88, 113

Oxford University Socialist Society, 牛津大学社会主义者社团, 19, 22, 23

P

Pacifists, 和平主义者, 见 Anti-conscriptionists, 反征兵者

Page Arnot, Robin, 罗宾·佩奇·阿诺特, 19, 22, 41, 100

Palliardi, Jaroslav, 雅罗斯拉夫·帕利亚迪, 44-55

Palme Dutt, Rajani, 拉贾尼·帕姆·达特, 19, 43, 57, 158

　anti-conscriptionist, 反征兵者, 24

　and Communist Party, ~和共产党, xx, 41, 120

　Hungary crisis, 匈牙利事件, 121

　Labour Monthly,《劳工月刊》, 49, 121

Modern Quarterly,《现代季刊》, 120

　at Oxford, ~在牛津, xx, 21-2

Past and Present,《古今》, 119, 120

Peake, Harold, 哈罗德·皮克, 53

Pessimism, Childe's, 柴尔德的悲观主义, 87, 97

Philology, 语言学, 14, 18, 51, 54

Photography, aerial, 航空摄影, 49, 58

Piecing Together the Past,《重缀过去》, 127, 136-138

Piggott, Stuart, 斯图尔特·皮戈特, 65, 70, 73, 74, 77, 94, 114, 129, 158

Plean Colliery, Stirlingshire, 普林煤矿, 斯特灵郡, 63-64

Poetry, 诗歌, 见 Childe, Vere Gordon: literature, 维尔·戈登·柴尔德:文学

Porlock, Professor, 波洛克教授, 64

Portus, Gerald Vere, 杰拉尔德·维尔·波图斯, 10, 29-30

Postgate, Margaret, 玛格丽特·波斯盖特, 见 Cole, Margaret, 玛格丽特·科尔

Postgate, Raymond, 雷蒙德·波斯盖特, 19, 24, 41, 43, 69, 117

Powell, Dilys, 迪莉斯·鲍威尔, 61

Prague, 布拉格, 111, 124

Prehistoric Communities of the British Isles,《不列颠群岛的史前群落》, 97

Prehistoric Europe: the Economic Basis,《史前欧洲:经济基础》, 128-129

Prehistoric Foundations of Europe, *The*,《欧洲的史前基础》, 139-140, 155

198 *Prehistoric Migrations*,《史前迁徙》, 127, 134-135

Prehistoric Society, 史前社会, 93, 94

Prehistory, 史前史:

explanation of, ~ 的定义, 见 History, explanation of, 历史的定义, 85, 129-130, 138

Prehistory of European Society, *The*,《欧洲社会史前史》, ix, 53, 127, 140-141, 144, 145, 150, 151, 155

Prehistory of Scotland, *The*,《苏格兰史前史》, 97, 102, 104

Pritt, D. N., 普里特, 122

Progress, in (pre) history, 历史（史前史）的进步, 95, 98, 99, 129, 138

Progress and Archaeology,《进步与考古学》, 99, 120

Pyddoke, E., 皮多克, 106, 143, 144, 145

Q

Queen Mary's Grammar School, Walsall, 女王玛丽文法学校, 沃尔萨尔, 1-2

Queen's College, Oxford, 牛津大学女王学院, xx, 12, 14, 18, 22, 23

Queensland University, 昆士兰大学, 33-34

Quinton, Jim, 吉姆·昆顿, xi

R

Radiocarbon dating, 放射性碳元素测年, x, 56, 91, 118-119, 167

Rahoy, Argyll, 拉霍伊, 阿尔吉尔, 63

Rationalist Press Association, 理性主义出版协会, 95, 119-120, 132

Reality, 现实, 83, 139, 175

'Red Ted', "红色泰德", 见 Theodore, E. G., 西奥多

Regent's Park, 摄政公园, xvi, 73, 106, 109, 114

Relicology, 文物学, 83, 138

Religion, 宗教, xiv, 1, 7, 60, 78, 148

Retirement, 退休, 142-143, 152-153, 166

'Retrospect', "回顾", 15, 51, 54, 96, 103, 104, 139, 141, 155

Revolutions, 革命, 87, 93, 94, 95, 133

Industrial, 工业 ~, 93, 95

Neolithic, 新石器时代 ~, 87, 94

Urban, 城市 ~, 87, 94, 95, 140

Rinyo, Orkney, 丽袅, 奥克尼, 70

Rogers, Frances Anne, 弗朗西丝·安妮·罗杰斯, 见 Childe, Frances Anne, 弗朗西丝·安妮·柴尔德

Royal Anthropological Institute, 皇家人类学研究所, 15, 40, 46, 48, 49, 50, 122

Royal Society, 英国皇家学会, 101, 118

Russia, 俄罗斯, 见 USSR, 苏联

Russian language, 俄语（亦见 Cyrillic, 西里尔文）, 102, 122-123, 124-125

S

St. Andrew's College, Sydney, 圣安德鲁学院, 悉尼, 27-29, 146

St. John's Lodge, Regent's Park, 圣约翰旅馆, 摄政公园（亦见 Institute of Archaeology, 考古系）, 106, 107, 112, 143

St. Paul's Training College, Cheltenham, 圣保罗培训学院, 切尔滕纳姆, 3-4

St. Thomas's Church, N. Sydney, 圣托马斯教会, 北悉尼, 1, 4, 6-7, 154

Sandars, Nancy, 南希·桑达斯, 110

Sanskrit, 梵文, 18, 60-61

Savagery, barbarism and civilization, 野蛮、未开化和文明, 81, 82, 94

Sayce, A. H., 赛斯, 14, 101

Schipenitz, 希佩尼茨, 44

Schliemann, H., 施利曼, 9, 15, 65

Schooldays, Childe's, 柴尔德的学生时代, 7-8

Schoolteacher, Childe as, 柴尔德作为学校教师, 12-13, 26-27

Scotland, prehistory of, 苏格兰史前史, 59, 61, 64, 66, 67, 102

Scotland Before the Scots, 《苏格兰人之前的苏格兰》, 70, 71, 103-104, 134, 135

Scott, Hester, 海丝特·斯科特, 72

Scott, Sir W. Lindsay, 林赛·斯科特爵士, 59, 87

Seligman, C. G., 塞利格曼, 46

Shaw, G. B. S., 萧伯纳, 43, 89

'Short' chronology, "短"年表, 见 Chronology: 'short' and 'long', 年表："短期"和"长期"

Short Introduction to Archaeology, A, 《考古学导论》, 138

Simpson, Harold, 哈罗德·辛普森, 12, 150

Skara Brae, Orkney, 斯卡拉布雷, 奥克尼, ix, xxi, 65, 68-71, 88, 168

Skara Brae, 《斯卡拉布雷》, 71

Skinner, Basil, 巴兹尔·斯金纳, 62

Smith, Sir Grafton Elliot, 格拉夫顿·艾略特·史密斯爵士, 53, 74

Smith, Isobel, 伊泽贝尔·史密斯, 110, 144, 176

Social evolution, 社会演化, 见 Evolution: social, 演化:社会~

Social Evolution, 《社会演化》, 120, 127, 131, 132-134, 137

Society of Antiquaries, 《古物学会》, 15, 48, 50

Gold Medal, 金牌, 142-143

resignation from, 从~辞任, 118

Society of Antiquaries of Scotland, 苏格兰古物学会, 57, 59, 104

Society for Cultural Relations with the USSR,

对苏文化关系学会, 103, 122-123

Society and Knowledge,《社会与知识》,
    84, 127, 138-139

Society of the Sacred Advant, 圣灵降临团
    体, 148

Soviet communism, 苏维埃共产主义, 见
    Communism: Soviet, 共产主义:苏维埃

Soviet Union, 苏联, 见 USSR, 苏联

Specialists, full-time, 全职专家, 见
    Surplus, necessary for the inception of
    urbanism, 剩余, 城市化初期的必要
    条件

Spencer, W. B., 斯宾塞, 133, 173

Stalin, J. V., 约瑟夫·维萨里奥诺维
    奇·斯大林, 77, 89, 97, 100, 102,
    104, 112, 121, 131, 135

Stevenson, R. B. K., 史蒂文森, 62, 65

Stewart, Eve and James, 夏娃·斯图尔特
    和詹姆斯·斯图尔特, 149

Storey, John, 约翰·斯托里, 33, 35, 36,
    37-38, 155

    Childe's work for, 柴尔德为~工作, 33,
    34, 35, 36, 155

199 Story of Tools, The,《工具简史》, 100

Students, 学生:

    Childe's friendship with, 柴尔德与~的
    关系, 71-72, 106, 110, 114, 115,
    117, 144

    at Edinburgh, 爱丁堡的~, 62

at the Institute, 研究所的~, 110

Suez, 苏伊士, 122, 144

Suicide, 自杀, xvii, xxii, 87, 143-144,
    145, 154

    1957 statement, 1957 年的报告, 152-154

Sulimirski, T., 苏利米尔斯基, 125

Surplus, necessary for the inception of
    urbanism, 剩余, 城市化初期的必要条
    件, 82, 92, 95, 108, 141

Sydney, 悉尼, xx, 1, 4, 6, 27-31,
    145, 146

Sydney Church of England Grammar School,
    悉尼英国教会文法学校, 8, 147

Sydney University, 悉尼大学(亦见 St.
    Andrew's College, 圣安德鲁学院), xx,
    9-13, 28-29, 31, 66, 138, 145-146

T

Talbot-Rice, David and Tamara, 大卫·塔
    尔伯特-里斯和塔玛拉·塔尔伯特-
    里斯, 77

Teacher, Childe as, 柴尔德作为教师, 见
    Schoolteacher, 学校教师, 以及 Childe,
    Vere Gordon: lectures, 维尔·戈登·柴
    尔德:讲座

Theatre, 剧场, 见 Unity Theatre, 团结
    剧场

Theodore, E. G., 西奥多, 31, 49

Thompson, E. P., 汤普森, xiv

Thomson, George, 乔治·汤姆森, 129

Thorneycroft, Wallace, 华莱士·索尼克罗夫特, 63-64

Three-Age System, 三时代系统, 17, 91, 92

Tindale, N. B., 廷代尔, 149

Tod, Marcus, 马库斯·托德, 14

Todd, Professor, 托德教授, 30-31

Tolstov, S. P., 托尔斯托夫, 123-124

Topp, Celia, 西莉亚·托普, 144-145

Tots and Quots, 陶岑阔, 74-75, 122

Tractarian Movement, 牛津运动, 4, 6

Transcendentalism, 先验论, 83-84, 130, 139

Translations, by Childe, 柴尔德的翻译, 45-46

Travels, Childe's, 柴尔德的旅行, 见 Journeys, Childe's, 柴尔德的旅行

Trevelyan, Sir Charles, 查尔斯·特雷维扬爵士, 41, 43

Tylor, E. B., 泰勒, 80

U

Unity Theatre, 团结剧场, 116

Ur, 乌尔, 59, 61, 93, 122

Urbanism, 城市化, 见 Revolutions: urban, 革命:城市, 以及 Surplus, necessary for the inception of urbanism, 剩余, 城市化初期的必要条件

USSR, 苏联, xxi, 89, 100, 103

Childe's visits to, 柴尔德访问 ~, xii, 76-77, 94, 101, 103, 121, 123, 135 (亦见 Archaeology: in the USSR, 考古学:苏联的 ~)

V

'Valediction', "告别辞", 119, 125, 155, 156, 166-175

Vassits, Miloje, 米洛耶·瓦西茨, 44, 56, 64

Vinča, 文查, 44, 55-56, 64

Vitrified forts, 玻璃化要塞, 63-64

Voyages, Childe's, 柴尔德的航行, 见 Journeys, Childe's, 柴尔德的旅行

Voice, Childe's, 柴尔德的声音, 见 Childe, Vere Gordon: speech, 维尔·戈登·柴尔德:演说

W

Walking, Childe's, 柴尔德的散步, xxii, 5, 33, 60, 72, 112, 115

War, 战争:

first world, 第一次世界大战, 14-29

second world, 第二次世界大战, 87, 89, 97, 99

Ward, Russel, 拉塞尔·沃德, 150

Warfare, 战争, 99

WEA, 见 Workers Educational Association, 工人教育协会

Wells, G. P., 威尔斯, 75

Wells, H. G., 威尔斯, 41, 89

Wentworth Falls, NSW, 温特沃斯瀑布, 新
南威尔士州, 5, 7, 8, 9, 151

200 *What Happened in History*, 《历史上发生过
什么》, x, xii, xxi, 86, 97–99, 100,
102, 132

Wheeler, Sir R. E. Mortimer, 莫蒂默·惠
勒爵士, xix, 50, 56, 104, 106, 107–
108, 110, 113, 138, 143

Wheeler, Tessa, 泰萨·惠勒, 50, 106

White, Leslie A., 莱斯利·怀特, xv

Wills, Childe's, 柴尔德的愿望, 31, 144

Wilson, John Dover, 约翰·多佛·威尔
逊, 60

Witherby, 威瑟比, xi, 31–32

Wobblies, 工人党, 见 Industrial Workers of
the World, 世界产业工人联合会

Woodhouse, Professor, 伍德豪斯教授, 12,
14

Woolley, Sir Leonard, 伦纳德·伍利爵士,
59, 61, 101

Wooster, W. A., 伍斯特, 101

Workers Educational Association, 工人教育
协会, xi, 10, 11, 29–30, 31, 32, 78

Y

Youlbury, 尤伯里, 61

Young Communists League, 共产主义青年
团, 67, 100

Z

Zeuner, F. E., 佐伊纳, 106

Zoning, cultural, 文化分区, 96

Zoological Society, 动物学会, 117

Zuckerman, Solly, 索利·祖克曼, 74–75

译后记：柴尔德之谜

　　到目前为止,维尔·戈登·柴尔德(Vere Gordon Childe,1892—1957)共有五本个人传记:两本从社会政治角度探讨他的政治思想和政治生涯,[1] 两本从考古学术的角度讨论他的学术发展及其理论基础,[2] 萨利·格林的这本《史前史学家柴尔德传》,则是目前唯一一本兼顾柴氏学术思想和人生经历、内容较为综合的传记,该书尽可能详细地记述了柴尔德的家族及家庭关系、出生成长、从政经历、求学经历、学术生涯、学术思想、学术贡献,以及柴尔德从退休到自杀这一小段时间里的所见、所闻、所感和所为。有意思的是,柴尔德的这五本个人传记,无论记述其政治生涯、学术思想还是其人生经历,无一不强调柴氏人生的神秘性,威廉·皮斯(William Peace)甚至直接在题目中使用了"神秘生涯"(enigmatic career)这样的表述,来表达作者对柴氏神秘而令人难解的人生的感受。柴尔德的人生以及职业生涯真的如大家所说的那么神秘吗? 这篇译后记,在简单介绍柴尔德的人生轨迹之

　　1　William Joseph Peace, "The Enigmatic Career of Vere Gordon Childe: A Peculiar and Individual Manifestation of the Human Spirit," Ph. D. Dissertation, University of Michigan, 1992. Terry Irving, *The Fatal Lure of Politics: The Life and Thought of Vere Gordon Childe*, Clayton: Monash University Publishing, 2020.

　　2　Bruce G. Trigger, *Gordon Childe: Revolution in Archaeology*, London: Thames and Hudson, 1980. Barbara McNairn, *The Method and Theory of V. Gordon Childe: Economic, Social and Cultural Interpretations of Prehistory*, Edinburgh: Edinburgh University Press, 1980.

后,主要就围绕柴尔德而产生的各种难解之"谜"谈一下自己的观点。[3]

柴尔德1892年出生于悉尼,是史蒂芬·亨利·柴尔德(1844—1928)和他的第二任妻子哈丽叶特·伊莉莎(1853—1910)所生的第二个孩子(第一个孩子罗纳德·戈登·柴尔德只活了一个月就夭折了)。他父母双方都出身于英国贵族,父亲一方甚至还沾点英国皇家血统(尽管有几代是私生子)。双方家族均盛产主教和律师,政治保守,柴尔德的父亲本人生前就曾长期担任位于悉尼北部英格兰教会圣托马斯教会的教区长。伴随柴尔德长大的有两个哥哥三个姐姐,均由父亲和其前妻玛丽所生,最小的也比他大十六岁。尽管父亲保守严厉,他的母亲却很慈爱,兄姊都热爱文学和音乐,又因为是家中老小,所以柴尔德的童年是在一个被爱、宗教以及文学和音乐包围的家庭环境中度过的。柴尔德十八岁时,也就是在他进入悉尼大学读书之前的那一年,母亲因病去世,父亲不久又续娶了第三任太太。柴尔德和父亲的关系比较疏远,进入大学后便从家里搬出来,寄居在一个舅舅家里。他在悉尼大学主攻古典学,同时研修哲学、数学和地质学,学习并接受了马克思主义学说。

从悉尼大学毕业后,柴尔德获得奖学金进入牛津大学女王学院学习古典考古学,师从 J. L. 迈尔斯、亚瑟·伊文思爵士等人,这些老师,尤其是迈尔斯,对他以后的学术生涯帮助很大。柴尔德在牛津大学读书的三年,也正处在第一次世界大战爆发期间。进入牛津不久,他就加入了费边社,和极端左翼同学一起,积极参加反战运动,为此还

3　李零教授新作《考古笔记Ⅲ》以五本柴氏传记为中心,对柴尔德的人生、学术和思想作了非常详细的归纳和考察,是目前国内对柴尔德的考古理论和思想贡献解释得最为透彻的综合研究。见李零:《考古笔记——疫中读书记Ⅲ:魂断蓝山》,北京:生活·读书·新知三联书店,2023年。

被列入英国军情五处的黑名单,到死都属于被英联邦及其属国联合跟踪监控的对象。1917 年从牛津毕业后,他回到了阔别三年的澳大利亚。但是,因为他所持的左翼政治见解,他先是在悉尼大学教书期间遇阻,后在申请昆士兰大学教职时遭拒,转入澳洲政坛并担任澳洲新南威尔士州新任州长斯托里的秘书后不久,在去往伦敦任职的路上,又因斯托里早逝、继任者撤销其即将赴任的职位而不得不离开澳洲政坛,从此留在英国从事史前考古研究。1922 年是柴尔德人生的低谷,没有工作和收入,生活一度非常拮据。但他对政治的敏感和当秘书的经验很快为他谋得了为政客做私人秘书的工作机会,精通多国语言的天赋和能力也使得他能通过翻译工作度过凶年。1925 年在导师迈尔斯的帮助下正式成为英国皇家人类学院图书馆馆员,则让柴尔德从此远离贫困。在此之前,尽管没有稳定的收入,柴尔德却能利用自己有限的收入,周游欧洲以搜集散见于各地——尤其是博物馆——的资料进行史前史的研究,并利用伦敦的图书馆、科研所、博物馆等学术资源,将自己的研究所得写成论文和书。1925 年《欧洲文明的曙光》第一版的出版,不但让柴尔德一举成名,也为他此后三十余年的学术生涯打下了坚实的基础。

　　1927 年,柴尔德得到了爱丁堡大学阿伯克龙比考古教授一职,成为该职位的首位教授。他在这个职位上教书育人、进行考古发掘和考古研究整整二十年,直到二战后的 1946 年秋季学期,他入职伦敦大学考古研究所担任所长为止。伦敦大学考古研究所是柴尔德职业生涯的最后一个单位。他在这个位置上干了近十年。1956 年夏天,为了让他的继任者在考古研究所新落成的建筑里有一个新的开始,柴尔德提前一年从考古研究所所长的位置上退了下来。除了拿出一笔年金照顾生活在澳洲昆士兰州的最小的姐姐艾塞尔以外,柴尔德将自己所有的财产、版税以及自己收藏的大部分图书都捐给了伦敦大学考古研究所,并指定剑桥大学的考古学教授格雷厄姆·克拉克作为他遗稿的保管人。1957 年 3 月,柴尔德再次乘坐他当年赴牛津求学时乘坐的东方航线公司的轮船,沿着他 1914 年从悉尼到牛津的路线相同但方向相反的航线,从英格兰驶回澳大利亚,并于 1957 年 4 月 14 日他生日的那天到达悉尼。接下来,他访问了旧地、故交和当时仍然健在的亲人,最后于 1957 年 10 月 19 日上午,在悉尼郊区蓝山地带的一座瀑布的崖顶坠身而亡。他的死——究竟死于自杀还是他杀——一度成为人们讨论的焦点,但他临死之前写给时任伦敦大学考古研究所所长 W. F. 格赖姆斯教授的信中解释了他的死因。不过,为防止刺激信中所提到的当时仍然健在的熟人,在随信寄出的另一封信中,柴尔德叮嘱格赖姆斯要等到 1968 年 1 月才能将信打开。但事实上,直到二十多年后的 1980 年 3 月,那封信才终于公之于众,发表在当年的《古物》杂志上。

以上大致就是柴尔德的人生经历。关于他在史前考古领域的学术成就,已有为数不菲的论文,特里格和麦克奈恩更是以整本书的篇幅专门讨论。另外,在特里格撰写的鸿篇巨著《考古学思想史》中,《文化–历史考古学》一章专辟"柴尔德与《欧洲文明的曙光》"一节,《早期功能–过程考古学》一章特设"经济学方法"和"马克思主义考古学家柴尔德"两节,专门论述柴尔德在解释史前考古学材料方面的思想和方法。这些著述,切入点或个人立场或许有差异,但都能将柴尔德的贡献放在史前考古学发展的大背景下、从考古学史的不同发展阶段、不同发展方面以及柴尔德自身思想发展的角度进行考察,见仁见智,读者不难自己作出评价,本文不拟就此另辟篇幅展开论述。本文接下来要做的,仅就围绕柴氏人生的几个疑问,或者叫作柴氏之谜,提出自己的一点看法,以供大家参考。

萨利·格林在《史前史学家柴尔德传》一书的"致谢"部分开头就

说,给柴尔德这样的人作传是很困难的,原因就在于他对自己的私生活讳莫如深,从而造成了传记写作所必要材料的短缺。萨利·格林所说的这些材料主要有两个来源,她怀疑柴尔德对这两个来源都有意而且成功地进行了阻碍:"一,他在世的亲人所剩几无,生前的密友(如果确实有人能称得上他的密友的话)几乎已经无一幸存;二,他终身未娶,而且似乎是刻意地在离世前毁掉了几乎所有自己的私人文件,这必然导致信件或日记之类传记材料的缺乏。"第一条表面上抱怨柴尔德仍健在的朋友为数之少,实际上是强调柴尔德出于某种原因不愿意结交密友;第二条大致与第一条相同,看起来是为柴尔德未婚、缺少私人文件导致私密信息的匮乏而感到惋惜,但事实上在暗指柴尔德为保守自己的某种秘密而宁可付出不婚的代价,而且刻意在离世之前毁掉自己的私人文件(尽管只是萨利·格林自己的猜测),则似乎更无掩饰地暴露了柴尔德有意隐瞒自己私密信息的企图。

　　萨利·格林在柴尔德传记一开始所传达出的这种印象,在书的正文中时有提示,成功地营造出柴尔德出于某种不为人知的目的有意造成与他人的隔阂,从而在客观上给世人留下自己神龙见首不见尾的神秘印象。比如写到柴尔德任职伦敦大学考古研究所时所租住的草坪路公寓时,萨利·格林认为,那间简单而实用的公寓,有可能是二战期间曾经住在那里的英国著名侦探小说家阿加莎·克里斯蒂推荐给柴尔德的,因为克里斯蒂的丈夫是柴尔德的同事,他们之间交往密切。与此同时,萨利·格林似乎又在暗示读者,在草坪路公寓楼这一以知识分子聚居闻名的场所,柴尔德是个"孤独"的人,有意小心翼翼地隐藏自己的行踪和个性。她说,虽然柴尔德可以在公寓的小餐馆里吃饭喝酒招待访客,但"关于他自己住的房间,他没有留下任何能暴露屋主个性的痕迹:没有个人的照片或装饰,也没有书。只是在一个架子上,有少量破损的蓝色文件夹——里面装的却是他关于欧洲史前史的无可比拟的知识的总结。至于他那些需要在图书馆里找参考资料的著作,他基本上都是在考古研究所自己那满是书的办公室里完成的"。

在书中的另外一个地方,萨利·格林则明确表示,虽然"柴尔德一生有过很多朋友,不过好像缺少密友。任何试图打通柴尔德竖起的与他人之间那道看不见的墙时,都会发现柴尔德既善良又友好,但总像是一个谜"。这正像前面所说的,是柴尔德故意阻隔了自己与他人的深度交流和沟通,但他并不是通过冷漠与离群索居达到与世隔绝的效果,因为当人们尝试着与他交流的时候,会发现他其实是个善良而又友好的人。那么到底是什么让人觉得柴尔德"总像是一个谜"呢?

除了缺少密友、未婚、故意销毁个人文件,格林觉得这可能和柴尔德客观上过于沉迷学术、举止笨拙、不修边幅也不无关系。她说柴尔德"平时——尤其年轻的时候——看起来很笨拙,不修边幅,也不讲究社交礼仪,很多认识他的人都觉得很难在日常话题上与他进行交流"。尽管他年轻时并不像后来那样沉迷于学术,但他把"大部分时间用来学习或者参加社会主义活动",因而也不是社交人物。除此以外,柴尔德的业余兴趣也比较单调,只是"偶尔打点网球,不过打得不好;他非常喜欢打桥牌,这是他终生保持的爱好,不过打得似乎也不像他自己以为的那么好"。也就是说,在萨利·格林看来,缺少密友、终身不娶、刻意销毁私人信息、迷于学术、举止笨拙、不修边幅、学习马克思主义与参加社会主义活动、业余生活单调等等这些参与程度不一的要素,从主观和客观两方面,成功帮助柴尔德筑起妨碍自己与他人的交流沟通之墙,让他看起来就像是一个令人猜不透的谜。萨利·格林在书里所列举的这些因素,最令人好奇的莫过于她在"致谢"的开篇部分所说的那两点,即柴尔德有意拒绝与他人建立密切关系——

包括不结交密友，甚至终身不娶——以及在离世之前刻意销毁自己
的私人文件。

事实上，对于萨利·格林认为柴尔德为保守个人秘密有意不与
人交往等看法，格林·丹尼尔有着不同的意见，他认为将柴尔德描述
成一个有怪癖、不合群的怪人并不符合实际情况，在他看来，"柴尔德
极为友善，很好相处，很会享受美好的生活以及许许多多认识喜欢他
的学生和学生们的友谊"。[4] 不但如此，了解柴尔德的同事认为他一
贯友善，热情好客，愿意花时间和学生们在一起，愿意接待来自其他国
家和地区的同行，而他去欧洲各地旅行搜集材料时，和各地学者广交
朋友，他到各地进行考古发掘时，也能和当地老百姓打成一片，受老百
姓尊敬、学生们爱戴、同行们喜欢，即使对他最严厉的批评者也承认他
有融入不同场合的良好能力，关心社会，对责任和义务从不无动于
衷。[5] 所有这些，其实在萨利·格林的《史前史学家柴尔德传》中都有
详细而生动的描述，因此在这里同时屡次声称柴尔德是个"孤独"的
怪人，似乎多少有些自相矛盾。不过，我一直认为，萨利·格林不会意
识不到这样明显的矛盾，只是她自始至终都没有在书中明确表达过
柴尔德式的孤独到底是什么。

最有说服力的恐怕还属杰克·林赛为该书所写的导言，文中用
难得的一手材料记述了他和柴尔德交往的若干细节。从这些细节中，
我们不难感受到柴尔德和朋友之间的友谊所能达到的广度和深
度——其真挚与诚恳溢于言表，更是毫无遮拦地呈现于篇末所录林

4　Glyn Daniel, "Of Archaeology and of Agatha: Review of Mallowan's Memoirs," *The Times Literary Supplement*, No. 3940, 09/30/1977, 1103.

5　Mortimer Wheeler, "Prof. V. Gordon Childe: Robust Influence in Study of the Past," *The Times*, 10/23/1957, 13. 布鲁斯·G. 特里格：《柴尔德：考古学的革命》，何传坤、陈淳译，北京：中国人民大学出版社，2020 年，第 13 页。

赛献给柴尔德的诗行之间。林赛在导言的末尾,的确也提到柴尔德在自杀之前所承受的"压倒一切的孤独",但这种孤独显然并非缘于他缺少朋友——这一点,林赛说得也很清楚。导致这种孤独的原因,我在后文还会进一步涉及。

关于柴尔德终生未娶,萨利·格林也怀疑这与他刻意保持与他人的距离、拒绝与他人亲密接触有关。她在书中暗示,导致柴尔德不娶的原因可能有两个,一个是客观上长得比较丑,脸上长满"密密的雀斑"、长着"粉亮的鼻头和胡萝卜色的头发",穿着打扮也容易引起有些人的不适:超大号的黑色宽檐帽,红色的衬衫,红色的领带,夏天很短的短裤、长袜、吊袜带和笨重的皮鞋,以及平时时而垂在臂弯、时而搭在肩头的黑亮黑亮的雨衣等等,所有这些,在部分人眼里,是一种看一眼就会感觉痛苦的丑陋;6 在另外一些人眼里,即使不会感到痛苦,至少也会觉得他长相怪异,"见一面就能抓住人眼球"。7 可能也正因如此,他在大学时为自己赢得了一个反话正说式的绰号,叫作"帅哥柴尔德"(Handsome Childe;因为 Childe 与 child 同音,这一绰号也可以是"帅小孩"的双关语),明言其帅,实指其丑。与柴尔德本人也意识到自己的怪异相貌(也许没有)相关,导致柴尔德不婚的另外一个原因,萨利·格林认为是柴尔德全身心地投入学术研究,她认为正是因为柴尔德"基本上为学术而活",所以为了不受外来因素的干扰,他"害怕对任何东西动情"——包括婚姻,这一源自柴尔德本人的主观意愿就使得他不得不过孤独的生活,尽管他有时也喜欢他人的陪伴。

柴尔德不婚的选择难免会引起人们对他的性取向的猜测。事实

6   Max Mallowan, *Mallowan's Memoirs*(London:Collins, 1977), 235.
7   见本书第二章《牛津:第一次世界大战》。

上,应英国内政部(Home Office)对柴尔德进行评估审查的要求,牛津
大学副学监爱德华·阿姆斯特朗(Edward Armstrong)在他的报告中倾
向于认为柴尔德和他的牛津同学菲利浦·戴维斯(Philip Davies)存在
同性恋关系,认为柴尔德作为一名优秀的学生的思想堕落"似乎完全
源于他对菲利浦·戴维斯罗曼蒂克的爱恋"。他认为柴尔德丑得无
以复加,"可能是世界上最丑的丑汉",而戴维斯却具有"某种个人魅
力"。正是由于这种爱恋,戴维斯因拒服兵役锒铛入狱一事就让柴尔
德耿耿于怀,几乎"变成一个偏执狂",从而"败坏了他的道德与智
力"。阿姆斯特朗使用"perverting"和"perverted"来评价柴尔德的道
德水准,这个词本身就包含了性变态、性倒错和性欲反常的意思,而当
柴尔德被定性成为一个"彻头彻尾地变态的,或许极为危险的人物"
(thoroughly perverted and probably a very dangerous person)时,该词的
同性恋所指就非常明显了。在当时的社会语境中,柴尔德本人的政治
倾向和同性恋的嫌疑,在英国内政部眼里,就使他成为双重的离经叛
道者(或"变态者",deviant),因此作为双重"危险的人物"被列入军情
五处的黑名单也就不难理解了。[8]

　　不过,阿姆斯特朗的怀疑似乎从没有在事实上被坐实过。萨利·
格林认为,虽然柴尔德终生未娶,人们也没有发现任何迹象说明他在
生活中与哪个女人有深厚的关系,"不过同样也没有证据说明他有同
性恋倾向"。她收集在书中的那些往事,记录了柴尔德在人生的不同
阶段与不同的人交往的故事,其中不乏男性,也有很多女性,他"既喜
欢和男性也喜欢和女性在一起,不过仅止于纯洁的友熟关系"。萨
利·格林的观察是有道理的。我们在书中看到,柴尔德在英国读书以
及毕业后重返伦敦的那些年,的确和不同的男性朋友合住过,先是和

8　Terry Irving, *The Fatal Lure of Politics*, 69–70.

拉贾尼·帕姆·达特,后来是和罗伯特·乔利,他们交往密切,相处融洽。柴尔德和帕姆·达特是终生密友,但从来没有听说他们之间有过任何丑闻。退一万步说,即使柴尔德确实像阿姆斯特朗报告中所怀疑的那样有同性恋倾向,他也从来没有让这种倾向变成事实。从这个角度来看,阿姆斯特朗的指控是缺乏事实根据的。

至于柴尔德为什么终身不婚,事实上我们并不能一劳永逸地找出答案。萨利·格林所给出的柴尔德相貌丑陋和醉心于学术这两点,最多也只能算是猜测,因为这两条中没有任何一条能成为一个人不婚的充分或者必要条件。更有可能的是,这只是柴尔德个人的选择,而一个人选择自己偏好的生活方式,似乎并不需要什么特殊的理由。这与萨利·格林所说的柴尔德刻意销毁自己的个人信息是一个道理。当萨利·格林暗示柴尔德是出于某种不为人知的目的有意毁掉自己的私人信息时,她是以所有人都会仔细保留自己的私人信息为前提而得出这样一个结论的。但这一假设并不适合所有人。事实上,并非所有人都有通过笔记、建档等方式来保留自己私人信息的习惯,这正如并非所有人都愿意过婚姻生活的道理是一样的。从柴尔德离世前对自己身后事妥善而镇定的安排来看,即使柴尔德真的刻意对自己的某些个人信息加以隐瞒,或许也只是他所认为的会对某些当事人构成感情伤害的那一部分,就像他在善解人意地处理我们称之为"告别"的那封信时所采取的方式一样:十年之后(确保信中所涉及的各方去世之后)再公开那封信,免得信的内容引起当事人不适。然而真实的情况是,除了那封信,柴尔德并没有留下其他类似的文件;我们甚至不能肯定那些萨利·格林想当然地以为已被柴尔德毁掉的私人文件确曾真的存在过。正因如此,我们恐怕还不能肯定地说柴尔德离世前曾系统地销毁过自己的私人文件。

围绕柴尔德形成的另外一个巨大的谜团,当属他对马克思主义的真实态度,也就是格林·丹尼尔所说的"他在何种程度上是一位马克思主义者"的问题。[9] 布鲁斯·特里格在他的书中检讨了柴尔德的同行们就这一问题产生的不同看法,大致可以分为以下几种:一种观点认为柴尔德是认真严肃的马克主义者,他不但"对马克思主义运动心系魂牵",持续关注马克思主义的发展,努力在自己的考古学研究中"塑造马克思主义哲学",而且也正是由于他对马克思主义的深刻理解和执着追求,才使得他成为那个时代最伟大的考古学家。另外一种观点则相反,认为柴尔德虽然认识到社会主义阵营的正确和优越,"并恬不知耻地自称为苏联考古学家的学生",却没有克服"资产阶级科学的许多错误",实际上属于非马克思主义的资产阶级经验主义者。还有一种观点则介于前两种观点之间,即承认柴尔德是一个马克思主义者,但他"偏离正道",表现出来的是一个西方马克思主义知识分子的特征,他所信仰的,充其量也只是当时西方学者中较为流行的自由的马克思主义。[10]

　　尽管存在着三种不同观点,但总体来说,英国的考古学家倾向于贬低马克思主义在柴尔德考古研究中的作用和地位,认为马克思主义对柴尔德学术的发展最终起到的是阻碍而不是促进作用。即使承认柴尔德严肃认真地对待马克思主义的格林·丹尼尔,也主张应该将作为马克思主义者的政治上的柴尔德与作为考古学家的柴尔德区别对待,因为后者到晚年的时候对马克思主义产生了厌倦的情绪。而格雷厄姆·克拉克则更极端,认为柴尔德的创造性工作在二十世纪三十年代就已经结束了,那之后的研究则因为"深陷马克思主义泥潭"而难再有起色,因此马克思主义从柴尔德中年时起就严重地影响

9　Glyn Daniel, "Editorial," *Antiquity* 32 (1958), 66.

10　布鲁斯·G. 特里格:《柴尔德:考古学的革命》,第9—10 页。

了他的学术发展。[11] 有意思的是,正是这位从某种程度上说否定了其
学术成就的学者,却被柴尔德指定为自己遗稿的保管人,全权负责他
死后留下的文稿。[12]

柴尔德是否信仰马克思主义以及他对马克思主义信仰的程度之
所以会成为一个谜团,这与柴尔德本人对待左派信仰以及苏联和斯
大林的有些令人捉摸不透的做法也不无关系。萨利·格林在书中记
录了斯图尔特·皮戈特讲过的一个故事:有一次,皮戈特和柴尔德一
起去后者的办公室,柴尔德故意从自己办公桌上凌乱的杂物中翻出
一份叫作《工人日报》的宣扬共产主义的报纸,声称必须把《工人日
报》摆在显眼的位置,以便让来访者一眼就能看到他的政治态度。但
是,柴尔德当时笑嘻嘻的态度又让皮戈特甚感困惑,因为他难以确定
柴尔德这么做是不是认真的。事实上,当柴尔德的同事们看到他有意
把《工人日报》摆在显眼的位置,穿红色衬衣、系红色领带,用一看就
会使人联想到苏联的古斯拉夫文字西里尔文签字等等做法,多数人
会觉得他只是在考古报告中提到"原始共产主义"这样的名词而已,
对马克思主义则没有多么认真。

同样,人们发现他对苏联也不像他说的那么热爱,有时候还会很
厉害地取笑苏联的意识形态宣传。据他的一个学生回忆,在观看苏联

11　布鲁斯·G.特里格:《柴尔德:考古学的革命》,第11—12页。
12　指定克拉克做自己遗稿的保管人之前,柴尔德知不知道克拉克对自己的态度
呢? 凭柴尔德的聪明和敏感,他不会毫不知情。既然如此,他为什么还要把自己的遗稿
交给克拉克呢? 我觉得,正像我们在他离世前寄出的"绝命三书"中所看到的那样,柴尔
德对自己的研究所能达到的高度和局限,都有清醒的认识,对于考古学未来的走向,也有
足够的预知,而克拉克所做的研究,代表的正是欧洲考古学的未来。在我看来,柴尔德的
这一举动,正像他提前退休以便让继任的伦敦大学考古研究所所长在新落成的建筑里有
一个新的开始,他将遗稿交给并不怎么抬举自己的克拉克保管,所完成的正是欧洲考古
学新旧研究范式交替的象征。他清楚自己研究的地位,而且甘当人梯,主动交出肩膀让
有希望超越自己的人去踩踏。

考古短片时,柴尔德当堂翻译其中的内容,有时候会表情夸张、令人发笑地大声说"多亏了约瑟夫·维萨里奥诺维奇·斯大林……"。1942年出版的《历史上发生过什么》一书中,柴尔德甚至这样悲观地评价过斯大林:"欧洲文明——资本家和斯大林主义者一样——不可挽回地走向一个类似中世纪的黑暗时代(Dark Age)。"柴尔德也曾自我解嘲似地声称,工资越高,生活越舒适,自己的政治激情就越消沉。但是,在萨利·格林看来,柴尔德的所有这些做法其实都是有意为之,他试图以一种在他人看来玩世不恭的夸张方式转移人们的视线,这样他们就不会注意到为左翼期刊所写的文章、为左翼组织所做的事情,而他这样做的最终目的,不过是"对自己根深蒂固的信念的保护"。

萨利·格林的观点很有见地。就像她在书中所告诉我们的,无论从政治观点还是学术思想来看,柴尔德对马克思主义的信仰是"根深蒂固"的,但他是作为一个古典学学生通过阅读马克思主义经典来学习马克思主义的,因此没有多数信仰者身上那种刻意的意识形态标志以及与之俱来的呆板和形式主义。他的文字和行动高度统一,持续却并不僵化,这种贯穿一生的实践是不会骗人的。不过柴尔德似乎也并不缺乏"街头智慧"(street smarts)。作为一个被母国抛弃、靠智力在异国讨生活的外国人(尽管祖上是英国贵族,且在那里仍有富贵的亲戚),尤其是作为持有非左非右政见、生活在一个整体右倾环境中的左派,自然要有走钢丝般的平衡术,才能在现实生活中存活下来。要达到这个目的,柴尔德采取的是一种亦真亦假的策略,让右派觉得他的左派信仰并不严肃,同时又让左派认为他的信仰不是那么成熟,这样至少能让右派觉得他尚可以共事,而左派也不会以极端左派所奉行的那套高度形式主义的意识形态来要求他。当然,这一策略的代价就是隐藏自己的真实观点,让大家纷纷去猜测争论,从而也形成了他在人们心目中的神秘印象。或许这就是萨利·格林一直想弄明白的柴尔德式的孤独和柴尔德式的神秘。在整体上缺乏理智的时代,无论何时何地,柴尔德的智慧或许最值得那些处于类似境地的人们学习:柴尔德式亦真亦假的夸张做法,与其说是故作神秘地隐藏自己,不如说是一种非左非右的沉默——也就是杰克·林赛在该书导言的末尾所说的柴尔德所承受的那种"压倒一切的孤独",这种沉默一旦被打破,就会招致同时来自左和右的双重绞杀,因此是那些不幸还具有独立思想能力者的无奈选择。

柴尔德把这种亦真亦假的玩笑一直开到了死。1956 年夏天,柴尔德正式从考古所所长的位置上退了下来。当很多老朋友问起他退休之后的打算时,他回答说想重归故土,先看望一下两位仍然健在的姐姐和生活在那里的老朋友,然后找个好点儿的山崖跳下去。虽然他在不同时间不同场合和很多人都说过同样的话,但这就像大家看待他的马克思主义信仰一样,都把跳崖的话看成是柴尔德式的幽默,或者叫作"柴氏恶作剧"(Childe's naughtiness),[13]并不十分当真。更有意思的是,甚至到一年后当柴尔德真的跳崖身亡了,他们仍然认为不久前柴尔德所说的跳崖的打算就是在开玩笑,因此围绕他的死因引发了各种各样的猜测,柴尔德到底属于自杀、他杀还是不小心失足坠崖等等说法,都有一定的市场;而英国军情五处一直跟踪调查柴尔德的消息,更让他的死蒙上一层扑朔迷离的神秘面纱。事实上,直到他1957 年写给继任的伦敦大学考古所所长格赖姆斯那封认为自杀有理的信于 1980 年 3 月在《古物》上发表之后,柴尔德的死因仍然是一个有争议的话题。

13　就像 handsome Childe 的外号一样,Childe's naughtiness 也是同音双关的文字游戏,可以译成"柴尔德的恶作剧",是"小孩儿的恶作剧"([a] child's naughtiness)的谐谑形式。

关于柴尔德之死这一曾经的最大谜团,柴尔德的生前好友杰克·林赛在本书导言部分的结尾认为:事业上,柴尔德当时已经走到自己学术生涯的终点;政治上,1956年赫鲁晓夫对斯大林罪行的揭发对他来说是沉重的打击。这两点就足以让林赛一听到柴尔德之死的噩耗就判定他死于自杀,而萨利·格林在书中所描述的柴尔德当时返乡所看到的澳大利亚的糟糕社会现实,尤其是他的挚友和同志 H. V. 伊瓦特当时的遭际,则进一步削弱了他继续活下去的动力。林赛的推测,与1980年公布的柴尔德为自杀辩解的信中所反映的"对过去所有的理想都已失去了信念"的精神恰好相合,因此似乎比大家所接受的柴尔德在考察蓝山的山脉和岩石形成时失足坠崖的说法更有说服力。

柴尔德写给格赖姆斯的那封迟到二十多年才公开的信(见本书附录,题为《告别》),确实可以看作是解开柴尔德死因的最重要的一把钥匙。这封信不长,但用大量的篇幅论述了超龄老人把持学界的危害,该文认为年龄超过六十五岁的学者无论从体力还是脑力方面都已退化,不但本人难以胜任教学科研的任务,而且"挡住了年轻人和更有能力的继任者的晋升之路"。更有甚者,即使退休了,"他们的声望也可能大到阻碍进步思想的传播、损害创新者职业生涯的地步",而当他们退休后被聘为顾问或占有荣誉职位时就更糟糕,因为"他们用以作出判断的智慧和成熟,无法弥补他们意识上根深蒂固的偏见和行为上刻板的例行公事所造成的危害",到那个时候,他们就只剩下一味地"重复那些老掉牙的观点,而且并不选择更好的措辞"了。正因如此,柴尔德将安乐死视为一个健全社会的至高荣誉。涉及他本人的时候,他并不认为自己的状况就好于别的老人,因为他清楚地认识到已不能为史前史作出更多贡献,而对令自己着迷的尚未解决的问题,又无法利用现有资料加以解决;不仅如此,他甚至意识到自己开始担心已有的贡献被推翻,因此在学术上不但不会有任何新的建树,甚至还有可能会阻碍新观点的产生。同时,他意识到自己生来就体弱多病,而且已"变得过于依赖物质享受——甚至是奢侈品"来维持现有的工作和生活水平,因此,为防止把自己变成"社会的一个负担",他倾向于选择自杀。在那封信的结尾,他说:

> 事实上,从容地结束自己的生命,比为死者举行符合仪式的葬礼更能将智人与其他动物区别开来。不过,我无意以蔑视对自杀的偏见来伤害我的朋友。山崖上随便的一个意外就可以轻而易举地让我发生不幸。我已重访故土,发现自己远不像喜欢欧洲社会那样喜欢澳洲,也不相信自己能为了让它变得更好而有所作为,因为我对过去所有的理想都已失去了信念。不过,我还是非常享受回来探索儿时萦绕在脑际的遐想,尤其是重访蓝山;我已为儿时那些令人着迷的问题找到了令自己满意的答案。如今我已见证过澳洲的春天,闻过波罗尼亚的花香,看过蛇和蜥蜴,也听过蝉鸣。这里已不再有我想做的事,也没有我该做和能做的事。我不喜欢[澳洲]即将来临的夏天,更不喜欢英伦冬天的雾雪。一个人的生命,最好在幸福强壮的时候结束。

这或许是再清楚不过的自杀宣言了。它重新定义了自杀这一死亡方式,将自杀视为人区别于动物的标志;更重要的是,他将自己的生命让渡给社会,认为自杀反而因其能够减轻一个个体带给社会的负担而帮助该个体达到不朽,就像他在《社会与知识》中所说的那样:"社会是不朽的,而其成员则有生有死,因此,任何被社会接受并加以客观化的思想都有可能是不朽的。通过创造能被社会这样接受的思想,社会中原本有生有死的成员就可以得到永生——即使他的名字随着他肉体的消亡被完全忘却也是这样。我个人不希望得到更多。"[14]由此看来,在柴尔德那里,如果一个人活到失去创造能力、无法再为他生活其中的社会有所贡献的年龄,那么,为这个社会的健康发展考虑,自杀无疑是最好的选择。

不仅如此,在这封信中,柴尔德还再一次不厌其烦地告诉同事们(这一次是以书面形式)他即将采用的自杀方式:选择一处山崖作为自己生命的终点,看起来就像是一场意外事故。尽管关于安乐死还存在各种各样的争议,但这封信中柴尔德所提倡的自杀,强调的是理性、责任、自知、自觉和自尊;当然,从柴尔德嘱咐格赖姆斯推迟十年公开该信内容以不对当事人构成伤害的请求来看,我们还可以从中看到柴尔德内心深处所蕴藏的无尽善良。毕竟,没有很多人愿意或能够在生命的这一刻还能如此冷静地为他人着想。关于他在信中所说的跳崖自杀,虽然人们早已习惯了柴尔德式亦真亦假的玩笑,但这一次,或许终于有人明白他是认真的。作为留给世人最后的话语,他终于不需要再像过去那样,开大家也开自己的玩笑了。

更重要的是,柴尔德的这段自白提供了一把钥匙,能够帮助我们解开围绕他的一生产生的诸多谜团。在我看来,柴尔德的心中驻着一个赤子——a child in Childe,而"赤子"一词的英文正好也读作"柴尔德"。赤子柴尔德不但对这个世界充满好奇,而且穷其一生,都忙着为那些让自己困惑的问题——尤其是自己所属的欧洲人从哪里来的问题——寻找答案。读书的时候,他遍学欧洲语言,试图从语言学的角度入手,追溯欧罗巴的源头;毕业之后,他发现依靠欧洲各地包括考古发现的物质遗存、从考古文化角度追溯欧洲文化的起源可能更有

14　Vere Gordon Childe, *Society and Knowledge*(New York: Harper & Brothers, 1956), 130.

意义,为此他跑遍欧洲各地博物馆和图书馆搜集资料,在工作和生活
最为困顿的时期,发奋写出了《欧洲文明的曙光》,一举成名,此后三
十年间一再修改,到去世前出版了六版。书中,柴尔德依靠考古物质
文化的联系将欧洲文化的源头追溯到两河流域,但欧洲人创造性地
将借来的文明发扬光大,形成了自己独特的文明。不过,这似乎并没
有解决读书期间就萦绕在他脑际的雅利安人的起源问题,而且他最
后也承认,在之后相当长的一段时间里也看不到能够解决该问题的
希望。正像他在信中所说的那样,到晚年他自觉"很少产生新的想
法",已"不能再为史前史作出更多的贡献",也看不到利用当时的材
料能解决最令他着迷的"雅利安人的摇篮"一类问题的希望,而对他
年轻时曾经努力想要通过从政来改变的澳洲社会现实,更是无能为
力,因此除了"儿时萦绕在脑际的遐想",这个世界对他来说已不再有
可留恋的地方。当他晚年回到家乡,像个孩子似的探索儿时令他着迷
的那些问题的答案,他在这个世界上的时间便所剩无几了。对赤子柴
尔德来说,他为探索问题而生,如果这个世界不再有他能解决的问题,
那就预示他生命的完成。

　　林赛说,在生命的最后阶段,柴尔德"义无反顾地逃归自己爱着
的土地的冲动太过强烈了"。这句话,可以看作是老年柴尔德向赤子
柴尔德的回归。柴尔德心中常驻着一个"顽皮的"(naughty)赤子,这
一赤子见证了他的成长、他对未知的探索、他对马克思主义的信仰、他
的从政、不婚、对富裕生活的享受、对贫困与孤独的承受,他的教学、科
研、考古发掘以及他与同事、学生、同行的交往,他的幽默、调皮、不修
边幅,他的善良、隐忍、笨拙与天真以及他的深邃、宽容与纯粹等等这
一切,在生命的最后阶段,赤子柴尔德敦促老年柴尔德专心致志地考
察蓝山,以解答儿时关于蓝山的那些令他感到困惑的问题,在澳洲最
好的季节享受那里的花香和蝉鸣,最后,让生命的终点与起点重合,画

上一个柴尔德式的句号——"一个人的生命,最好在幸福强壮的时候结束"。

　　尽管难以置信,令人惋惜,但柴尔德还是以跳跃的方式毅然决然地完成了这一回归。蓝山里那个名叫"戈维特飞跃"的瀑布崖顶岩石上,柴尔德的望远镜、雨衣、烟斗和眼镜默默地见证了那个瞬间。至于这一方式值不值得模仿,是否能够被模仿,则既是对柴尔德所说的"健全社会"的拷问,也是很多人心中的秘密。

张瀚墨

图书在版编目 (CIP) 数据

史前史学家柴尔德传 / (英) 萨利·格林著；张瀚墨
译. — 北京：商务印书馆，2024
（解读柴尔德）
ISBN 978-7-100-22821-3

Ⅰ.①史… Ⅱ.①萨…②张… Ⅲ.①柴尔德—传
记 Ⅳ.① K835.615.81

中国国家版本馆 CIP 数据核字（2023）第 154406 号

解读柴尔德
史前史学家柴尔德传
〔英〕萨利·格林 著

张瀚墨 译

商 务 印 书 馆 出 版
（北京王府井大街 36 号 邮政编码 100710）
商 务 印 书 馆 发 行
北京盛通印刷股份有限公司印刷
ISBN 978-7-100-22821-3

2024 年 3 月第 1 版　　　开本 880×1240 1/32
2024 年 3 月第 1 次印刷　　印张 11¼
定价：78.00 元